遺産分割のための
相続分算定方法

梶村太市・貴島慶四郎 [著]
Kajimura Taichi　　Kijima Keishirou

青林書院

はしがき

　遺産分割を実行するためには，協議分割にせよ，調停分割にせよ，審判分割にせよ，その前提として，本来的相続分及び具体的相続分を算定しなければならない。ここでいう本来的相続分とは指定相続分及び法定相続分をいい，具体的相続分とは特別受益者の相続分と寄与分を考慮した相続分である。判例・多数説によれば，実体的権利としての相続分は前者の本来的相続分であり，後者の具体的相続分は遺産分割のための係数上の数値に過ぎず，そのために遺産分割分と呼ばれることもある。

　これをプロセスとして見れば，人が死亡し相続が開始すると，被相続人の財産に属した一切の権利義務が原則として承継され，相続人が複数人いる限り遺産は共同相続人の共有となるが，最終的に個別的な相続人に帰属するためには，誰が相続人となり，遺産にはどのようなものがあるかを確定し，民法の規定に従い，本来的相続分と具体的相続分を算定した上で，遺産分割の手続を経なければならない。そこで，本書は，次の章立てに従い，順序よく解説を加えることとする。

- 序　章　相続分算定の概要（「基本設例」）
- 第1章　相続の開始（算定設例5例）
- 第2章　相続人の確定（算定設例20例）
- 第3章　遺産範囲の確定（算定設例19例）
- 第4章　本来的相続分の確定（算定設例43例）
- 第5章　具体的相続分の確定（算定設例31例）
- 第6章　遺産分割の実行（算定設例19例）

　本書の最大の特色は，各章の算定方法を理解しやすくするために，具体的数字を含めて，その計算過程を丁寧に表示したことである。その設例は冒頭の「基本設例」を合わせて実に138例に及ぶ。これまでの相続分の算定に関する解説本は，その計算過程のすべてが表現されず，どうしても抽象的になりがちであったが，本書はその計算過程をすべて開示して，その具体的な相続分の算定方法をイメージとしても理解していただくことを目指した。この

ことが本書のセールスポイントとなっている。

　執筆者中，梶村は，長く家庭裁判所に裁判官として勤務し，公証人の経験もあり，遺産分割の実務にも詳しい。貴島は，長く家庭裁判所や地方裁判所等の書記官・主任書記官を勤め，退官後は家事調停委員・参与員等として，遺産分割調停・審判の実務を長く経験している。本書は，あくまで実務家の立場から利用者にわかりやすい解説を目指し，読者が遺産分割のための相続分の算定方法が自然に理解できるように配慮したつもりである。

　本書は，遺産分割の実務を担当する裁判所関係者や弁護士・司法書士・行政書士・税理士・分割当事者等の皆さんばかりでなく，法学部・法科大学院の学生や教員の皆さんにもお役に立つものと確信する。いうまでもなく，本書が成り立つまでには，青林書院編集部の宮根茂樹氏に大変お世話になった。

　2015年5月

梶　村　太　市

凡　例

I　叙述方法
(1)　叙述の段落記号は，原則として，(1)(2)(3)…，**(a)(b)(c)**…，(イ)(ロ)(ハ)…，(ⅰ)(ⅱ)(ⅲ)…の順とした。
(2)　叙述にあたっては，常用漢字，現代仮名遣いによることを原則としたが，引用文は原文どおりとした。

II　法令の引用表記
(1)　カッコ内を除く地の文における法令名の表記は，一部の例外を除き，原則として，正式名称によった。
(2)　カッコ内における法令条項の引用は，原則として，次のように行った。
　(a)　民法は，条文番号のみで表した。
　(b)　同一法令の場合は「・」で，異なる法令の場合は「，」で併記した。それぞれ条・項・号を付し，「第」の文字は省略した。
　(c)　主要な法令名については，次の略語を用いた。
　　■法令名略語例

| 家　手 | 家事事件手続法 | 不　登 | 不動産登記法 |
| 戸 | 戸籍法 | 民　訴 | 民事訴訟法 |

III　判例の引用表記
　判例の引用表記は，「判例等略語例」の略語を用い，次の〔例〕のように行った。
〔例〕平成3年4月19日，最高裁判所判決，最高裁判所民事判例集45巻4号477頁
　　　→最判平3・4・19民集45巻4号477頁
　■判例等略語例

大	大審院	民　集	最高裁判所（または大審院）民事判例集
最	最高裁判所		
〔大〕	大法廷	高民集	高等裁判所民事判例集
高	高等裁判所	家　月	家庭裁判月報
地	地方裁判所	裁　時	裁判所時報
家	家庭裁判所	金　法	金融法務事情
支	支部	新　聞	法律新聞
判	判決	時の判例	最高裁時の判例（ジュリスト増刊）
決	決定		
審	審判	判　タ	判例タイムズ
民　録	大審院民事判決録	判　時	判例時報

目　次

はしがき
凡　例

序　章　相続分算定の概要

(1) はじめに (3)
(2) 相続分算定の手続 (3)
　【基本設例】(4)
　(a) 相続の開始 (4)
　(b) 相続人の確定 (4)
　(c) 遺産の範囲の確定 (4)
　(d) 本来的相続分の確定 (5)
　(e) 具体的相続分の確定 (6)
(3) 相続分確定後の作業——遺産分割の実行 (8)
　(a) 遺産分割の対象 (8)
　(b) 遺産分割の方法（順序）(9)
　(c) 遺産分割と金銭債権・債務 (9)
　(d) 純相続分額 (10)

第1章　相続の開始

第1節　相続開始の原因 …………………………………………………… 13
(1) 自然死亡 (13)
　(a) 認定死亡 (13)
　(b) 高齢者についての職権消除 (14)
　　【設例1－1】高齢者の職権消除 (14)
(2) 失踪宣告による擬制死亡 (15)
　　【設例1－2】失踪宣告の取消しの遡及効 (16)

第2節　相続開始の時期 …………………………………………………… 17
(1) はじめに (17)
　　【設例1－3】わずかの時間差で順次に死亡した場合 (17)

(2)　同時死亡者間における相互不開始 (*18*)
　　　【設例1-4】互いに相続人となるべき者の同時死亡 (*18*)
　　　【設例1-5】遺言者と受遺者の同時死亡 (*19*)
　(3)　熟慮期間起算点としての相続開始 (*20*)
第3節　相続開始の場所 …………………………………………………… *20*

第2章　相続人の確定

第1節　相続資格の取得──抽象的・画一的な資格取得 ……………… *23*
　(1)　相続能力 (*23*)
　(2)　推定相続人 (*24*)
　　　【設例2-1】相続開始前の相続権 (*24*)
　(3)　同時存在の原則 (*25*)
　(4)　胎児の出生擬制 (*25*)
　　　【設例2-2】胎児の出生擬制 (*25*)
第2節　相続資格の喪失 ………………………………………………… *26*
　(1)　相続人の失格 (*26*)
　　(a)　相続欠格（891条）(*26*)
　　　【設例2-3】相続人たる地位不存在確認の訴え (*27*)
　　(b)　廃　　除（892条）(*27*)
　(2)　相続の放棄 (*28*)
　　(a)　相続放棄の手続・効果 (*28*)
　　(b)　熟慮期間の起算点 (*29*)
　　　【設例2-4】相続放棄の選択を要求する期待可能性がまったくない場合 (*29*)
第3節　相続の単純承認──個別的・具体的な資格取得 ……………… *30*
　(1)　単純承認 (*30*)
　(2)　法定単純承認（921条）(*30*)
　　(a)　相続財産処分（1号）(*30*)
　　　【設例2-5】被相続人の死亡を知らないでした処分行為 (*31*)
　　　【設例2-6】非難可能性のない処分行為 (*32*)
　　　【設例2-7】死亡保険金の受領 (*32*)
　　(b)　熟慮期間経過（2号）(*33*)
　　(c)　背信的な行為（3号）(*33*)
　　　【設例2-8】相続放棄後における遺産の隠匿行為 (*34*)

【設例2－9】次順位相続人が限定承認をした後の隠匿行為 *(34)*

第4節　相続人の種類と順位 …………………………………………… 35
(1) 配偶相続人・血族相続人 *(35)*
　(a) 配偶相続人 *(35)*
　　【設例2－10】夫婦が同時に死亡した場合 *(35)*
　　【設例2－11】内縁配偶者（別姓夫婦）がいる場合 *(36)*
　(b) 血族相続人（887条1項・889条1項）*(36)*
　　【設例2－12】養子が被相続人でその兄弟姉妹が相続人となる場合 *(37)*
(2) 代襲相続人 *(37)*
　(a) はじめに *(37)*
　　【設例2－13】被相続人の子が先に死亡していた場合 *(38)*
　(b) 代襲相続される者（被代襲者）*(39)*
　　【設例2－14】被相続人の配偶者が先に死亡していた場合 *(39)*
　(c) 代襲相続できる者（代襲相続人）*(39)*
　(d) 代襲原因 *(39)*
　　【設例2－15】代襲相続と同時存在の原則 *(40)*
　(e) 代襲相続の効果 *(40)*
　(f) 再代襲相続 *(40)*
　　【設例2－16】被相続人の子だけでなくその孫も死亡していた場合 *(41)*
　(g) 養子が被代襲者の場合 *(41)*
　　【設例2－17】養子縁組をする前に生まれた亡養子の子の代襲相続権 *(42)*
(3) 再転相続人 *(42)*
　(a) 再転相続とは *(42)*
　(b) 狭義・広義の再転相続の共通点と相違点 *(43)*
(4) 相続人資格の重複 *(43)*
　　【設例2－18】養子と代襲相続人の重複（いわゆる孫養子）*(44)*
　　【設例2－19】養子と配偶相続人の重複（いわゆる婿養子）*(45)*
　　【設例2－20】非嫡出子を養子にした場合 *(45)*

第3章　遺産範囲の確定

第1節　遺産の特定 ……………………………………………………… 50
1　不可分物 …………………………………………………………… 50
(1) 遺産共有となる不可分物 *(50)*

(2)　相続の対象となる不可分物の範囲 (51)
　　(a)　所有権 (52)
　　　【設例3-1】遺産の現金を遺産管理人名義で預金にした場合 (53)
　　(b)　所有権以外の支配権（制限物権・賃借権・社員権・ゴルフ会員権）(54)
　　　【設例3-2】内縁配偶者など相続権のない同居借家人の保護 (55)
　2　金銭価値のある財産 ……………………………………………………… 56
　(1)　金銭債権 (57)
　　(a)　普通債権 (57)
　　　【設例3-3】遺言書偽造による銀行預金の全額払戻しの場合 (57)
　　　【設例3-4】全額の払戻しをした銀行に過失があった場合 (58)
　　　【設例3-5】預金債権と売掛債権の分割対象性 (58)
　　(b)　損害賠償債権 (59)
　　　【設例3-6】逸失利益の損害賠償請求権の承継 (59)
　　　【設例3-7】損害賠償請求権の承継と固有の損害賠償請求権との調整 (60)
　　　【設例3-8】精神的損害（慰謝料）の賠償請求権の承継 (61)
　　(c)　財産分与債権 (61)
　(2)　金銭債務 (62)
　3　再転相続により承継した財産 ……………………………………………… 62
　　　【設例3-9】本位相続で得た共有持分権が再転相続における遺産の一
　　　　　　　　部である場合 (63)
　4　被相続人の死亡によって生ずる権利で被相続人に属さないもの …… 64
　(1)　生命保険金 (64)
　(2)　死亡退職金・遺族給付金 (64)
　(3)　祭祀財産 (65)
　5　遺産の範囲に関する訴え ………………………………………………… 65
　(1)　遺産であることの範囲の確定──遺産確認の訴え (65)
　　　【設例3-10】遺産確認の訴え(1)──相続人名義である財産が被相続人
　　　　　　　　 の遺産であるとして争われる場合 (67)
　　　【設例3-11】遺産確認の訴え(2)──被相続人名義であるが相続人の固
　　　　　　　　 有財産であるとして争われる場合 (68)
　(2)　分割すべき遺産の範囲 (69)
第2節　遺産の評価 ………………………………………………………………… 69
　(1)　遺産評価の意義 (69)
　(2)　遺産評価の時点（基準時）(70)

        (a) 遺産に特別受益や寄与分がない場合 (70)
            【設例3-12】遺産分割の対象の評価(1)――遺産に特別受益や寄与分が
                      ない場合 (70)
        (b) 遺産に特別受益や寄与分がある場合 (72)
            【設例3-13】遺産分割の対象の評価(2)――遺産に特別受益や寄与分が
                      ある場合 (72)
    (3) 遺産評価の方法 (73)
        (a) 基本的態度 (73)
        (b) 鑑　定 (74)
        (c) 鑑定以外の方法 (74)
    (4) 遺産評価の対象 (74)
        (a) 不動産 (74)
        (b) 株　式 (77)
        (c) 高価な動産 (78)
第3節　相続財産の管理 ……………………………………………………………… 78
    1 **共同相続人による管理** …………………………………………………… 78
    (1) 熟慮期間中の相続財産の管理 (885条) (79)
    (2) 相続承認後の相続財産の管理 (253条) (79)
        (a) 管理費用の負担 (79)
        (b) 管理にかかる行為 (80)
            【設例3-14】所有権移転の不実登記に対する共有者単独での全部抹消 (81)
            【設例3-15】持分権移転の不実登記に対する共有者単独での全部抹消 (82)
            【設例3-16】建物の保存行為としての抹消請求にあたらない事例 (83)
            【設例3-17】相続人の1人に対する他の共同相続人からの明渡請求 (85)
            【設例3-18】遺産建物に居住し続ける相続人に対する不当利得請求 (86)
    2 **遺産管理者による管理** …………………………………………………… 87
第4節　「相続開始時の遺産」の広狭2義 ……………………………………………… 89
            【設例3-19】第三者遺贈がある場合の相続開始時の遺産の範囲 (90)

第4章　本来的相続分の確定

第1節　法定相続分 …………………………………………………………………… 95
    1 **法定相続分とは** ………………………………………………………… 96
    2 **本位相続人の法定相続分** ……………………………………………… 97

(1)　配偶者と子の場合の法定相続分 (97)
　　　【設例4−1】配偶者と嫡出子の場合の法定相続分 (99)
　　　【設例4−2】子の中に婚外子が含まれる場合の法定相続分 (99)
　　　【設例4−3】子の中に養子が含まれる場合の法定相続分 (100)
　(2)　配偶者と直系尊属の場合の法定相続分 (101)
　　　【設例4−4】直系尊属に養父母がいる場合の法定相続分 (102)
　　　【設例4−5】直系尊属が祖父母である場合の法定相続分 (102)
　(3)　配偶者と兄弟姉妹の場合の法定相続分 (102)
　　(a)　兄弟姉妹の中に父母の一方だけの養子（単独養子）がいる場合 (103)
　　(b)　兄弟姉妹の中に婚外子がいる場合 (103)
　　(c)　兄弟姉妹に甥や姪の代襲相続人が含まれている場合 (104)
　　　【設例4−6】兄弟姉妹の中に父母の一方の養子（単独養子）がいる場合の法定相続分 (104)
　　　【設例4−7】兄弟姉妹の中に婚外子がいる場合の法定相続分 (105)
　(4)　単独相続の場合 (105)
　3　**代襲相続人の法定相続分** ………………………………… *105*
　(1)　子の代襲相続分 (106)
　　　【設例4−8】子の代襲相続人に婚外子がいる場合の法定相続分 (106)
　(2)　兄弟姉妹の代襲相続分 (106)
　　　【設例4−9】兄弟姉妹の代襲相続人（甥・姪）に婚外子がいる場合の法定相続分 (107)
　　　【設例4−10】兄弟姉妹の代襲相続人（甥・姪）が死亡している場合の法定相続分 (108)

第2節　指定相続分 ……………………………………………………… *108*
　1　**相続分の指定の方法** ……………………………………… *110*
　2　**相続分の指定の内容** ……………………………………… *110*
　(1)　相続分の指定の態様 (110)
　(2)　不完全な相続分の指定 (111)
　　　【設例4−11】指定相続分の割合の合計が「1」に不足している場合 (111)
　　　【設例4−12】指定相続分の割合の合計が「1」を超過している場合 (112)
　(3)　一部の相続人への（「1」未満の）相続分の指定（一部指定）(112)
　　(a)　相続人が子だけの場合と配偶者が含まれる場合の一部指定 (113)
　　　【設例4−13】一部の子だけへの相続分の指定(1) (113)
　　　【設例4−14】一部の子だけへの相続分の指定(2) (113)

　　　　【設例4-15】配偶相続人がいる場合における一部の子だけへの相続分
　　　　　　　　　の指定(1)（*115*）
　　　　【設例4-16】配偶相続人がいる場合における一部の子だけへの相続分
　　　　　　　　　の指定(2)（*117*）
　　　　【設例4-17】配偶相続人がいる場合における一部の子だけへの相続分
　　　　　　　　　の指定(3)（*118*）
　　　(b)　一部の相続人だけにされる100％の相続分の指定（*119*）
　　(4)　被指定者の相続放棄（*120*）
　　　　【設例4-18】被指定者の1人が相続放棄をした場合(1)（*120*）
　　　　【設例4-19】被指定者の1人が相続放棄をした場合(2)（*121*）
3　相続分の指定の効果 …………………………………………… *121*
(1)　特別受益の持戻し免除との関係（*122*）
(2)　指定相続分と登記（*122*）
(3)　指定相続分と相続債務の分担（*122*）
4　包括遺贈との異同 ……………………………………………… *123*
(1)　包括遺贈とは（*123*）
(2)　包括遺贈と指定相続分の関係（*123*）
(3)　対象者の範囲（*124*）
　　(a)　相続人に対して包括遺贈の文言で指定がされる場合（*124*）
　　(b)　第三者に対して包括遺贈の文言で指定がされる場合（*124*）
　　　　【設例4-20】第三者に対してのみ包括遺贈の指定がある場合（*125*）
　　　　【設例4-21】第三者と相続人の一部に対して包括遺贈の指定がある場合（*125*）
　　(c)　遺言執行者がある場合（*126*）
(4)　相続人への相続分指定と第三者への包括遺贈との異同（まとめ）（*126*）
　　　　【設例4-22】包括受遺者が被相続人よりも先に死亡した場合の遺贈の効力（*126*）
　　　　【設例4-23】包括受遺者の相続開始前の死亡による遺贈の効力（*127*）
　　　　【設例4-24】相続人の1人が相続放棄をした場合における包括受遺者
　　　　　　　　　への影響（*128*）
5　遺産分割方法の指定との異同 ………………………………… *130*
(1)　「遺産分割」を前提とした遺産分割方法の指定（*131*）
(2)　「遺産分割」を前提としない遺産分割方法の指定（*131*）
6　相続させる遺言との異同 ……………………………………… *132*
(1)　「相続させる遺言」（「相続させる旨の遺言」）とは（*132*）
(2)　「相続させる遺言」の趣旨（*133*）

(3)　「特定遺贈」と「相続させる遺言」の共通点と相違点 (*133*)
　　　【設例4－25】遺贈（特定遺贈・包括遺贈）があった場合の対抗要件 (*134*)
7　**遺留分減殺により修正された指定相続分** ……………………………… *136*
　(1)　遺留分とは (*136*)
　　(a)　遺留分の意義 (*136*)
　　(b)　遺留分権利者の範囲 (*137*)
　　(c)　遺留分の割合（＝遺留分率）(*137*)
　　(d)　遺留分の価額の算定方法 (*137*)
　　(e)　遺留分減殺請求権 (*138*)
　　(f)　遺留分の放棄 (*140*)
　(2)　過大な相続分指定に対する遺留分減殺による相続分の修正 (*140*)
　　　【設例4－26】過大な相続分指定でないため遺留分減殺の対象とならない場合 (*141*)
　　　【設例4－27】過大な相続分指定に対する遺留分減殺による修正がされ
　　　　　　　　る場合(1)——最高裁判例の減殺方法 (*141*)
　　　【設例4－28】過大な相続分指定に対する遺留分減殺による修正がされ
　　　　　　　　る場合(2)——不完全指定による修正と遺留分減殺による
　　　　　　　　修正がある二重修正の場合 (*145*)
　(3)　遺留分減殺の当事者が複数の場合における相続分の修正 (*147*)
　　　【設例4－29】遺留分権利者が複数の場合 (*147*)
　　　【設例4－30】遺留分侵害者が複数の場合(1)——侵害者の全員に減殺請
　　　　　　　　求をした場合 (*148*)
　　　【設例4－31】遺留分侵害者が複数の場合(2)——侵害者の一部だけに減
　　　　　　　　殺請求をした場合 (*149*)
　　　【設例4－32】遺留分権利者及び遺留分侵害者の両方が複数である場合 (*151*)
第3節　相続分の変動 ……………………………………………………………… *152*
1　**再転相続** ………………………………………………………………………… *153*
　(1)　再転相続とは (*153*)
　(2)　狭義の再転相続（純再転相続）による相続分の変動 (*153*)
　　(a)　第1相続の承認・放棄を先にした場合 (*154*)
　　(b)　第2相続の承認・放棄を先にした場合 (*154*)
　　　【設例4－33】狭義の再転相続で，第1相続を先に承認し，次に第2相
　　　　　　　　続を放棄した場合 (*155*)
　(3)　広義の再転相続による相続分の変動 (*156*)
　　　【設例4－34】相続開始後に再転相続が2回発生したことによる相続分の変動 (*157*)

目　　次　*xiii*

【設例4-35】相続開始後に再転相続が3回発生したことによる相続分の変動 (*158*)

2　相続分の譲渡 …………………………………………………………… *160*
(1) 相続分の譲渡とは (*160*)
(2) 相続分の譲渡の方式 (*160*)
(3) 相続分の譲渡の効果 (*161*)
　(a) 第三者に対する相続分の譲渡 (*161*)
　【設例4-36】相続分の譲渡(1)――第三者への相続分の譲渡と取戻し (*162*)
　(b) 相続人に対する相続分の譲渡 (*163*)
　【設例4-37】相続分の譲渡(2)――他の共同相続人への相続分の譲渡 (*164*)
(4) 「持分権の譲渡」との異同 (*164*)
　【設例4-38】持分権の譲渡(1)――取戻権の対象とはならない (*165*)
　【設例4-39】持分権の譲渡(2)――譲渡後の共有持分の解消は共有物分割による (*165*)

3　事実上の相続放棄 ……………………………………………………… *167*
(1) 事実上の相続放棄とは (*167*)
(2) 相続分の放棄 (*168*)
　(a) 意　義 (*168*)
　(b) 方　式 (*169*)
　(c) 効　果 (*169*)
　(d) 放棄された相続分の帰属 (*170*)
　【設例4-40】放棄された相続分の帰属 (*170*)
(3) 特別受益証明書（相続分なきことの証明書）による放棄 (*171*)
　(a) 意　義 (*171*)
　(b) 書　式 (*171*)
　(c) 効　力 (*172*)
(4) 遺産分割協議書による放棄 (*172*)

第4節　変動事由の複合 ……………………………………………………… *172*

1　配偶者と子が共同相続人となる場合 ……………………………… *173*
【設例4-41】相続人が配偶者と子の場合の変動事由の複合(1)――単独相続となる場合 (*173*)
【設例4-42】相続人が配偶者と子の場合の変動事由の複合(2)――共同相続となる場合 (*175*)

2　兄弟姉妹だけが共同相続人である場合 …………………………… *176*
【設例4-43】相続人が兄弟姉妹だけの場合の変動事由の複合 (*176*)

第5章　具体的相続分の確定

第1節　相続分の修正 …………………………………………………… *181*
　1　相続分の修正要素 …………………………………………………… *181*
　2　具体的相続分算定のプロセス ……………………………………… *183*
　(1)　みなし相続財産の設定（*183*）
　(2)　具体的相続分の算定（*184*）
　(3)　分配取得率（具体的相続分率）による修正（*185*）
　　　【設例5－1】分配取得率（具体的相続分率）による修正の例（*185*）
　(4)　ま と め（*187*）
　　　(a)　特別受益や寄与分がない場合（*187*）
　　　(b)　特別受益や寄与分がある場合（*187*）
第2節　特別受益 ………………………………………………………… *188*
　1　特別受益とみなし相続財産 ………………………………………… *188*
　　　【設例5－2】遺贈とみなし相続財産（*189*）
　2　特別受益の種類 ……………………………………………………… *190*
　Ⅰ　生前贈与 ……………………………………………………………… *190*
　(1)　特別受益として持戻しの対象となる生前贈与（*190*）
　(2)　生前贈与の類型（*190*）
　　　(a)　婚資・縁資（*191*）
　　　(b)　学　資（*191*）
　　　(c)　不動産（*191*）
　　　(d)　動産，金銭（*191*）
　　　(e)　借地権の承継（*192*）
　　　(f)　借地権の設定（*192*）
　　　(g)　不動産の無償使用（*193*）
　　　(h)　借金の肩代わり弁済（*193*）
　(3)　持ち戻す「贈与」の評価（*193*）
　　　(a)　金　銭（*194*）
　　　(b)　不動産・動産（*194*）
　　　【設例5－3】持戻し贈与の評価⑴──一般的な場合（*195*）
　　　(c)　毀損・売却された「贈与」（*196*）
　　　【設例5－4】持戻し贈与の評価⑵──受贈農地を宅地化した場合（*196*）
　　　(d)　不可抗力によって減価・滅失した「贈与」（*197*）

目　　次　**xv**

　　　　【設例5-5】持戻し贈与の評価(3)——不可抗力による減価・滅失の場合（*197*）
　(4)　生前贈与の持戻しの計算例（*197*）
　　　　【設例5-6】生前贈与の持戻し(1)——相続分を超過しない生前贈与の場合（*197*）
　　　　【設例5-7】生前贈与の持戻し(2)——相続分を超過する生前贈与の場合（*198*）
　(5)　持戻し免除の意思表示（*200*）
　　(a)　意　義（*200*）
　　(b)　持戻し免除の意思表示の方式（*200*）
　　(c)　持戻し免除の意思表示が認定される場合（*200*）
　　(d)　持戻し免除の意思表示が遺留分規定に反する場合の扱い（*202*）
　　　　【設例5-8】贈与に対する持戻し免除の意思表示の減殺方法(1)（*202*）
　　　　【設例5-9】贈与に対する持戻し免除の意思表示の減殺方法(2)（*204*）
Ⅱ　遺　　贈（特定遺贈） ……………………………………………… *207*
　(1)　特別受益として持戻しの対象となる「遺贈」——「特定遺贈」のみ（*207*）
　(2)　特定遺贈がある場合の計算例（*208*）
　　　　【設例5-10】特定遺贈の計算(1)——相続分を超過しない遺贈の場合（*208*）
　　　　【設例5-11】特定遺贈の計算(2)——相続分を超過する遺贈の場合（*209*）
　　　　【設例5-12】特定遺贈の計算(3)——第三者遺贈が含まれる場合（*210*）
　(3)　遺贈に似て非なるもの——特別受益性が問題となるもの（*211*）
　　(a)　生命保険金（*211*）
　　　　【設例5-13】遺贈に似て非なるもの(1)——生命保険金（*212*）
　　(b)　死亡退職金・遺族給付金（*215*）
　　　　【設例5-14】遺贈に似て非なるもの(2)——死亡退職金・遺族給付金（*215*）
Ⅲ　相続させる遺言 ……………………………………………………… *217*
　(1)　特別受益の対象となる「相続させる遺言」——「特定遺贈」と同様に扱う（*217*）
　(2)　相続させる遺言がある場合の計算例（*217*）
　　　　【設例5-15】相続させる遺言の計算(1)——相続分を超過しない相続させる遺言（*218*）
　　　　【設例5-16】相続させる遺言の計算(2)——相続分を超過する相続させる遺言（*219*）
Ⅳ　死因贈与 ……………………………………………………………… *220*
　(1)　特別受益の対象となる死因贈与（*220*）
　(2)　死因贈与の撤回（*221*）
　　　　【設例5-17】死因贈与と内容が抵触する遺贈（遺言）がある場合（*221*）
　③　特別受益の評価の時期 ……………………………………………… *222*

- (1) はじめに (222)
- (2) 特別受益の評価基準時に関する学説 (223)
  - (a) 相続開始時説 (223)
  - (b) 遺産分割時説 (223)
- (3) 「贈与」についての3時点評価例 (224)
  - 【設例5-18】贈与の対象となる財産価額の評価例 (224)
- (4) 「遺贈」についての2時点評価例 (226)
  - 【設例5-19】遺贈の対象となる財産価額の評価例 (227)

4 特別受益者 ………………………………………………………… 229
- (1) 代襲相続の場合 (229)
  - (a) 「被代襲者」に贈与があった場合 (229)
  - (b) 「代襲者」に贈与があった場合 (229)
- (2) 再転相続の場合 (229)
  - 【設例5-20】特別受益と再転相続(1)──本位相続人（再転被相続人）が本位被相続人から特別受益を得ていた場合 (231)
  - 【設例5-21】特別受益と再転相続(2)──再転被相続人が再転相続人から特別受益を得ていた場合 (232)
  - 【設例5-22】特別受益と再転相続(3)──本位相続人（再転被相続人）が本位被相続人から特別受益を得ており，かつ，再転相続人が再転被相続人から特別受益を得ていた場合 (234)
- (3) 親族関係に入る前の者に対する受益の場合 (238)
- (4) 相続人の親族に対する贈与の場合 (238)

第3節 寄　与　分 ………………………………………………………… 238

【設例5-23】寄与分が認められた場合の相続分算定 (239)

1 寄与分とみなし相続財産 ………………………………………… 240

2 寄与分の要件 ……………………………………………………… 240
- (1) 特別の寄与であること (240)
  - 【設例5-24】寄与分の消極的要件──無償の寄与行為 (241)
- (2) 遺産の維持・増加に貢献したこと (242)

3 寄与分の受給資格者 ……………………………………………… 242
- (1) 共同相続人 (242)
- (2) その他の受給資格者 (243)
  - 【設例5-25】亡長男の妻が被相続人である義父にした寄与の扱い (244)

4 寄与分の決定 ……………………………………………………… 245

(1)　寄与分を定める手続 (245)
　　(a)　共同相続人の協議 (245)
　　(b)　調　停 (245)
　　(c)　審　判 (246)
　(2)　寄与分額の確定 (247)
　　(a)　寄与分額の評価基準時 (247)
　　(b)　寄与分額を確定する際の考慮事項 (247)
　　(c)　家庭裁判所調査官による事実調査 (247)
5　**寄与行為の態様と寄与分額の算定** …………………………… 248
　(1)　家業従事型──被相続人の事業に関する労務の提供 (249)
　(2)　財産給付型──事業に関する金銭等の提供 (249)
　(3)　療養看護型──介護労働による費用支出分の維持 (250)
　(4)　扶　養　型 (251)
　(5)　財産管理型──事業に関する管理の代行 (251)
　(6)　複数競合型──療養看護＋財産の提供 (252)
6　**寄与分と特別受益がある場合の適用問題** …………………… 252
　(1)　同時適用説 (252)
　　【設例5-26】寄与分と特別受益がある場合の計算──同時適用説による算定例(1) (253)
　　【設例5-27】寄与分と特別受益がある場合の計算──同時適用説による算定例(2) (254)
　(2)　他説との比較 (255)
　　【設例5-28】寄与分と特別受益がある場合の計算──各説の比較 (256)
　(3)　特別受益が一応の相続分を超過している場合の同時適用 (260)
　　【設例5-29】超過受益と寄与分がある場合の同時適用 (260)
7　**寄与分と遺贈，遺留分との関係** ……………………………… 261
　(1)　三すくみの状態 (261)
　(2)　三者の優先関係 (262)
　　【設例5-30】遺留分を侵害する寄与分の取扱い (263)
8　**寄与分と相続の登記** …………………………………………… 264
　　【設例5-31】寄与分と相続の登記 (265)

第6章　遺産分割の実行

第1節　遺産分割とは ……………………………………………………… 269
  (1) 遺産分割の対象 (269)
    (a) 遺産分割の対象となる財産とならない財産 (269)
    (b) 相続開始後から遺産分割時までに生じた財産 (271)
      【設例6-1】遺産分割の対象——賃料の場合 (273)
    (c) 再転相続により承継した財産 (274)
  (2) 遺産分割の効力 (275)
    【設例6-2】遺産分割の効力(1)——宣言主義の例 (275)
    【設例6-3】遺産分割の効力(2)——移転主義の例 (276)
  (3) 遺産分割の手続 (277)
第2節　遺産分割方法の選択 …………………………………………… 278
  1　遺産分割の方法 ……………………………………………………… 279
  (1) 現物分割（258条2項）(279)
    【設例6-4】現物分割の例 (280)
  (2) 代償分割（家手195条）(281)
    (a) 代償分割の意義 (281)
    (b) 代償金の支払 (282)
      【設例6-5】代償分割の例(1)——遺産が1つの場合 (283)
      【設例6-6】代償分割の例(2)——遺産が複数ある場合 (285)
  (3) 換価分割（家手194条）(288)
    【設例6-7】換価分割の例 (289)
  (4) 共有分割 (289)
    【設例6-8】共有分割の例 (290)
  2　遺言による遺産分割方法の指定 …………………………………… 290
  (1) はじめに (290)
  (2) 遺産分割方法の指定の類型 (291)
    (a) 包括的な分割方法の指定 (291)
    (b) 一部についての指定（一部指定）(291)
    (c) 相続させる旨の遺言による指定（指定分割）(292)
  3　具体的事例の処理 …………………………………………………… 292
    【設例6-9】相続人の一部がした処分に対する遺産分割方法の選択 (292)
    【設例6-10】不動産の共有持分権に対する遺産分割方法の選択 (293)

第3節　遺産分割と金銭債権・債務 …………………………………… 296
1　金銭債権がある場合の遺産分割 ………………………………… 297
(1) 問題の所在（*297*）
(2) 預金債権の金融機関における扱い（*298*）
【設例6-11】預金債権がある場合の遺産分割(1)──生前贈与が修正要素となる場合（*299*）
【設例6-12】預金債権がある場合の遺産分割(2)──特定遺贈が修正要素となる場合（*301*）
2　金銭債務がある場合の遺産分割 ………………………………… 303
(1) 問題の所在（*303*）
(2) 金銭債務の別建て計算（*304*）
【設例6-13】相続分に修正要素がない場合の金銭債務の計算（*305*）
(3) 金銭債務の対外的な分担割合（*306*）
【設例6-14】連帯債務の相続（*306*）
(4) 金銭債務の内部的（対内的）な分担割合（*307*）
【設例6-15】相続分に修正要素がある場合の金銭債務の計算（*307*）
【設例6-16】相続債務を含む遺産分割(1)──指定相続分がある場合（*309*）
【設例6-17】相続債務を含む遺産分割(2)──中立的遺贈がある場合（*311*）
【設例6-18】相続債務を含む遺産分割(3)──超過的遺贈がある場合（*312*）
【設例6-19】相続債務を含む遺産分割(4)──贈与と寄与分がある場合（*315*）

判例索引
事項索引
あとがき

序　章

相続分算定の概要

(1) はじめに

　人が死ぬと，相続が開始し，相続人はその時から死者（被相続人）の財産に属した一切の権利義務（法的地位）を原則的に承継する（896条）。相続人が数人あるときは，相続財産（遺産）は共有に属する（898条）。各共同相続人（以下単に「相続人」ということがある）は，その相続分に応じて被相続人の権利義務を承継する（899条）。このような共有を「遺産共有」という。遺産共有として承継された相続財産について，その共有を解消して，個々の財産（遺産）を各相続人の単独所有として分配する手続のことを「遺産分割」という（これに対し，民法249条以下に規定する遺産以外の通常の財産権の共有を「物権法上の共有」といい，その単独所有化の手続を「共有物分割」という。遺産共有と物権法上の共有との異同については議論がある。後述第3章第1節 1 参照）。

　本書のテーマである「相続分算定」とは，相続人に共同承継された遺産（相続財産）を対象に，被相続人の意思を尊重しつつ，相続人間における公平な遺産分割を果たすことを目的とする。そして，そのためには適正な「具体的相続分」（分配取得額）を算出することが必要となってくる。

　相続分の算定は，広義では遺産分割に至るまでの一連の手続をさすが，概ね次のようなプロセスを経ることとなる。

　① 相続の開始（第1章）
　② 相続人の確定（第2章）
　③ 遺産範囲の確定（第3章）
　④ 本来的相続分の確定（第4章）
　⑤ 具体的相続分の確定（第5章）
　⑥ 遺産分割の実行（第6章）

　このうち①～⑤が狭義の相続分算定であり，以下ではその意味で「相続分算定」の語を用いることとする。①～⑤は⑥を目的として行われる。

(2) 相続分算定の手続

　相続分算定の手続である①～⑤については第1章～第5章で詳しく解説する。ここではその手続の概要を次の【基本設例】によって簡単に見ていこう。

4　序　章　相続分算定の概要

【基本設例】

> 被相続人Hが死亡し，相続人は妻Wと子A，Bである。Hの遺産はマンション（評価額2400万円）と銀行預金（評価額1600万円）である。相続人は3人とも預金を含めた全体的な遺産分割を望んでいる。Wは，老後に備えマンションの取得を希望している。

(a)　相続の開始（上述(1)①＝第1章）

　人が死亡すると，その事実（被相続人の死亡）に基づいて相続が始まる。相続の開始によって相続人と遺産の範囲が確定することになるが，それらの確定作業がまさしく相続分算定のスタートとなる。

(b)　相続人の確定（上述(1)②＝第2章）

　「相続人」とは，被相続人の財産を包括承継することのできる一般的資格を有する者をいい，民法でその種類と範囲が画一的に定められている。ただし，個別の事案では，相続人の範囲自体を確定することが困難な場合が少なくない（第2次相続の開始がある場合や相続欠格等の有無が争点となる場合など）。

　【基本設例】では，相続人の範囲は妻（W）と子2人（A，B）であることは明らかである。

(c)　遺産の範囲の確定（上述(1)③＝第3章）

　被相続人が死亡すると，遺産の範囲が確定する。【基本設例】における遺産の範囲はマンションと預金であり，これらが各相続人に包括承継される。マンションは不可分物であり，相続開始と同時に当然に相続人全員の相続分の割合による遺産共有（898条・899条）となるが，預金は（銀行に対する払戻請求債権であるから）法的には分割単独債権（427条）として各相続人に帰属する（後述(3)(a)参照）。ただし，【基本設例】ではそれをあえて分割対象とすることに帰属権利者である相続人の全員が合意しているので，預金も一種の準共有物とみなして分割対象とすることで差し支えはない。また，預金を分割対象に加えることで，それを不可分遺産の割付けに伴って発生する過不足の調整財産にあてることができるので，好都合である（なお，「遺産の割付け」とは，第6章第2節で解説する遺産分割の方法によって個々の遺産を各相続人の単独所有として帰属させることをいう）。

遺産の範囲が確定したら，それぞれの遺産の評価額を求める。【基本設例】における相続開始時の評価は，マンションが2400万円，預金が1600万円である。遺産分割時の評価でも変動がないとすれば，相続開始時の遺産4000万円がそのまま分割対象の残余遺産（遺産分割時においてもなお現実に残っている相続開始時の遺産）となる。評価の必要のない預金などは別として，マンション等の不可分物についてはその評価が具体的な金額として確定し，遺産全体の評価額が確定することが相続分算定にとって必要最低限の条件となる。

　すなわち，不可分遺産の評価が確定しない限りは，相続分算定の起点とすべき相続開始時の遺産の総額が確定できないため，具体的相続分を算定することはできない。そのため本書では，不可分遺産については評価が確定していることを前提とするが，代償金分割を目的として土地などを特定の相続人に割り付けるような場合には，評価自体が深刻な争点となることも多い。

　このように遺産の確定については，そもそも遺産であるかどうかという「遺産の範囲の確定」の問題と，遺産であることを前提としての「評価額の確定」の問題がある。前者は権利の有無に関する問題であり，争いがあれば訴訟によって決着をつけることになるが，後者は（権利の有無ではなく）価額の評価についての問題であり，争いがあれば遺産分割手続の中で鑑定等により決着をつけるのが通常である。前者はあるかないかの判断であるが（訴訟事項），後者は強弱の程度の判断があるので最終的には家庭裁判所の裁量によって決定されるものである（非訟事項）。

　(d)　本来的相続分の確定（上述(1)④＝第4章）

　相続人が確定すると，民法の規定（900条・901条・902条）によって各相続人の客観的な相続分が一定の割合（率）として画一的に定まる。この相続分は，(i)被相続人が指定していればそれにより（902条），(ii)指定がなければ民法900条・901条の規定に従って確定する。(i)の相続分を「指定相続分」，(ii)の相続分を「法定相続分」という。これらは遺言の指定や民法の定めに基づいて客観的かつ画一的に確定されるものであり，相続分算定の基礎となるものであるから，「本来的相続分」ともよばれている。本書では，相続分の指定がある場合の「指定相続分」及び「法定相続分」を含めて，「本来的相続分」と呼称することにする。ただし，個別の事案では，この本来的相続分自体を確

定することが困難な場合が少なくない（相続の放棄がある場合，第2次相続の開始や相続分の譲渡・放棄があるような場合など）。

【基本設例】における各相続人の本来的相続分は，遺言による指定相続分ではないから，法定相続分によって，W＝1/2，A＝1/4，B＝1/4と定まる（この割合の詳細については第4章第1節参照）。この本来的相続分の「率」（＝「本来的相続分率」という）を，相続開始時の遺産の「額」に乗じると，各相続人の本来的相続分が「額」として算定される。

【基本設例】では，相続開始時の遺産総額（4000万円）に，W，A，Bの本来的相続分率（法定相続分率）を乗じることによって各人の本来的相続分額が求められるが，これが最終的な分配取得額（次頁参照）にもなる。

・W→　4000万円×1/2＝2000万円
・A→　4000万円×1/4＝1000万円
・B→　4000万円×1/4＝1000万円

(e)　具体的相続分の確定（上述(1)⑤＝第5章）

上述のとおり，相続開始時の遺産が確定すると，その価額に本来的相続分率を乗じれば各相続人の相続分が「額」として算定される。しかし，個々の相続人に一定の事情があるときには，相続人間の公平を確保するため，本来的相続分は修正されることになる。その要因となる事情が「特別受益」と「寄与分」であり，「（本来的）相続分の修正要素」とよばれている。

「特別受益」とは，特定の相続人が被相続人から受けていた特別の利益のことであり，「遺贈」（＝被相続人が遺言により無償又は負担付きで譲与した財産）と「贈与」（＝被相続人が生前に自らの意思で譲与した財産）がある。

「寄与分」とは，特定の相続人が被相続人の事業や財産等の維持・増加について特別の貢献をしていながら，被相続人の生存中にその対価や補償等を得ていなかった場合に認められる相続分の増加額のことをいう。

これらの特別受益（遺贈・贈与）や寄与分がある場合には，相続開始時の遺産の額に，特別受益（贈与のみ。遺贈は含まれない）の額を加算し，寄与分の額を控除した「みなし相続財産」というものを設定し，それに上述の本来的相続分率を乗じることによって相続分（＝「一応の相続分」などとよばれる）を出し直すことになる。この一応の相続分から特別受益（遺贈・贈与）の額を控除

し，寄与分の額を加算したものが「具体的相続分」とよばれるものである。

例えば，【基本設例】において，H死亡の半年前に子Bに対して生前贈与がされており，その価額が800万円であった場合の例で確認してみよう。

① みなし相続財産＝相続開始時の遺産（4000万円）＋贈与（800万円）＝4800万円
② Wの一応の相続分＝4800万円×1/2＝2400万円
　　→Wには特別受益や寄与分はないので，この価額がWの具体的相続分となる。
③ Aの一応の相続分＝4800万円×1/4＝1200万円
　　→Aには特別受益や寄与分はないので，この価額がAの具体的相続分となる。
④ Bの一応の相続分＝4800万円×1/4＝1200万円
　　→Bには特別受益たる生前贈与の800万円があるので，一応の相続分1200万円より控除して具体的相続分を求める。
⑤ Bの具体的相続分＝1200万円－800万円＝400万円

このようにして求められたW，A，Bの具体的相続分の合計（2400万円＋1200万円＋400万円＝4000万円）は残余遺産の4000万円と一致しているので，それぞれの具体的相続分が最終的に各相続人に取得される相続分（＝「分配取得額」などという）となる。

しかし，特定の相続人に対する特別受益（遺贈・贈与）の額がその者の一応の相続分を超える結果となる場合（＝超過的遺贈，超過的贈与の場合）には，各相続人の具体的相続分の合計は残余遺産の額と一致しなくなり，そのままでは分配することができない。このような場合には残余遺産の額と一致するように，各相続人の具体的相続分を調整しなければならない。その方法や内容については第5章第1節 2 (3)で詳しく解説する。

＊相続財産と遺産
　　被相続人が死亡したことを契機に相続の対象となる財産の総称が「相続財産」であるが，「遺産」ともよばれており，互換的な用語として用いられている。被相続人の側から見て死後に残した財産の全体と見る言い方を相続財産とすれば，相続人の側から見て分割の対象という言い方は遺産ということになろう。例えば，

銀行預金は相続開始と同時に分割単独債権となるので「相続財産」ではあるが，マンションのように相続人らの共有状態となっているわけではないから，銀行預金は「遺産」として分割の対象とはならない，などといわれる場合がそうである。

相続分の算定で，「相続開始時の遺産」という場合には，相続人に遺贈され遺産から離脱した財産をも含むが，ここでは相続の対象としての財産という意味で使われる（903条1項参照）。そして，分割の対象としての「残余の遺産」（残余遺産）とは，遺贈により離脱した分を除いた残余，すなわち分割の対象としての財産という意味で遺産が使われている（906条参照）。このように同じ「遺産」という用語でも，相続の対象となる場合と分割の対象となる場合とがある。両者の財産の範囲は必ずしも一致するとは限らない点に注意が必要である。

(3) **相続分確定後の作業──遺産分割の実行**（上述(1)⑥＝第6章）

(a) 遺産分割の対象

ここでは，遺産分割の対象と方法（順序）等を上述の【基本設例】によって簡単に見ていく。分配取得額（具体的相続分）が確定したら，それに基づいて遺産分割を実行することになる。

冒頭において遺産分割とは，遺産共有として承継された相続財産について，その共有を解消して，個々の財産（遺産）を各相続人の単独所有として分配する手続であると述べた。しかし，相続財産（遺産）がすべて遺産共有となるかといえば，そうではない。被相続人の遺産のうち可分なものは，直接相続人に帰属されるのである。具体的にいえば，可分債権である金銭債権や可分債務である金銭債務は各相続人の相続分に応じて分割され，直接その者に帰属する。したがって，これらの財産は原則として遺産分割の対象とはならず，その対象からは除外されることになる。相続開始時において分割の対象とならないものは，その性質上，分割の困難な共有状態とされる「不可分物」であることが一般的である。具体例としては，不動産・動産・現金などの所有権のほか，地上権，地役権，賃借権などの金銭に換算できるものが該当する（第6章第1節(1)参照）。

これらの遺産分割の対象となる財産は，相続が開始した時点での遺産（＝相続開始時の遺産）の中から遺産分割を行う時点で現に残っている財産（＝残余遺産）である（東京家審昭44・2・24家月21巻8号107頁参照）。遺贈や贈与によって譲与された財産は，すでに受遺者や受贈者の固有の財産となっているので，

遺産分割の対象とはならない。

(b) 遺産分割の方法（順序）

以上のことから，遺産分割は，原則として不可分物を対象にして行われるものである。不可分物を分割する方法としては，①現物分割（個々の財産の形状や性質を変えないまま，各相続人の相続分に見合うように分割する方法），②代償分割（特定の相続人が現物の分割を受け，その現物と自己の分配取得額との差額（現物＞分配取得額）を債務として，他の相続人に対して負担する方法），③換価分割（遺産を売却・換価し，その代金から必要経費等を差し引いた残りを共同相続人間で各自の相続分に応じて分配する方法），④共有分割（分配取得額（具体的相続分）の割合を共有持分とする物権法上の共有（249条以下）として，遺産の全部又は一部を当事者全員に取得させる方法）などがあり，原則としてその順序で選択されるが，実際にはこれらを組み合わせた分割方法が選択されることも多い。

例えば【基本設例】において，W（分配取得額2000万円）が2400万円のマンションを単独取得し，代償金を支払うという代償分割の方法を選択した場合には，その選択に従って，WがA，Bに代償金として各200万円を支払うことになる。A，B（分配取得額は各1000万円）は，その代償金を得ても不足する800万円について，預金の1600万円を折半して現物取得すれば自己の分配取得額を満足させることができる。マンションの代償分割と銀行預金の現物分割とを組み合わせた分割方法である。

遺産分割においてはこのような分割方法のいずれを選択するかが問題となり，その選択（＝「遺産分割方法の選択」という）こそが遺産分割の実行の中心課題となるのである。

(c) 遺産分割と金銭債権・債務

遺産分割の対象は不可分物であるのが原則だが，実際の遺産分割の場面（とくに調停や審判）では，本来は分割の対象とはならない金銭債権や金銭債務も対象に含めるか否かが問題となることが少なくない。その場合にも，どの分割方法を選択するかが重要な役割を果たしている。

【基本設例】でいうと，Wがマンションを単独取得することになったが，マンションの住宅ローンが800万円残っていたとする。この債務の分担割合をどのようにするかが問題になることがある。共有物分割の特則と位置づけ

られる遺産分割の審判においては，金銭債務は（それを対象とする合意がない限り）遺産分割の対象外である。しかし，調停においては，積極財産の分割に併せて消極財産である住宅ローンなどの金銭債務も相続人間の内部問題として遺産分割の対象にすることができる（金銭債務を単独で全部の履行引受けをする場合の問題であるから，金銭債務を一種の不可分物であるとみなして扱うことになる）。

　Wは，調停において，マンションの取得に併せて，住宅ローン債務の全額を単独で引き受けることを了承し，子A，Bもこれに同意した場合には，相続人全員の意見が一致したことになるので，その旨の調停が成立したと考えてよいとされる（ただし，金銭債務は相続開始と同時に各相続人に法定相続分による分割単独債務として帰属しており，その内部的な分担内容を相続債権者に対抗することはできないことに注意）。

　(d)　純相続分額

　金銭債務がない場合は，単に積極財産からの分配取得額を前提として，不可分物であるマンションの分割方法を考えればよいが，金銭債務がある場合には，単にプラス財産だけの分配取得額だけではなく，マイナス財産である債務の分担額を控除して最終的な取得額を確定することになる。債務分担額を控除した後の最終的な取得額は「純相続分額」などとよばれている（なお，遺留分算定の場合には，遺贈や贈与による取得分も相続利益の中に含めて言い表す関係から，言葉をかえて「純取り分額」などとよぶ）。

　【基本設例】では，全体的な正味の遺産は3200万円（＝積極財産4000万円－消極財産800万円）であり，これを各相続人ごとに捉えた純相続分額は，Wが1600万円（＝分配取得額2000万円－債務分担額400万円），A，Bはいずれも800万円（＝分配取得額1000万円－債務分担額200万円）である。この純相続分額を前提として，不可分物の分割対象財産（マンションと住宅ローン）をいずれかの相続人に単独取得させるという遺産割付けを行い，その割付けに伴う代償金調整や預金での調整などの判断をすることになる。

第1章

相続の開始

相続は，被相続人が死亡した時に，その住所地において開始する。相続の開始によって発生する主な法律効果は，相続分算定との関係でいうと，①相続人の確定，②遺産の範囲の確定，③本来的相続分の確定である。これらの効果を発生させる要件事実が相続の開始ということになる。

第1節　相続開始の原因

相続開始の原因は，被相続人の「死亡」である（882条）。ここにいう死亡とは，「自然死亡」と「失踪宣告による擬制死亡」の2つであり，かつてあった隠居・国籍喪失などの生前相続は認められない。

被相続人が死亡すると，それと同時に，当然に包括承継が生じる（896条）。包括承継は，無主の財産を生じさせないための制度であるので，相続人が被相続人の死亡の事実を知っているとか，死亡届出や相続登記がされているかなどには何ら影響を受けない。

(1) 自然死亡

人が死亡すると，死亡診断書（事故死の場合は検死にあたった医師の死体検案書）の付いた死亡届書を提出することになる。この死亡診断書（又は死体検案書）の記載に基づいて戸籍簿に死亡の年月日時分が記載され，それをもって死亡の事実が確定される。戸籍簿に記載された死亡の年月日時分をもって確定される死亡のことを「自然死亡」という。

自然死亡に関しては，「認定死亡」，「高齢者についての職権消除」が問題となる。

(a) 認定死亡

例えば，海中に墜落した旅客機に乗り合わせていた人が，死亡は確実視されるが，最後まで死体が確認されなかったような場合には，その者の死亡は認められるのであろうか。そのような場合にとられる措置が「認定死亡」である（戸籍法89条の事変による死亡の報告）。

認定死亡とは，水難，火災その他の事変によって死亡したことが確実視される場合に，死体の存在が確認できなくても，その取調べをした官公署（海上保安庁，警察署長等）が死亡の認定をして死亡地の市町村長に死亡の報告をし，

それに基づいて市町村長が戸籍に死亡の記載をする制度である。

認定死亡がされると，その者の戸籍に「平成〇年〇月〇日推定午後〇〇時死亡」と記載される。この戸籍記載の証明力については，通常の死亡届による場合と同様に解される。すなわち判例は，戦時未帰還者の認定死亡について，反証のない限り，戸籍に記載されている日に死亡したものと認めるべきであるとした（最判昭28・4・23判タ30号38頁）。したがって，認定死亡の記載に基づいて相続は開始されることになる。

(b) 高齢者についての職権消除

死亡届が提出されるとその者の戸籍は除籍となる。この死亡除籍との関連で注意すべきことは，戸籍実務上便宜的措置として認められる「高齢者についての職権消除」である。これは，所在不明者が100歳以上の高齢に達している場合に，市町村長が職権によってその者の死亡記載をすることができる措置である（昭32・1・31民事甲163号民事局長回答，戸籍事務取扱準則22条）。

この措置がとられると，通常の死亡届の場合と同様，死亡を原因として戸籍簿上は除籍扱いされる。しかし，高齢者消除の措置は，死亡の時点までも確認して行われるものではないから，それによって直ちに，相続開始の時を判定することはできず，相続登記をすることもできない。したがって，相続も開始されない。

【設例1-1】高齢者の職権消除

> Xの自宅敷地の一角に甲土地があり，登記簿によるとその甲土地の所有者はHである。そのHは戸籍によると明治元年生まれであり（生存しておれば優に145歳超），その戸籍は，昭和57年に「高齢者の職権消除」の処置で死亡除籍となっている。戸籍上の死亡除籍者Hには相続が開始しているとみてよいか。

① Hが死亡しているとはいえず相続開始とはならない。なぜなら，戸籍上，Hの死亡日時が確定していないからである。結果的に，民法上は死亡していない扱いとなる。

② 職権消除の措置がとられて除籍となっているが，これは戸籍整理の目的で行われた行政措置であり，実体法上の死亡の効果は発生しない。自然死亡で

はないからである。戸籍には「高齢者につき死亡と認定昭和57年1月14日許可同月16日除籍」などと職権消除事項の付記とともに「死亡」の記載がされている。しかし，そこには死亡した「日・時・分」の記載はない。

③　この職権消除の措置では，相続開始の日時が明らかでなく，ひいてはその相続人の認定もできない。そこで，相続の開始原因たる死亡というためには，次に述べる失踪宣告によって改めて死亡とみなされる日を確定する必要がある。

④　利害関係人たるXとしては，まずHの失踪宣告手続（30条。後述(2)参照）を先行させ，実体法上のH死亡の効果を発生させる必要がある。失踪宣告によって死亡とみなされる期間の満了日が相続開始時となる。普通失踪による死亡の時期は，失踪期間である7年間の期間満了日であるから（31条），例えば昭和30年3月31日以降7年間生死不明であったとすると，失踪宣告審判の確定により，昭和37年3月31日の満了時（同日の午後12時＝翌日の午前0時）をもって死亡したものとみなされる。この死亡とみなされた日が相続開始日であり，その時点におけるHの相続人が甲土地を承継することとなる。

⑤　ちなみに，Hの相続人の有無が確認できないときは，さらに相続人不存在による相続財産管理人選任手続（952条）により，家庭裁判所の許可を得て，相続財産管理人からXが遺留財産である甲土地の譲渡を受けることになる。

(2) 失踪宣告による擬制死亡

「失踪宣告」は，戸籍法上の認定死亡と違い，民法上の制度である。生死不明が一定の期間（失踪期間）続くと，一定の条件の下でその不在者を死亡したものとみなし，その者をめぐる法律関係を処理しようとする制度である（30条・31条）。失踪宣告の手続を経ることによって従来の住所を中心とする私法上の法律関係は死亡したのと同じ扱いがされ，相続も当然に開始する。

失踪宣告は推定死亡ではなく擬制死亡であり，反証によって覆すことはできない。これを覆すには民法の規定に従い，失踪宣告の取消しの手続が必要である（32条）。認定死亡の場合と異なる。

【設例 1 − 2】 失踪宣告の取消しの遡及効

> Hは15年間，従来の住所地を去り，その間は世間から身を隠していたが，里心に誘われて久々に戻ったところ，自分が失踪宣告により死亡扱いとされていたことを知った。H所有の甲土地と乙土地は，その子Aが単独相続した。甲土地はA所有のままで現存するものの，乙土地はAから第三者Xに売却処分されていた。
>
> Hに対する失踪宣告が本人の請求によって取り消された場合，この取消しはすでにされたHからAへの相続承継や，AからXへの乙土地の処分行為に影響を及ぼすか。

① この取消しにより，失踪宣告は遡及してその効力を失う。したがって，失踪宣告によって効力を生じた財産の相続は，その原因がなかったものとして効力を失い，元に戻されるのが原則である。

② しかし，これでは死亡したと信じていた人々の利益を害することになる。そこで，民法32条2項は，失踪の宣告によって財産を得た者は，宣告の取消しがあった場合，現に利益を受けている限度においてのみ（この利益を「現存利益」という），返還義務を負うと定めている。「失踪の宣告によって財産を得た者」とは，主として相続人を想定している（ほかに生命保険金受取人など）。したがって，子Aは，自己の所有する甲土地についてはそのまま返還し，すでに第三者Xに売却した乙土地については，形を変えて現存する売却代金の限度において返還することになる。

③ ところで，乙土地についてのA・X間の売買であるが，これに関し，民法32条1項後段は，「その取消しは，失踪の宣告後その取消し前に善意でした行為の効力に影響を及ぼさない。」と定める。ここに「善意」とは，当事者であるA，Xがともに失踪宣告が事実に反することを知らなかったことをいうから，互いに善意者であるA・X間の売却行為は依然として有効であり，Hは第三者Xから乙土地を取り戻すことはできない。

第2節　相続開始の時期

(1)　はじめに

相続開始の時期は，相続開始の原因が発生した時である。自然死亡の場合は被相続人が死亡した時（882条），失踪宣告の場合は擬制死亡時（31条）である。つまり，相続は被相続人の死亡と同時に開始するのが原則である。

相続開始の時期は，相続開始の効果の発生との関係で重要であり，そのため一定の時刻を相続開始時とする必要から，戸籍には死亡の年月日のみならず，「時・分」までを記載することとされている（戸86条）。通常は，医師作成の死亡診断書又は死体検案書の記載によって確定される。

例えば，同一の交通事故において親族関係にある者がわずかな時間差で順次に死亡したような場合，それぞれの相続開始時（死亡の時刻）がどの時点かが重要な問題となる場合がある。

【設例1－3】わずかの時間差で順次に死亡した場合

> H・W夫婦と長男A，長男の妻w，次男Bの5人家族である。H，A及びBの3人がドライブ中に交通事故で死亡した。3人の死亡の順番はわずか1時間ずつの時間差で「H→A→B」であった。最終的に被相続人Hの遺産の分割手続において，相続人となるべき者の範囲とそれぞれの相続分はどのようになるか。

① 被相続人Hの相続人は妻Wと子A，Bであるから，それぞれの法定相続分はWが1/2，A，Bが各1/4となる（887条1項・890条・900条1号・4号）。

② Hの死亡より1時間遅れてAが死亡した。Hの相続人となったAについてさらに相続が発生した場合，そのAの相続人は妻wと母Wであるから，AがHから相続した1/4の遺産については，w＝2/3，W＝1/3の割合で相続する（889条・890条・900条2号）。

③ Hの死亡時から2時間遅れてBが死亡した。Bの相続人は母Wだけであるから，BがHから相続した1/4の遺産については，Wだけが相続する（889条1

項1号)。

④　結局，Hの遺産分割について相続人となるのは，Hの妻Wと長男Aの妻wの2人であり，それぞれの相続分は次のとおりとなる。

　　W：　1/2〔①〕＋（1/4×1/3）〔②〕＋1/4〔③〕＝5/6
　　w：　（1/4×2/3）〔②〕＝1/6

⑤　ちなみに，設例において，3人のいずれが先に死亡したのかが明らかでないときは，次に検討する同時死亡の扱いとなり，Hの遺産は妻Wだけが単独相続する。

以下では，「相続が被相続人の死亡と同時に開始する」という原則に対する例外として，同時死亡者間の相互不開始の場合と，相続放棄等の熟慮期間の起算点としての相続開始の場合を検討する。

(2)　同時死亡者間における相互不開始

　航空機事故や船舶の沈没事故のように一度に多くの人が死亡した場合には，実際に誰が先に死亡したのかが明らかでないことが多い。このように，一方が死亡すれば他方が相続しうる関係にある2人について，一方が他方の死亡後に生存したことが不明であるときは同時に死亡したものと推定される（「同時死亡の推定」という。32条の2）。一方の相続開始の当時，他方は死亡によって権利能力を失っているから，相続における同時存在の原則により，同時死亡が推定される両者の間では相続が発生しない。これを「同時死亡者間の相互不開始」という。

【設例1－4】互いに相続人となるべき者の同時死亡

　被相続人Hと1人息子のAが船舶の沈没事故で同時死亡し，Hの妻Wが残された。Hの両親は健在である。Hにも独身者Aにもそれぞれに遺産がある。このとき遺産は誰がどのように相続するか。

①　この場合，Hと子Aはいずれが先に死亡したかわからない。そのため，Hと子Aの間では相続が発生せず，互いに子なし父なしとして，それぞれの相続を考えることになる。

② よって，Hの相続について相続人となるのは，妻Wと血族第2順位者のHの両親である（890条・889条1項1号）。法定相続分は，Wが2/3，Hの両親が1/3になる（900条2号）。

③ 他方，独身者Aの相続について相続人となるのは血族第2順位者の母Wだけであり（889条1項1号），Wがその子Aの遺産を単独相続することになる。

④ この同時死亡の規定は，「子Aが海に泳ぎに行って溺れて死亡し，ちょうどその頃その父Hは山の中で畑仕事中に熊に襲われ死亡したが，どちらが先かわからない」というような場合にも適用される。仮に，HにはAの子a（Hの孫）が残されていたとすると，Hの遺産については，相続人たる妻Wと代襲相続人たる孫aが共同相続人になる。それは，代襲相続について規定する民法887条2項に，「被相続人の子が，相続の開始以前に死亡したとき……」とあり，「以前」という言葉は「同時」を含むからである。遺贈に関する994条についても同様である。もちろんAの固有遺産については，その子aがAの相続人として単独相続する。

＊代襲相続

　　推定相続人（相続が開始した場合に相続人となるべき者）である被相続人の子又は兄弟姉妹が，相続の開始以前に死亡し，又は廃除・相続欠格により相続権を失ったときに，それらの者の子が，その者に代わって相続することを「代襲相続」といい（887条2項・889条2項），代襲相続を行う者（＝被相続人の子の子又は被相続人の兄弟姉妹の子）を「代襲相続人」という（詳しくは第2章第4節(2)参照）。

【設例1－5】遺言者と受遺者の同時死亡

> 被相続人Hは子Aとともに同時死亡した。Hには妻Wがおり，子Aにはその子aがいる。Hの遺産は土地と預金である。Hは遺言により土地を子Aに遺贈していた。このとき遺産は誰がどのように相続するか。

① 同時死亡の推定によって，子AはHの相続人とはならない。しかしAは，民法887条2項にいう「被相続人の子が相続の開始以前に死亡したとき」にあたることから，同条の適用により，Aに代わってその子aがHの（代襲）相続人となる。

② これに関連して，子AはHの遺言による受遺者であるが，Aは「遺言者の死亡以前に受遺者が死亡したとき」にあたり，遺贈の効力は生じない（994条1項）。したがって，遺贈のほうは単純に失効し，その結果，遺産として残存する土地と預金については，相続人Wと代襲相続人aがそれぞれ1/2の割合で相続することになる（900条1号・901条1項）。

(3) 熟慮期間起算点としての相続開始

相続開始については，熟慮期間（相続の承認又は放棄をすべき期間）の起算点との関係でも問題となる。相続は，相続人が相続の開始を知ったか否かにかかわりなく当然に開始する。そのため，相続人が相続の開始を知らない間に，相続権や遺留分減殺請求権を喪失し，あるいは相続債務（借金）を承継してしまうという不利益を受けることが考えられる。

そのような不合理を回避するため，一定の場合には，相続開始時点を遅らせて，「自己のために相続の開始を知った時」が死亡時とされる。民法915条の相続の承認又は放棄の熟慮期間の起算点がその例である。これは，相続開始時期を一定期間ずらすことであり，死亡と同時に当然に相続が開始するという原則から見ると，例外の場合にあたる（ほかに遺留分減殺請求権の1年の短期消滅時効の起算点（1042条）などがある）。

第3節　相続開始の場所

相続は，被相続人の住所において開始する（883条）。相続開始の場所とは，被相続人から相続人へ権利義務関係が包括的に承継移転すると考えられるところの観念的な場所的中心地を意味する。つまり，「被相続人の住所地」である。

被相続人が現実にどこで死亡したか，相続財産がどこにあるかなどとは無関係である。この相続開始の場所は，相続に関する事件の管轄裁判所，相続税の申告・納税場所の基準となる。

第2章

相続人の確定

先述のとおり，人が死亡すると，その人の遺産に関する生前の法的地位の一切が，その人を中心とする一定の親族に当然かつ包括的に共同で承継される（896条）。このように被相続人の財産を包括承継することのできる一般的資格を有する人のことを「相続人」という。民法は，相続人の種類と範囲を画一的に定めており，被相続人の意思によって新たに相続人を作り出すことはできない。その意味で，民法に定められている相続人はすべて法定相続人であり，「配偶者」と一定の「血族相続人」だけがなれる（887条〜890条）。

　もっとも，相続人となる一般的資格があると定められている者に該当しても，その者が個別具体的な事案で相続人になれるとは必ずしもいえない。なぜなら，民法は，強制的に相続人資格を奪う制度（欠格・廃除）や自らの意思で相続人としての地位を辞する制度（相続の放棄）を認めているからである。したがって，相続人を確定する際には，相続人資格の「取得」に係る積極面での確認のほか，資格喪失事由がない，相続放棄がない等の相続人資格の「喪失」に係る消極面での確認も必要になる。

　相続人の確定は，相続分算定との関連においてとくに重要である。相続人の範囲の確定作業は，相続分を確定するための前提問題として位置づけられ，相続人の確定がされない以上は相続分の確定自体もできない。ちなみに，民法の条文の配置もその順序（相続人＝886条以下，相続分＝900条以下）になっている。

　本章では，相続人の確定の問題として，次の項目について検討していく。

① 相続資格の取得——抽象的・画一的な資格取得
② 相続資格の喪失
③ 相続の単純承認——個別的・具体的な資格取得
④ 相続人の種類と順位

第1節　相続資格の取得——抽象的・画一的な資格取得

(1) 相続能力

　相続人となりうる一般的資格のことを「相続能力」という。相続人となるべき者は相続能力を有しなければならない。相続は被相続人が死亡した時にその財産的権利義務を承継することであるから，相続能力とは権利義務の主体たりうる資格であるということができ，「権利能力」と同義である。し

がって，相続開始時に権利能力をもつ自然人は，当然に相続能力を有する（胎児には権利能力自体がない。なお後述(4)参照）。

　法人には相続能力はない。ただし，包括受遺者となることは可能であり，包括受遺者になれば相続人と同一の権利義務をもつこととなって（990条），実質的には相続人と異ならないが，相続人そのものとなるわけではない。

(2) 推定相続人

　相続開始前において，相続人となるべき地位にいる者，すなわち法定相続人のうち最優先順位にある者は「推定相続人」とよばれる。この推定相続人の地位を「期待権」とよぶことがあるが，法的にはきわめて弱い権利又は法的地位で，被相続人の財産処分を阻止することはできない。

【設例2－1】相続開始前の相続権

> 被相続人Hには配偶者はなく，子は養子Aだけである。養子Aの結婚を契機にHとAの妻との折り合いが悪くなり，ついにHとAは口をきかないほどの不仲となった。このような状況の下で，Hは財産の大部分を第三者Xに贈与しようと計画している。推定相続人Aは，この計画を阻止することができるか。すでに贈与し移転登記を終えていた場合はどうか。

① 唯一の相続人であるAには，相続開始後ならば遺留分権（第4章第2節⑴(a)参照）によって1/2の割合の財産の獲得が保障されている。相続人の地位の保障という点から見る限り，明らかに相続権を侵害する行為に対しては，Aの阻止を認めてもよさそうである。

② しかし，法的には，推定相続人の地位はきわめて弱く，Hの処分を阻止することはできない。また，すでに処分がされた場合であっても，単なる期待権しか有しない推定相続人には（仮装譲渡を理由としての）無効確認の訴えの利益もないとされる（最判昭30・12・26民集9巻14号2082頁）。

③ 結局，推定相続人の期待権とは，「相続の欠格事由がない限り，廃除という手続を経なければ奪われることはない」という限りで保障されるという法的意味をもつにすぎないものといえる。

(3) 同時存在の原則

相続人となるべき者は，相続開始と同時に権利能力者として存在していることが必要である。相続は，被相続人の死亡と同時に開始し，被相続人に属した一切の財産上の権利義務が直ちに相続人に移転するからである（896条）。これを「同時存在の原則」（又は「人格継続の原則」）という。この原則は，相続法の基本的要請とされるため，次の２つのことが問題となる。

まず１つは，一方が死亡すれば他方が相続しうる関係にある２人が同時に死亡した場合（同時死亡の場合）における相続問題である。同時死亡の場合は，一方の相続開始当時，他方は死亡によって権利能力を失っているので，同時存在の原則によって，両者の間では相互に相続は発生しない（第１章第２節(2)参照）。しかし，この場合には代襲相続が認められるので，実質的な不都合は生じないであろう。

他の１つは，胎児の取扱いである。この問題については，次の(4)で解説する。

(4) 胎児の出生擬制

権利能力は出生によって取得されるので（３条），胎児は相続開始時に権利能力を有しておらず，相続ができないことになる。しかし，これでは相続は血縁に従って流れるという本来の姿に反し妥当性を欠くので，胎児は，相続についてはすでに出生したものとみなすとされた（886条１項）。これを「胎児の出生擬制」という。この出生擬制は，損害賠償請求権（721条）や遺贈（965条）についても同様の規定が置かれている。

【設例２－２】胎児の出生擬制

> 被相続人Ｈには妻Ｗと胎児Ａがいる。胎児Ａが出産する前日，Ｈは交通事故で死亡した。Ｈの両親は健在である。このとき，Ｈの血族相続人には，胎児，両親のいずれがなるのであろうか。

① 相続開始時にはまだ権利能力を取得していない胎児は，理論上は，相続能力がないはずである。しかし，民法886条１項は「胎児は，相続については，既に生まれたものとみなす。」と定め，胎児が生きて生まれ出ることを当然の

前提とする擬制がとられ，相続を認めている。ただし，死産であった場合は擬制の必要がなくなるので，1項は適用されない（886条2項）。
② 胎児に相続権が認められるのは，出生日の遅速という偶然の事実によって相続権が左右されるのは，親から子へという血族相続の趣旨に反することになるからである。
③ 問題は，権利能力の擬制の始期であるが，これについては，解除条件説（制限人格説）と停止条件説（人格遡及説）の対立がある。前者は，胎児の段階ですでに擬制の効果が発生しているとしつつ，胎児が死亡して生まれたことを解除条件として，その条件の成就をもって権利能力の擬制の効力が失われるとする考え方である。後者は，胎児は権利主体ではないとの原則を維持しつつ，相続の場合には生きて生まれることを停止条件として相続能力を胎児の時点に遡って認めるという考え方である。通説・判例（大判昭7・10・6民集11巻2023頁〔阪神電鉄事件〕）は後者の停止条件説によっている。

第2節　相続資格の喪失

　相続人となるべき者に相続資格の喪失事由があると，その者は相続人になれない。相続資格の喪失事由には，①相続人の意思に反してでも相続資格を失わせる「相続人の失格」と，②相続開始後に自らの意思で相続人としての資格を放棄する「相続の放棄」がある。

(1) 相続人の失格

　相続人の意思に反して相続資格が失われる場合が2つある。
　1つは，法律上当然に相続人でなくなる「相続欠格」であり，他の1つは，被相続人の意思により，家庭裁判所の審判によって相続人の資格が剥奪される「廃除」である。

(a) 相続欠格（891条）

　民法の定める欠格事由は，同法891条に掲げる1号から5号の事項である。大別すると，被相続人などに対する生命侵害に関するもの（被相続人を殺害し刑に処せられたなど）と，被相続人の遺言の妨害に関するもの（不利な遺言の破棄隠匿をしたなど）に分けられる。

欠格の効果は，相続人資格の剥奪である。欠格原因たる事実があれば，裁判上の宣告や意思表示など何らの手続を要しないで，法律上当然に発生する。相続開始前に欠格原因たる事実があれば即時に，相続開始後に欠格原因が発生すれば相続開始時に遡って，欠格の効果が生じる。また，相続欠格者は同時に受遺能力も失う（965条）。

ちなみに，相続欠格者である相続人について，被相続人による欠格の宥恕が認められるとして，相続人資格を有するとの前提で遺産分割審判がされた例がある（広島家呉支審平22・10・5家月63巻5号62頁参照）。

【設例2－3】相続人たる地位不存在確認の訴え

> 被相続人Hが死亡し，相続人は子A，B，C，D，Eの5人である。Aは父親であるHの遺言の隠匿・破棄をめぐりBは相続欠格者にあたるとして，Aだけが原告となってBを被告に相続権不存在確認の訴えを単独訴訟として提起した。これは適法な訴えであるか。

① 設例の個別相対的な単独訴訟の提訴は不適法である。なぜなら，誰が相続人であるかは，共同相続人にとっては互いに利害が絡む問題であり，訴訟も共同相続人の全員につき合一的に確定される必要があるからである。相続人全員の間で合一確定が要請される遺産確認の訴えの場合と同じ理由である。

② この点，判例は，特定の相続人が相続欠格であることを理由に被相続人の遺産について相続人たる地位を失ったか否かは遺産分割の前提問題であり，その地位の不存在確認の訴えは，共同相続人全員が当事者として関与し，その間で合一的に確定することを要するとした（固有必要的共同訴訟。最判平16・7・6民集58巻5号1319頁）。

(b) 廃　　除（892条）

相続欠格のように当然に相続資格を剥奪するほどの事由ではないが，被相続人が相続させたくないと感じるような非行が推定相続人にあり，かつ，客観的にもそれが妥当と判断される事情があるときには（虐待・重大な侮辱・著しい非行など），被相続人は，家庭裁判所の審判（家手188条）によって当該推定

相続人の相続権を奪うことができる（892条）。これを「廃除」という。

廃除は、遺留分（第4章第2節⑺⑴参照）を有する推定相続人に限ってすることができる。その理由は、遺留分を有しない兄弟姉妹については、被相続人が相続させたくないならば、全財産を他人に贈与若しくは遺贈するか、又は当該兄弟姉妹の相続分を「0」と指定すれば、目的を達することができるからである。被相続人の請求が要件であるため、相続欠格と異なり、被相続人との人間関係や信頼関係（いわば相続的協同関係）を破壊するような行為であることが根拠となる。

廃除は遺言によってもすることができるが、その場合は遺言執行者が家庭裁判所に廃除の請求をし（893条）、廃除審判の確定によって相続権を失う（遺留分権も失う）。ただし、受遺能力は失われない（965条で準用していないため）。

(2) 相続の放棄

相続人には、自らの意思で相続をしないことを選択する自由が認められている。これを「相続放棄」という。例えば、被相続人の積極財産が500万円で債務が1000万円とすると、単純承認（後述第3節⑴参照）をした相続人は、債務超過となっている500万円について、自己の固有財産から弁済をしなければならない。これでは相続を受けたことによって損をすることになるので、このような場合に相続放棄がされることが多い。

(a) 相続放棄の手続・効果

相続放棄は、その旨を家庭裁判所に申述することによって行う（938条）。

相続放棄の申述は、自己のために相続の開始があったことを知った時から3か月以内にしなければならない（915条1項、要式行為）。この3か月の期間がいわゆる「熟慮期間」である。相続人が複数いるときには、熟慮期間は各人別に進行する（最判昭51・7・1家月29巻2号91頁）。この期間は、相続人が相続財産の内容を調査して（同条2項）、いずれにするかを考慮するゆとりを与えようとする趣旨である。相続財産の状態が複雑で、調査その他の都合上日数を要するときには、利害関係人等の請求により、家庭裁判所はその期間（3か月）をさらに伸長することができる（同条1項ただし書）。

相続放棄はそれが受理されたとしても、実体法上で放棄が有効と確定するわけではなく、法律上の無効原因がある場合には、被相続人の債権者は後日

放棄の効力を訴訟で争うことができる（最判昭29・12・24民集8巻12号2310頁）。

なお，相続人の債権者との関係において，相続放棄は積極的に債務者の財産を減少させる行為ではなく，また身分行為であるので，詐害行為の取消しの対象とはならない（最判昭49・9・20民集28巻6号1202頁）。つまり，当初から相続人ではなかったことになるだけで，財産状態が今より悪化することはないからである。この点，持分権の交換を目的とする遺産分割協議は，財産行為であるとして詐害行為の対象とされる（最判平11・6・11民集53巻5号898頁）。

(b) 熟慮期間の起算点

熟慮期間の起算点は，原則として，「自己のために相続の開始があったことを知った時」である（915条1項）。ただし，相続人が未成年者又は成年被後見人であるときは，その法定代理人がその者のために相続の開始があったことを知った時から起算する（917条）。

【設例2－4】相続放棄の選択を要求する期待可能性がまったくない場合

> 別居して音信不通状態にあった無資産浮浪の父H（被相続人）の死亡が，唯一の相続人である子Aに知らされた。財産は何もないことから，Aは相続放棄等のアクションを起こさなかった。ところが，Aが父Hの死亡を知ってから1年後に，Hは生前，知人の金融会社からの借入金1000万円について連帯保証人となっていたことが判明した。そこで，Aは家庭裁判所に相続放棄の申述手続をした。有効な相続放棄といえるか。

① 判例は，「相続が開始したこと」及び「自己が相続人となったこと」を覚知した時をもって起算点とする立場である。そして，設例のような「特段の事情」がある事案については，最高裁は，上記の原則を維持しつつも，例外的に救済を与えるという解釈を示した。すなわち，3か月以内に相続放棄をしなかったのが，被相続人に相続財産がまったく存在しないと信じたためであり，そのように信ずるについて相当な理由があるときは，「熟慮期間は，相続財産の全部又は一部の存在を認識した時又は通常これを認識し得べき時から起算する」とした（最判昭59・4・27民集38巻6号698頁）。

② この判例は，個別具体的な状況下で相続人にとって放棄・限定承認の意思

表示をすることが期待できたかどうか（選択権行使の期待可能性）を考慮に入れ，熟慮期間の起算点を確定したものとみるのが適切である（潮見佳男『相続法』〔第5版〕43頁参照）。

第3節　相続の単純承認——個別的・具体的な資格取得

　相続の承認には，積極的な意思表示による承認の場合と，ある一定の法律行為や事実があれば承認したものとして扱われる場合がある。前者が「単純承認」，後者が「法定単純承認」である。相続人の資格という面から見ると，「相続資格の取得」ということになる。通常は前者の例はなく，ほとんどは後者の例である。

　(1)　単純承認

　「単純承認」とは，相続人が被相続人の権利義務を全面的に承継することを内容として相続を承認する意思表示である。この意思表示は，放棄や限定承認と異なり，一定の手続を必要としない。すなわち，単純承認という特別の手続や行為は必要とされない。制度上そのような手続も設けられていない。

　この単純承認があると，相続人は無限定に被相続人の権利義務を承継するので（920条），相続財産は相続人の固有財産と完全に融合してしまう。その結果，相続人は，被相続人の債務全額について積極財産の多寡にかかわらずその全部を弁済しなければならなくなり，被相続人の債権者は，相続人の固有財産に対しても強制執行できることになる。ただし，金銭債務は分割単独債務であるから，相続人各人の責任限度は法定相続分までとなる。

　(2)　法定単純承認（921条）

　民法は，相続人が単純承認の意思表示をしなかったとしても，一定の事由があった場合には，当然に単純承認したものとみなすことを規定している（921条）。この制度を「法定単純承認」といい，以下の3つの事由が定められている。単純承認が擬制されると，相続人には被相続人の債務や責任を包括的に承継するという重大な効果がもたらされる。

　(a)　相続財産処分（1号）

　経済的価値の高い美術品やその他の動産の形見分けを受け取ることや，相

続債務の代物弁済として相続財産たる不動産を譲渡すること，及び相続債権（例えば売掛債権など）を取り立てて収受することは，相続財産の処分にあたる（代物弁済につき大判昭12・1・30民集16巻1頁，債権の取立てにつき最判昭37・6・21家月14巻10号100頁）。この処分には，法律行為のみならず，家屋を放火し，あるいは損壊するなどの事実行為も含まれる。

　相続財産の処分は，単純承認があったと擬制するのに相応しいものでなければならない。そのため，相続人が被相続人の死亡事実を知らないで相続財産を処分した場合には，単純承認の効果は生じないとされる（最判昭42・4・27民集21巻3号741頁）。

　相続人は，相続の承認や放棄をするまでは，相続財産の管理人的地位に置かれる。したがって，建物の応急修理などの保存行為や短期賃貸借契約の締結（602条参照，土地は5年，建物3年）は当該管理行為にあたり処分から除かれる（921条1号ただし書）。その他，一般に軽微な慣習上の形見分けや葬式費用の支出なども処分に含まれないと解されている。

　判例は，1号の「処分」があったことにより，単純承認する意思が黙示的に表示されたと捉える（前掲最判昭42・4・27）。その趣旨は2つある。

　第1は，そもそも被相続人の財産が自己の財産になってはじめて，相続人は相続財産を処分できる権利を得るのであるから，処分があったなら相続人が黙示的に単純承認をしたと推定できる。単純承認の効果（920条）として承継されるものは権利のみならず，義務・責任をも負わせるべきということである。

　第2は，相続人が相続財産を処分した後に限定承認や放棄をすると，相続財産の価値は減少し範囲も不明確になってしまう。相続債権者の利益が害されることを防ぐためには，単純承認をしたとみなすのが最善とされている。

【設例2−5】被相続人の死亡を知らないでした処分行為

　被相続人Hは，借金苦から家出しその日のうちに自殺していた。子Aはその事実を知らないまま，Hの家出の半年後に，有料駐車場を解約明渡しするために，H名義の中古自動車を第三者に売却した。その後，Hが失踪当日に

すでに死亡していた事実が判明した。Hには多額の借金がある。Aは相続を放棄したいと考えるができるか。

① Aが行ったHの中古自動車の売却は，Hが死亡したことを知らないでしたものであるから，相続財産の処分とはならない（前掲最判昭42・4・27）。
② よって，単純承認は擬制されず，債務超過を理由に相続を放棄することができる。

【設例2－6】非難可能性のない処分行為

被相続人Hの妻Wは，夫Hが出張先の某国で海難事故に遭遇したとの知らせを受け，H名義の預金200万円を引き出して，現地に向かう旅費に使った。現地に到着してからHは海上で死体となって発見された。このとき，Wは単純承認したことになるか。

① Wが夫H名義の預金200万円を引き出したのは，Hの遭難を知って現地に赴くためであり，Hの死体が発見される前の行為である。また，相続開始の事実を確実視していたわけでもないので，Wの預金の引出しは相続財産の処分にはならない。
② 仮にこのような場面で，死亡の通知を受けてから旅費にあてるために預金を引き出したとしても，そのことをもって直ちに単純承認があったと擬制するにはふさわしくない典型事案であろう。

【設例2－7】死亡保険金の受領

被相続人Hは妻Wを受取人とする生命保険をかけていた。H死亡の直後，Wはその保険金を受領し，その金員によって家具を購入した。その後，Hには多額の連帯保証債務があることがわかったので，Wは相続の放棄をしようと考えたが，可能であろうか。

① 単純承認が擬制される処分の対象は相続財産である。妻Wを受取人とする生命保険金は，保険契約の効力発生と同時にW自身の固有財産となり，Hの相続財産ではない（最判昭40・2・2民集19巻1号1頁）。

② よって，生命保険金による家具の購入はW自身の固有財産によるものとなり，相続財産の処分にはあたらない。Wは相続の放棄をすることができる。

(b) 熟慮期間経過（2号）

単純承認が擬制される最も一般的なケースは，相続人が限定承認も放棄もしないうちに熟慮期間が経過することである（921条2号）。相続人は単純承認という特別の行為をするわけではない。

問題となるのは，未成年者である相続人に法定代理人がいない場合である。この場合の熟慮期間の起算点は，先述のとおり，未成年者に後見人などの法定代理人が置かれ，この法定代理人が相続開始を知った時からと解すべきである。成年被後見人について後見人が欠けている場合も同様である。

(c) 背信的な行為（3号）

相続人が限定承認又は放棄の趣旨や義務に反する背信的行為を行ったときにも，単純承認の擬制が行われる。その趣旨は，背信的行為を行った相続人にはもはや限定承認・放棄の利益を享受させる必要はなく，いわば制裁として単純承認の効果，とくに義務を負わせるのを相当としたのである。民法921条1号の処分が限定承認・放棄をする前の行為を想定しているのに対し，同条3号の背信的行為は限定承認・放棄をした後の行為を規定している。

背信的行為とされるのは，①相続財産の「隠匿」，②相続財産を「私（ひそか）に消費」すること，③相続財産を悪意で目録中に記載しなかったこと（悪意の不登載）の3つである。

「隠匿」とは，容易にその遺産の存在をわからないようにしてしまうことであり，「私に消費」するとは，相続債権者の不利益になることを承知のうえで，相続財産を消費することである。「悪意の不登載」は，限定承認後の相続人が相続債権者を詐害しようとする財産隠匿の意思をもって財産目録に記載しないことであり，積極財産を隠すために書かなかった場合だけでなく，債務（消極財産）を意図的に隠すために書かなかった場合も含まれる（最判昭61・3・20民集40巻2号450頁）。

【設例2-8】相続放棄後における遺産の隠匿行為

被相続人Hの相続人は，子としてはA1人である。Hには3000万円の借金があったので，Aは債務超過を理由に相続の放棄をした。次順位相続人はHの妹Sである。SがHの相続について承認も放棄もしない間に，AはHの預金100万円を着服した。このとき，Aの隠匿行為は次順位の相続人Sの立場に影響を及ぼすか。

① 民法921条3号ただし書は，「その相続人が相続の放棄をしたことによって相続人となった者が相続の承認をした後は，この限りでない。」と規定している。これは，相続人が相続の放棄をしたことによって相続人となった次順位の者が相続の承認をした後は，もはや相続放棄をした当初の相続人が背信的行為を行っても，単純承認の擬制は適用されないことを意味する。次順位相続人の利益保護のために，当初の相続人の放棄はそのまま効力を維持し，次順位の相続を有効とする扱いである。
② 相続を承認した次順位の相続人は，相続を放棄した当初の相続人の背信的行為に対して，財産の引渡しあるいは損害の賠償を請求できる。結果的に，責任追及の主体を相続債権者ではなく次順位の相続人にさせるのが適当との調整規定である。
③ 設例のケースは，次順位の相続人Sが相続の承認も放棄もしていない段階であり，この3号ただし書には該当しない。したがって，当初の相続人Aが原則どおり単純承認をしたものとみなされ，3000万円の借金を承継することとなり，結果的にSは相続人とはならないことになる。

【設例2-9】次順位相続人が限定承認をした後の隠匿行為

前記【設例2-8】において，Sが限定承認の申述をした後にAの隠匿行為があった場合はどうか。

① Aの相続放棄によって新たに相続人となったSが限定承認をし，その後にAが隠匿行為をした場合である。これはまさに民法921条3号ただし書に該当するケースである。

② Aの相続放棄はそのまま効力が維持され，Sの次順位の相続資格もAの隠匿行為により影響を受けることはない。したがって，Sによる限定承認の申述は有効となり，相続債権者に対してはSが責任を負うこととなる。
③ 一方，SはAに対し，その隠匿行為の責任を追及することができる。ただし，Aが無資力の場合には，そのリスクはSが負担することとならざるを得ない。

第4節　相続人の種類と順位

　相続は，被相続人の死亡により，これと一定の関係にある者を相続人として開始する。誰が相続人となるか，その相続人がどのような順位で相続するのかは，民法887条～890条（ただし888条は削除）が規定している。
（1）配偶相続人・血族相続人
　民法は，被相続人との関係で直接的かつ固有の相続権を有する者として，①配偶相続人（被相続人の配偶者）と②血族相続人（被相続人と血のつながりのある者）を規定している。この両者が，欠格，廃除，相続放棄等によって相続権を失わない限り，所定の順位で被相続人の遺産を共同相続する。
　(a)　配偶相続人
　配偶者は常に相続人となる（890条）。血族相続人がいるときは，最先順位の血族相続人とともに常に共同相続人となり，血族相続人がいないときは，配偶者が単独相続人となる。血族と同順位とは配偶者は常に相続人となることを意味する（相続分の割合は，配偶者が血族のどの順位者と共同相続するかの組み合わせにより異なる）。配偶者が相続人となりうるためには，婚姻届を出した夫婦でなければならない。相続人が戸籍から一応推定しうるのでなければ，取引の安全を害するからである。

【設例2－10】夫婦が同時に死亡した場合

> 子がなく，いずれの直系尊属も死亡しているH・W夫婦が，同一船舶事故で同時に死亡した。夫婦のいずれにも数人の兄弟姉妹がいる。相続人となるべき者は誰か。

① 同時死亡により，HとWは相互に他方を相続することはない。
② したがって，Hについてはその兄弟姉妹が，Wについてはその兄弟姉妹がそれぞれ相続人になる。

【設例2－11】内縁配偶者（別姓夫婦）がいる場合

> HとWは別居してから50年経過しているが，離婚届は出されていない。Hが死亡したが，Hには30年以上も夫婦同然に一緒に暮らし，最後まで病弱のHを介護してきた内縁の女性Xがいる。Hの遺産はすべて戸籍上の妻Wに帰属してしまうだろうか。

① HとWは50年以上も事実上の離婚状況にある。そういう中で，30年以上も暮らしてきた女性Xのようなはっきりとした内縁配偶者がいる場合は，その者に配偶者相続権を認めてもよさそうである。
② しかし，相続により遺産が誰に属するかは，取引の安全とも関連することである。そのため，内縁関係はその存在を外部からは必ずしも窺知しえないものとして，相続法上の効果は付与されない。

(b) 血族相続人（887条1項・889条1項）

血族相続人の順位は，「①子→②直系尊属→③兄弟姉妹」である。先順位の相続人が1人もいないときには，次順位の者がはじめて相続人となる。

(イ) 子（887条1項）

被相続人の子である限り，第1順位の血族相続人となる。実子（嫡出子，非嫡出子）か養子（普通養子，特別養子）かは問わない。出生の順序も問わない。

子が第1順位であるということは，子（又はその代襲者）が1人でもいればその者だけが相続人となり，次順位以下の血族は相続人とならないことを意味する。

(ロ) 直系尊属（889条1項1号）

被相続人に子（又はその代襲者）が1人もいない（又は相続権を失っている）ときは，第2順位である被相続人の直系尊属が血族相続人となる。

直系尊属の全員が相続人となるのではなく，親等の近い者だけが相続人と

なる（889条1項1号ただし書）。父母，祖父母のいずれもが生存しているときは，父母だけが（共同）相続人となる。祖父母は，父母の双方が死亡しているときにはじめて遡って相続人となる（後に述べる代襲相続人ではない）。

　被相続人が養子である場合，その養子は，特別養子でない限り，縁組をしても実方親族との血縁関係は断絶しないので，その者の直系尊属には実方の直系尊属と養方の直系尊属の両方が含まれる。

　(ハ)　兄弟姉妹（889条1項2号）

　第2順位の直系尊属が1人もいなければ，最後に第3順位の兄弟姉妹が血族相続人となる。兄弟姉妹の相続人は，遺留分を有さず（1028条），相続人廃除の対象ともならない（892条）点で，前順位者の相続人と異なる。兄弟姉妹も，実方のほかに養方の兄弟姉妹も含まれることに注意する。

【設例2－12】養子が被相続人でその兄弟姉妹が相続人となる場合

> 　子どものいない甲夫婦が，ある乙夫婦の子Aを普通養子とし，次に丙夫婦の子であるBとHのうちHを普通養子にした。その後に縁組を解消させないまま，甲夫婦は死亡し，さらに丙夫婦も死亡した。その後，配偶者も子どももいなかったHについて相続が開始した。相続人となるのは誰か。

① 　養子縁組が絡むやや複雑な事案であるが，結局，AとBが民法889条1項2号によって相続人となる。
② 　Hの亡養父母である甲夫婦を経由する養子としての兄弟がAであり，Hの実父母である亡丙夫婦を経由する実子としての兄弟がBということになる。

(2)　代襲相続人

(a)　はじめに

　血族相続人である子又は兄弟姉妹が，相続開始前に死亡していた場合，又は相続欠格・廃除により推定相続人たる地位を失った場合，その者に直系卑属がいれば，その直系卑属が子や兄弟姉妹に代わって相続する（887条2項・3項・889条2項）。これを「代襲相続」といい，代襲される者を「被代襲者」，代襲相続をする者を「代襲者（代襲相続人）」という。

代襲相続は血族相続人にだけ認められ，子について発生する場合と，兄弟姉妹について発生する場合の2つがある。民法887条2項が子の代襲相続について，同条3項が孫以下の再代襲について定め，また，889条2項が兄弟姉妹の代襲相続について定める。

代襲相続は，固有の相続権に基づく相続の代わりに認められる代位相続であるが，そのもととなる固有の相続権に基づく相続を「本位相続」といい，その固有の相続権を有する者を「本位相続人」（配偶相続人・血族相続人）ということがある。

*兄弟姉妹の代襲相続人の制限

　　昭和55年の民法の一部改正（昭和56年1月1日施行）前までは，兄弟姉妹の代襲相続人は，子の代襲相続の場合と同様，その直系卑属とされていたが，その一部改正で兄弟姉妹の子（甥・姪）までとすることに改められた（889条2項・901条2項）。兄弟姉妹の直系卑属についても，子の場合と同様に無制限に相続人を拡大するのでは，被相続人との親族的なつながりの面から問題があり（笑う相続人となりかねない），また，代襲相続人捜索の点で遺産分割の早期実現に支障を来すとの趣旨から，兄弟姉妹の代襲相続人はその者の子，すなわち被相続人の甥・姪までに制限された。

【設例2-13】被相続人の子が先に死亡していた場合

> 被相続人Hには子A，Bがおり，子Aにはその子a_1，a_2がいる。子Aがその父Hの死亡の前日に死亡した場合，Hの相続人の範囲はどこまでか。

① Hの本位相続人は子A，Bであるが，AはHの死亡当時すでに亡くなっていたのであるから，Aの相続分についてはその子a_1，a_2が代襲相続する。したがって，Hの相続人はa_1，a_2，Bの3人となる。

② 代襲相続人となる孫以下の相続人は，直系卑属としての固有の相続権に基づいて相続（本位相続）するわけではなく，子を代襲してその相続分を相続（代位相続）するのである。

③ したがって，a_1，a_2の相続分はAの本位相続分である1/2を株分け（法定相続分の割合による分配）して，それぞれ1/4（＝1/2×1/2）となる（a_1，a_2は本位相続人ではないから，Bと並んで，平等の頭割りにより1/3となるわけではない）。

(b) 代襲相続される者（被代襲者）

代襲相続される者（被代襲者）は，被相続人の子又は兄弟姉妹である（887条2項・889条2項）。直系尊属又は配偶者は被代襲者とはならない。

【設例2－14】 被相続人の配偶者が先に死亡していた場合

> 被相続人HとWが婚姻したがWは病死した。Wには死別した前夫との間の子A（Wの連れ子）がいるが，Hとの間で養子縁組はしていない。Hが死亡したとき，AはWの代襲相続人になれるだろうか。

① 配偶者には代襲相続は認められていない。配偶者の直系卑属であるAに代襲相続を認めるということは，被相続人Hの財産が血族を飛び越え，姻族に取得される結果を招来し，不都合な事態となるからである。
② よって，Aには被相続人Hについての相続権はない。

(c) 代襲相続できる者（代襲相続人）

代襲相続人となりうる者は，①被相続人の直系卑属，すなわち子の子（887条2項）と，②被相続人の兄弟姉妹の子，すなわち甥や姪（889条2項）である。

被相続人に子がいない場合は，直系尊属が次順位の相続人になるが（889条1項1号），尊属の相続権は親等の順で固有の相続権が認められているものである（889条1項1号ただし書）。したがって，親が死亡していても祖父母が生存していれば，祖父母が直系尊属として本位相続人となるのであって，親の代襲相続人となるわけではない。

(d) 代襲原因

相続人（被代襲者）の，①「相続開始以前の死亡」，②「欠格」，及び③「廃除」の3つである（887条2項）。「相続放棄」は代襲原因にならないことに注意する。なお，同時存在の原則により，相続開始の時点で相続人が存在していなければならない。

では，代襲相続が問題となる場合に，同時存在の原則はどのように適用されるのだろうか。これは，代襲者の存在は，代襲原因の発生時（被代襲者とな

る相続人の死亡時，欠格原因時，廃除時）に要求されるのか，それとも相続開始の時にだけ要求されるのかの問題であり，次の設例で検討する。

【設例2－15】代襲相続と同時存在の原則

> 被相続人Hには子Aがいたが，AがHを虐待したので，家庭裁判所の審判によりAはHの相続人から廃除された。その後，Aとその妻の間に子aが生まれ，Aは死亡した。Hが死亡したとき，aは代襲相続人となりうるか。

① Hの相続について，aは被相続人Hの孫にあたるのであるから，亡父Aの代襲相続人となりうる。代襲者は，相続開始の時点において，被相続人の直系卑属として存在していれば足りるのであって，代襲原因の発生時点（被代襲者となる相続人の死亡時など）に存在していることまでは要求されていないからである。孫に代襲相続を認める以上，本位相続人である被代襲者Aが廃除された時点で，Aの子aが生まれていたか（あるいは養子縁組の前であったか）どうかは重要ではない（この点aが懐胎されていたときは当然886条1項が適用されるがこれは別論）。民法887条2項の文言を見ても，代襲原因の発生時に代襲者となるべき者の存在を要求する記載はない。

② 裁判例も，被相続人が死亡した時に相続人である被代襲者が生存していれば，法律上当然その相続人たりうるか否かによって判断するのを相当とする（東京高決昭33・6・24家月11巻3号130頁）。したがって，Aの廃除がなかったとすれば，被相続人Hの相続開始時にAは当然にHの相続人たりうるのであるから，Aの廃除があり，その後にaが生まれたとしてもHの孫であることに変わりはない。

(e) 代襲相続の効果

代襲相続人は，相続人（被代襲者）の相続分（本来的相続分である法定相続分又は指定相続分）を株分けで相続する。代襲相続人が数人いる場合には，各代襲相続人の相続分は平等の頭割り（＝均等）となる（901条・900条4項）。

(f) 再代襲相続

例えば，被相続人Hが死亡した時，Hの子Aのみならず，Aの子a_1（Hの孫）も死亡していたが，a_1には子aa_1（Hのひ孫）がいるというような場

合，ａａ₁が代襲相続によりＨを相続することになる（887条3項）。この代襲相続を「再代襲相続」といい，ひ孫以下の直系卑属についても同様である。再代襲相続においては，子Ａの代襲原因（死亡）が先か，孫ａ₁の代襲原因が先かは問われない。

　ただし，兄弟姉妹の代襲については，先に述べたように，昭和55年の民法改正（翌56年1月1日施行）で，その子（甥・姪）までに限定されているので（民法889条2項は887条3項を準用していない），兄弟姉妹には再代襲相続はない。理由は，前述したように甥・姪の子となると親族的なつながりが希薄であること，及び相続人が多数になると遺産分割の早期実現に支障を来すこと，の2点にある（ただし，改正法施行以前に開始した相続については，旧法の適用により子の場合と同様に再代襲がある）。

【設例２−16】被相続人の子だけでなくその孫も死亡していた場合

> 100歳になる被相続人Ｈには，子Ａと子Ｂがいた。このうち，Ｂはその子ｂ₁，ｂ₂，ｂ₃を残して死亡している。しかも，ｂ₁も，その子ｂｂ₁，ｂｂ₂を残して死亡している。このような状況の下でＨの相続が開始した場合，Ｈの相続人となるのは誰であるか。

① Ｈの本位相続人は，ＡとＢであるが，ＢはＨより先に死亡しているから，Ｂに代わってＨの代襲相続人となるのは，Ｂの子ｂ₁，ｂ₂，ｂ₃である。
② そして，ｂ₁もＨより先に死亡しているので，代襲相続人ｂ₁に代わって，さらにその代襲相続人となるのはその子ｂｂ₁とｂｂ₂である。この2人のことを2度目の代襲者という意味で「再代襲相続人」という。
③ 結局，Ｈの相続人となるのは，子Ａ，孫ｂ₂とｂ₃，ひ孫ｂｂ₁とｂｂ₂の5人である。ちなみに，その相続分は，Ａ1/2，ｂ₂とｂ₃が各1/6，ｂｂ₁とｂｂ₂が各1/12となる。

(g) 養子が被代襲者の場合

　被相続人の子の子が代襲相続人となるには，その者が被相続人の直系卑属であることが必要である（887条2項ただし書）。この直系卑属の要件に関して，被相続人の子が養子であり，この養子に養子縁組前の子（いわゆる連れ子）が

いる場合はどうなるかが問題となる。

　結論からいうと，養子縁組前の連れ子は代襲相続人にはなりえない（大判昭7・5・11民集11巻1062頁）。民法887条2項ただし書によると，「被相続人の直系卑属でない者は，この限りでない」とあり，養子は養親及びその血族と養子縁組の日から法定血族関係に入るが（727条），養親はその時点の養子の親族（養子の親や養子の連れ子）とは親族関係に立たないからである。

【設例2－17】養子縁組をする前に生まれた亡養子の子の代襲相続権

> 被相続人HはAと成年養子縁組をしたが，Aには縁組前に生まれた子a_1がいた。また，縁組後にはa_2が生まれている。養子Aが死亡し，その後にHが死亡した。Hの相続について養子Aに代わって代襲相続人となるのは誰であるか。

① この事案でAの代襲相続人となるのは，a_2だけである。
② 養子縁組後に生まれたa_2はHの直系卑属であるが，縁組前に生まれている子は直系卑属とはならない。そのため，a_1は代襲相続を受けることはできない。

(3) 再転相続人

(a) 再転相続とは

　被相続人Hが死亡し，Hの相続（第1次相続）が開始した後，その遺産分割が完了する前に，Hの相続人であるAも死亡した場合において，Aの相続人であるaがAの相続（第2次相続）に対する選択権（承認・放棄の権利）を取得すると同時に，Hの相続に対する選択権も承継取得することを「再転相続」という。これは，被相続人Hが死亡する前に，Hの推定相続人であるAが死亡していた場合において，当該推定相続人Aの相続人であるaがAのHに対する相続権を承継して，当初のHの遺産を相続するという「代襲相続」と区別するために用いられる講学上の用語である。なお，この再転相続においても，第1次相続であるHの相続を「本位相続」とよぶことがある。

　再転相続のうち，Hの相続人であるAがHの相続の熟慮期間（3か月）内

に放棄も承認もせずに死亡してAの相続が開始された場合を「狭義の再転相続」（あるいは「純再転相続」，「純粋の再転相続」）といい，これに対し，Hの相続人であるAがHの相続を承認した後に死亡してAの相続が開始された場合を「広義の再転相続」（あるいは単に「再転相続」）という。実務において再転相続というときは，広義の再転相続をさすことが多い。これらの再転相続を受けうる相続人のことは「再転相続人」とよばれるが，とくに狭義の再転相続人を「純再転相続人」ということもある。

(b) 狭義・広義の再転相続の共通点と相違点

両者に共通する点は2つある。まず1つ目は，aが祖父Hを相続する権限は父Aに由来するということである。したがって，いずれの場合も父Aが先に相続放棄をすると由来が切断されてしまうので，aはHの相続人とはなりえない。2つ目は，再転相続人となった以上，aはHの遺産分割の当事者適格を有する者になるということである。

両者の相違点としては，狭義の再転相続におけるaは，父Aを経由することなく，a固有の選択権の行使によって直接的にHの相続人として扱われるが（この点では代襲相続の構造に類似する），広義の再転相続におけるaは，父Aの地位を承継した，つまりHを相続したAを相続することによって間接的にHの相続人として扱われることである。この相違によって，例えば，再転相続人となった者が保存行為として相続登記をする場合，狭義の再転相続では1個の移転登記（H→a）で済むところ，広義の再転相続では2個の移転登記（H→A，A→a）が必要になるなど，手続面での扱いが異なってくることがある。

(4) 相続人資格の重複

「相続人資格の重複」とは，1人の自然人に相続人としての資格が複数帰属することである。このような親族関係の重複は，多くの場合養子縁組がからむことから発生する。親族関係が重複する場合，一般的には，各別の親族関係が他方の親族関係を排除する旨の規定がない限りそれぞれ固有の効果を保有し，他方の親族関係に吸収又は排除されることはないと解されている。

養子がからむ典型的な例は，次のとおりである（いずれも相続人として，資格重複者のほかに共同相続人がいるものとする）。

① 養子と代襲相続人の重複（いわゆる孫養子）

Hがその子亡Bの孫bを養子にしていた場合の、bの地位（Hの養子としてのb＝Bの代襲相続人としてのb）。

② 養子と配偶相続人の重複（いわゆる婿養子）

Hの亡直系尊属がHの配偶者Wを養女にしていた場合の、Wの地位（Hの妻としてのW＝Hの妹としてのW）。

③ 非嫡出子を養子にした場合

Hが認知した子Bを養子にした場合の、Bの地位（Hの非嫡出子としてのB≠Hの嫡出子としてのB）。

【設例2－18】養子と代襲相続人の重複（いわゆる孫養子）

> 被相続人Hには子A、Bがおり、亡Bにはその子bがいる。祖父にあたるHが孫bを養子とした後、Hが死亡した。bは、Bの子として代襲相続人になるのと同時に、Hの養子としての本位相続人にもなる。このとき、bは2口分の相続ができるか。

① 祖父が孫を養子にする場合には、祖父と孫の関係という自然血縁関係があるうえに養親と養子の関係という法定血族関係が重複して発生する。1人が二重に相続権をもつべきではないという考え方もあるが、2口分の相続を認めるのが妥当である。

② 身分関係が重複することを民法が認めている以上、相続権が重複することを認めるのが自然であること、もしBがHより長生きしていれば、bは結果的に2口分の相続ができたことから、共同相続人Aとしても、Bが生きていればHの相続人はA、B、bの3人となることはわかっていたはずである。「偶然の事情による利益・不利益はできるだけ避けるべし」という相続法の基本原理からすれば、2口分の相続を認めてもよい。戸籍先例も、この孫養子については、2口分の相続を認めている（昭36・9・18民事甲1881号民事局長回答）。

③ 以上のことから、相続人は実子AとB（代襲者b）のほかに養子bも該当することとなり、それぞれの相続分は均等の1/3ずつとなる。結局、bはBの代

襲相続人としての1/3のほかに，本位相続人（養子）としての1/3を取得し，その相続分の合計は2/3となる。

【設例2－19】養子と配偶相続人の重複（いわゆる婿養子）

> 被相続人Hが死亡し，相続人はHの妻WとHの兄Aである。ところが，Hの妻WはHの亡両親の養女になっていた。この場合，WはHの姉妹という立場でも相続できるか。

① 配偶者の一方が他方の父母の養子になっていた場合の事例である。配偶者という婚姻関係がある上に，兄弟姉妹という法定血族関係が重畳的に並存することとなる。
② 戸籍先例は，配偶者としての相続資格しか認めない（昭23・8・9民事甲2371号民事局長回答）。ただし，学説は分かれており，民法上排斥しあう関係にはない資格であるから，2口分の相続を認めてよいとする説もある。
③ 設例の場合，2口分の相続分を認める考え方からは，Hの妻としてのWの相続分は3/4，Hの兄としてのAの相続分は1/8（←1/4×1/2），Hの妹としてのWの相続分は1/8（←1/4×1/2）となる。よって，Wの相続分の合計は3/4+1/8＝7/8，Aの相続分は1/8となる。
④ 戸籍先例によれば，Wは配偶者としての相続資格しか認められないので3/4，兄Aは1/4となる。

【設例2－20】非嫡出子を養子にした場合

> 被相続人Hは，配偶者Wとその間にできた子Aを有していたが，婚姻外に子Bをもうけ，これを認知したうえ養子とした（民法795条によりH，Wの共同縁組）。Hが死亡した場合，BはHの非嫡出子であると同時に嫡出子たる養子としての二重資格で相続ができるだろうか。

① BはHと養子縁組を結ぶことによってHの嫡出子となる結果，Hの非嫡出子たる身分は消滅することとなる。嫡出子と非嫡出子という身分関係の重複はそもそも生じない。

② よって，設例の場合，BはHの養子（嫡出子）の立場でのみ相続できるだけとなる（昭43・8・5民事甲2688号民事局長回答）。

第3章

遺産範囲の確定

本章で扱う遺産の範囲の確定とは，相続の対象となる財産を特定し，その価額を評価することである。相続の対象となる財産（＝相続財産）とは，いわゆる相続開始時における遺産（＝相続開始時の遺産）のことであり（ただし後述第4節参照），その範囲は民法896条に定める包括承継に関わる事項である。同条は「相続人は，相続開始の時から，被相続人の財産に属した一切の権利義務を承継する。ただし，被相続人の一身に専属したものは，この限りでない。」と規定しているので，包括承継の対象は，被相続人の財産に属した一切の権利義務のうち一身専属のものを除いた残りであり，それが相続財産となるのである。ここに一身専属のものとは，被相続人にだけ帰属し相続人に帰属できない性質の権利義務（＝帰属上の一身専属権）をいい，例えば，生活保護法に基づく生活保護受給権（最〔大〕判昭42・5・24民集21巻5号1043頁）や公営住宅の使用権，使用貸借契約における借主の地位，代理における本人・代理人の地位，身元保証契約による身元保証債務（その契約から発生した具体的な債務は除く）などがその例である。これらは相続の対象とはされていないので相続財産には含まれない。

　相続の開始によって承継した相続財産を前提として，遺産分割時において，その対象となる財産を絞り込む。この問題は民法906条に定める遺産分割に関わる事項である。端的にいうと，遺産分割の対象となる財産（＝「分割適格財産」などともいう）は，相続人全員での共有となっている土地などの「不可分物」である。これに対して，可分債権・債務である銀行預金や住宅ローンなどのいわゆる「多数当事者の債権・債務」（427条）は，相続開始によって当然に分割され各相続人に帰属することになるので，その性質上，遺産分割の対象とはならない。また，遺産分割は現に存在している遺産を分けるための手続であるから，被相続人の生前に存在したが今はないもの，あるいは遺言により第三者や相続人に遺贈されたものは分割の対象とはならない。さらに，被相続人に帰属するかどうかもわからないものは分割のしようもない。

　このように，相続の対象となる財産には，遺産分割の対象となる財産とならない財産が含まれている。相続分算定の最終目的が遺産分割にあるとすれば，遺産は遺産分割の対象となる財産だけで考えればよいかもしれないが，相続分算定の基礎資料となる財産は相続開始時の遺産であり，それに基づいて次章以下の相続分（本来的相続分・具体的相続分）が確定されるので，遺産分割の対象となるか否かを問わず，相続開始時に存在する換価性のある財産を広く扱わなければならない

理由がそこにある。

そこで，本章では，遺産の範囲として相続開始時の遺産を取り上げ，遺産分割の対象となるものについては適宜その旨を指摘していくこととする。

第1節　遺産の特定

1　不可分物

(1)　遺産共有となる不可分物

　財産価値のある，つまり金銭に換算することができるもので，被相続人に属する財産はすべて相続の対象となる。このうち，遺産分割の対象にもなる「不可分物」には，不動産・動産・現金などの有体物に対する所有権のほか，地上権，地役権，賃借権などがある。

　相続の対象が不可分物であるときは，その不可分物が相続人全員での共有状態によって承継帰属されることになり，各相続人はそれに対して共有持分権を取得するという態様をとる。このような共有を「遺産共有」という。遺産共有とは，判例によれば，「物権法上の共有」のことであり，1つ1つの有体物（不可分物）に対する所有が相続人全員による共有となる（最判昭30・5・31民集9巻6号793頁）。したがって，これを特定の相続人の単独所有として帰属させるには，「共有物分割」（258条）の特則と位置づけられる「遺産分割」（906条以下）によって，その共有状態を解消することが必要になる。遺産分割に至るまでの遺産共有は，物権法上の共有の性質を有するといっても，物権法上の共有が確定的であるのに対し，遺産共有は遺産分割までの暫定的なものである。また，物権法上の共有における共有物分割は通常裁判所での訴訟事項であるのに対し，遺産共有における遺産分割は家庭裁判所での審判事項であるという違いもある（その他の違いについては第6章第1節(1)参照）。そのため，物権法上の共有と区別して「遺産共有」と称するのが一般的である。

　　＊共同所有の類型
　　　　1つの有体物ないし財産権を複数人が所有する場合（共同所有）の類型は，概ね以下のように分類することができる。

① 共　有

複数人が1個の物の上の所有権を分量的に分割して有することである。例えば，子A，B，Cの3人が甲地を共同で相続したときは，甲地は3人の共有となる。各人は，甲地上に量的に分属の状態である1/3に制限された権利（持分権）をそれぞれもつ。

持分権は量的には部分的所有権であるが，質的には完全な所有権であるから，その対外的効力・処分・相続・登記・引渡しなどはすべて所有権に準ずる。なお，相続による共有の性質について，前掲判例（最判昭30・5・31）は，「立法時から一貫して，物権法上の共有を意味することにほかならない」とする共有説の立場をとっている。

② 合　有

処分権の制限などやや団体的性格が加わった形での共有である。各人が持分権を有する点では共有と同じであるが，共同目的のために複数人が結合していることから，持分権の処分や分割請求が制限されている。その意味で，合有は共有と総有の中間にあるといってよく，組合的所有がその例である。学説上は，遺産共有はこの合有の性質を有するとする見解も有力である。

③ 総　有

構成員それぞれはもはや持分権を有しない形での共有である。構成員の共有から半ば独立した財産として，各共有者で構成される団体が物の管理・処分権限を有し，個々の構成員は持分権をもたず，団体的拘束の下において物の使用・収益権を与えられるにすぎない。判例は，入会権が入会団体の総有に属するとし（最判昭41・11・25民集20巻9号1921頁），また，いわゆる権利能力なき社団（〇〇同窓会，〇〇社交クラブなど）の財産関係を総有と捉えている（最判昭32・11・14民集11巻12号1943頁）。

④ 準共有

複数者が所有権以外の財産権（抵当権，借家権，借地権など）を共有することである。原則として共有に関する規定が準用される（264条）。

(2) 相続の対象となる不可分物の範囲

土地・建物・現金などの有体物に対する所有権は，一物一権主義の適用により排他性のある支配権であるから，それが複数の相続人に承継されたとしても，各個別に分割されて確定的な分割単独権利になるわけではない。相続の開始によって，法的所有の帰属状態は単有から複数人による共有へと変化

し，共有状態での権利承継となる。相続人全員による共有物として承継されるのである（898条参照）。

一方，所有権以外の抵当権・賃借権・株式・ゴルフ会員権などの財産権は，それが交換価値を有する限り，当然に相続財産となるが，これも複数の相続人に承継されるときには各個別の分割単独権利となるわけではない。このような所有権以外の財産権が複数人に帰属する法律関係を「準共有」というが，相続人全員による準共有物として承継されるのである。

以下では，相続財産となる不可分物の具体的な範囲について見ていこう。

(a) 所 有 権

(イ) 不動産・動産

土地・建物・家財などの有体物の所有権は，承継相続により遺産共有（898条）となる。遺産共有にいう「共有」とは，まさしく物権法上の共有を意味するから（前掲最判昭30・5・31），民法の共有に関する規定（249条以下）が適用される。

各相続人は，相続財産を構成する個々の財産上に独立した共有持分（相続分）を有する。不動産はもちろん動産も1つ1つが共有となる。ちなみに，マンションの敷地についての共用部分権も所有権と本質は変わらないので，当然に相続の対象となり，被相続人が有した共有持分権をさらに相続人が承継して共有することになる（この点，後述 3 の再転被相続人が有した共有持分権をさらにその再転相続人が相続する場合も同じである）。

共有物となった個々の遺産に対して，各相続人は次のような権能を有することになる。

① 共有となった個々の財産について現状を維持するためだけの保存行為（修繕・定期点検や相続登記など）は，それぞれの共有者（相続人）が単独でできる（252条ただし書）。

② 共有物の使用については，共有物の全部について，各共有者がその持分に応じた使用行為をすることができる（249条。例えば自動車なら1か月ずつ順番に乗るなど）。

③ 共有物の管理行為（建物を賃貸するなど）については，物権法上の共有規定（252条本文，過半数の決議が必要）によることとなる。

④　各自の持分自体を独立の財産として，遺産分割前に単独で自由な処分行為（放棄・譲渡・担保提供など）をすることができる。もちろん相続債権者によるその持分に対する差押えも可能である。

(ロ)　紙幣・硬貨などの現金

　紙幣・硬貨などの現金は不可分の共有物となり，遺産分割の対象となる。金銭は交換価値そのものを内蔵する有体物として，1円玉1つ1つについての共有となる。これに対し，金銭債権は，後述 **2** のとおり，可分債権として法律上当然に各相続人にその相続分に応じて分割承継されるので，遺産分割の対象とはならない。

　判例は，「相続人は，遺産の分割までの間は，相続開始時に存した金銭を相続財産として保管する他の相続人に対して，自己の相続分に相当する金銭の支払を求めることはできない」（最判平4・4・10家月44巻8号16頁）とした。つまり，現金を土地・自動車などの不可分物と同一視し，遺産分割までは共有状態下にあるものと判断したのである。

【設例3-1】遺産の現金を遺産管理人名義で預金にした場合

> 　被相続人Hが死亡し，相続人は子A，B，Cの3人である。Hと同居していたCは，自宅に保管されていたHの残した現金6000万円を「H遺産管理人C」名義で銀行に預金した。遺産分割協議が成立していない段階で，A，B両名はCに対して，それぞれの法定相続分に相当する2000万円ずつの引渡しを求めて提訴した。認められるか。

①　共有物である現金を銀行に持ち込んで預金の形で預けた場合，それは銀行に対する金銭債権と同じ可分債権となってしまうのか。それが設例の問題である。

②　Cは，現金を自宅で保管する代わりに，自分の固有財産と混同しないよう，「H遺産管理人」との肩書付きの名義（つまり相続人全員の代理人としての名義）で預金した。これは，保管場所を自宅から銀行に代えただけのことであり，貸金庫での保管の方法をとらずに便宜上預金の形で保管替えしただけともいえる。

③　共有物である現金がたとえ預金と同じような状況に置かれたとしても，それによって分割単独債権に変わると捉えるのは妥当ではない。現金や金塊をそのまま保管する場合と同じであって，相続人らの共有にかかる不可分物，すなわち共有遺産とみるべきである。したがって，遺産分割によらない限りは，保管者に対して持分に基づいて一部だけの引渡しを求めることはできないこととなろう。

④　前掲の最高裁判決（最判平4・4・10）は，設例のような遺産管理人の預金保管下に置かれた金銭に関する事例であった。ちなみに，設例では，Aは相続開始時に有した金銭を相続財産として保管している者，つまり他人のために金銭を保管している者であるから，その金銭は決済手段として流通に置かれることを予定しない状態のものである。したがって，「金銭は占有あるところに所有あり」とする判例（最判昭39・1・24判時365号26頁）の命題によったとしても，占有者つまりAの所有物になるわけではないという例外的事例（同判決にいう「特段の事情」）にあたる。

(b)　所有権以外の支配権（制限物権・賃借権・社員権・ゴルフ会員権）

所有権以外の財産権のうち複数の相続人の準共有とされる権利には，以下の(イ)～(ニ)のようなものがある。

(イ)　制限物権

地上権・地役権などの用益物権や抵当権などの担保物権は，いずれも共同相続されて準共有となる。ただし，根抵当権については，特別の定めがある（398条の8）。

(ロ)　賃借権

使用貸借は一身専属権として借主の死亡により消滅するが（599条），賃借権は消滅しない。財産的な価値があり相続される。賃借権は不可分債権であるから，相続の開始によって，共同相続人の準共有となる。

居住用建物の借家権も相続の対象となり，共同相続人による準共有となる。したがって，各相続人の分割単独権利にするためには遺産分割が必要となる。ただし，公営住宅の使用権に関して，判例は，「相続人が公営住宅を使用する権利を当然に承継すると解する余地はない」（最判平2・10・18民集44巻7号

1021頁）としている。

【設例3-2】内縁配偶者など相続権のない同居借家人の保護

> 借家人H（被相続人）がその内縁の妻Wと借家に住んでいた。借家人Hが死亡し，その相続人はHと先妻との間の子であるAである。この場合，(i)家主（＝家屋賃貸人）Xが，同居人Wに対して「あなたは借家について何の権利もないから出て行け」といえるか。また，(ii)Hの相続人Aが，Wに対して，「借家人は相続人である自分であって，あなたではないから出て行け」といえるか。

① 民法の原則によれば，借家権は被相続人の相続人によって承継されるから，相続人が新たな賃借人となる。しかし，この原則を貫くと，内縁の妻である同居人Wが住居を失うこととなり，不当である。

② そこで，内縁の妻のような相続権のない同居借家人の地位を保護するため，判例は次のように判示した。すなわち，居住用建物の借家権も一応は相続によって相続人に承継されることとなるが，(i)の問題については，「WはXからの明渡請求に対しては，相続人Aの相続した借家権を援用しうる，つまり，Aの借家権にもとづいてWは適法にその家屋に住んでいると主張して，明渡しを拒むことができる」とする（事実上の養子につき最判昭37・12・25民集16巻12号2455頁，内縁の妻につき最判昭42・2・21民集21巻1号155頁）。

③ (ii)の問題について，判例は，Aが借家人Hの生前から彼と同居しているWに対して明渡しを請求するのは，Aの権利濫用であるとして，Wを保護した（賃借権の事案ではないが，相続人からの内縁の妻に対する明渡請求の事案でこの理論を適用した最判昭39・10・13民集18巻8号1578頁）。

(ハ) 社員権

社団（法人）の構成員を社員といい，その社員が社団（法人）に対して有する法律上の地位を社員権という。この社員権が相続の対象となるかは，それに金銭的価値，ひいては換価性があるかどうかで決まる。

例えば，数人の学生がお金を出し合って期間限定の屋台を始めたとすると，その屋台における構成員の地位は，構成員相互の信頼関係に基づくものであ

り，換価性も乏しいので，相続の対象とはされない。このように一身専属性ないし人的色彩が強いとされる民法上の組合員の地位（679条）や，特定非営利活動促進法により設立されたＮＰＯ法人などの公益社団法人の社員権も，換価性がないので相続の対象とはならない典型例である。

これに対して，上場株式会社の株主たる地位（株式）は，それ自体に財産価値が高く，換価性もあるので，当然に相続の対象となる。なお，株式が相続されて，複数の相続人が現れた場合には，共同相続人間に相続分に応じた準共有関係が生ずる（最判昭45・1・22民集24巻1号1頁はそれを前提としている）。すなわち，1株を共同相続人が準共有する形となる。金銭債権のように当然分割されるものではない。

(二) ゴルフ会員権

ゴルフ場の優先使用権を主体とする権利で，これには次の3つの形態がある。①社団法人たるゴルフクラブの構成員となる社団法人制のもの，②ゴルフクラブの会員がこれを経営する株式会社の株主となる株主会員制のもの，③ゴルフ場を経営する会社に預託金を支払いゴルフクラブ入会契約を締結する預託会員制のものである。

①は一身専属性があり相続されない。②は換価性があり相続される。わが国で最も多く一般的なのは，③の預託金会員制のものである。これはゴルフ場優先使用権，預託金返還請求権，会費支払義務などを含む契約上の地位と解されているので，相続の対象とされる（最判平9・3・25民集51巻3号1609頁）。ただし，死亡を資格喪失事由とする会則規定がある場合は一身専属的なものとなり，相続の対象とはならない（最判昭53・6・16判時897号62頁）。ゴルフ会員権の相続が否定された場合，相続によって承継されるのは，預託金返還請求権と会費払込債務のみとなる。

２ 金銭価値のある財産

債権は，共同相続人に準共有され共同相続するかに見えるが，債権の共同的帰属については民法427条の多数当事者の債権関係に関する規定が特則を置き，共有一般の規定を排除している。その結果，預金債権，貸付金債権などの可分債権は，相続の開始により，遺産分割の手続を待つまでもなく，法

律上当然に「分割単独債権」として，各相続人にその法定相続分に応じて分属承継される。その意味で，可分債権は遺産分割の対象とはならない。すなわち可分債権は，相続の対象となる財産ではあるが，原則として遺産分割の対象ではない。

可分債務である金銭債務についても，同様のことがあてはまる（後述(2)参照）。

(1) **金銭債権**

金銭債権の典型例は銀行預金などの普通債権である。問題となるのは，不法行為や債務不履行に基づく損害賠償請求権と，離婚後に財産分与をめぐって交渉中の元夫婦の一方が死亡したときの財産分与請求権である。

(a) **普通債権**

代表的なものは，銀行預金と売掛代金である。

【設例3－3】遺言書偽造による銀行預金の全額払戻しの場合

> 被相続人Hが死亡し，相続人は子A，B，Cの3人である。Hの遺産は3000万円の銀行預金だけである。Cは，自己が単独取得する旨の遺言書を偽造して，銀行預金の全額の払戻しを受けた。そのことを知ったAは，遺言無効を理由に自己の相続分1000万円をCから取り戻したいと考えている。Aはどのような請求をすることができるか。

① 3000万円の預金債権は可分債権であり，相続開始と同時に，各相続分に応じて分割承継され，各相続人の単独債権となる。共有関係は存在しないので，遺産分割の対象とはならない。

② 共同相続人の1人Cがこの3000万円の可分債権について自己の相続分以外の債権を行使した場合，その債権の行使は当該債権を当然に分割取得している他の相続人A，Bの分割単独債権を侵害することとなる。

③ したがって，侵害を受けた共同相続人Aは，侵害をした相続人Cに対して，自己の分割取得分である1000万円につき，不法行為に基づく損害賠償又は不当利得の返還を求めることができる（最判平16・4・20家月56巻10号48頁）。

【設例3-4】全額の払戻しをした銀行に過失があった場合

> 被相続人Hの相続人は子A，Bの2人である。遺産は銀行預金の1000万円だけである。相続開始後に，AはHの通帳と印鑑を使用して預金の全額を下ろして自己の遊興費に費消した。このときBは，どのような請求ができるか。

① Aは，Bが分割単独債権として取得した相続分までも含めて勝手に処分している。このとき，相続権を侵害されたBがとるべき選択肢としては，次の2つが考えられる。

② まず，金融機関のAへの払戻しが，準占有者に対する弁済（478条）として有効であれば，預金払戻請求権は消滅するので，BはAに対して不当利得返還請求権を行使できる（最判平17・7・11判時1911号97頁）。

③ ただし，相続人Aが，自己の相続分を超えて被相続人の預金の払戻しを受けていた場合には，「相続人Bにより提起されたBの預金相当額の返還を請求する不当利得返還請求訴訟において，預金の払戻しをした金融機関には過失があり，民法478条の弁済として有効ではないから，Bは預金債権を有しており，不当利得返還請求権の成立要件である『損失』は発生していない」と主張することは信義則に反するとされている（最判平16・10・26判時1881号64頁）。

④ 仮に，金融機関のAへの払戻しが準占有者に対する弁済に該当しないのであれば，Bはなお預金債権を有しているから，金融機関に対して預金の払戻しを請求できる。

【設例3-5】預金債権と売掛債権の分割対象性

> 町工場を経営する被相続人Hが死亡した。Hの相続人は子A，Bの2人である。相続財産は，X銀行に対する2000万円の預金債権と取引先の顧客Y社に対する1000万円の売掛債権がある。2人の遺産分割協議によって，銀行預金はAが取得し，売掛債権はHの事業を引き継いだBが取得することとなり，その旨の遺産分割協議書も作成した。いずれも分割債権であることとの関係で，協議後の払戻請求や債権回収に支障はないか。

① よくあるケースである。通常は，相続人全員の印鑑証明書付きの遺産分割

協議書を提出することにより，X銀行やY社との間で問題が生じることはない。
② 共同相続人A，Bがこれを遺産分割の中に取り込んで分割協議をすることは，相続人全員の合意を前提としてのことであるからもとより問題はない。この協議の中身は，いったん自己に確定的に帰属した権利（単独分割債権）を持ち寄っての交換である。

(b) 損害賠償債権

不法行為や債務不履行に基づく損害賠償請求権も，ひとたび発生すれば，通常の分割単独債権として相続されるのが原則である。損害賠償請求権は大別すると，①財産的損害に関するもの，すなわち被害者の逸失利益の損害賠償請求権と，②精神的損害に関するもの，すなわち被害者の慰謝料請求権に分けられる。

金銭債権と同様，損害賠償請求権が債権として相続される場合，各相続人の相続分の割合は，本来的相続分によることとなる。

【設例3－6】逸失利益の損害賠償請求権の承継

> 被相続人Hはわき見運転のタクシーにひかれて死亡した。相続人は妻Wと子A，Bである。Hは50歳の会社員であった。相当の年収もあったことから，その財産上の損害としての逸失利益は1億円と試算された。加害者は，Hの損害賠償請求権は一身専属権であり被害者の死亡により消滅したと反論している。相続人らは，Hについて生じた財産上の逸失利益の損害賠償請求権を相続したとの前提でその請求を考えているが，できるであろうか。

① 判例・通説は，財産的損害について，「Hが重症を負い，その後にそれが原因で死亡した場合，あるいは即死の場合のいずれを問わず，死亡による逸失利益に対する損害賠償請求権は常に相続される」（大判大15・2・16民集5巻150頁）とする。
② したがって，本来的相続分により，Wは1/2，A，Bは各1/4ずつの割合で損害賠償請求権を相続したことを理由に，加害者に対して損害賠償の請求ができる。

【設例3－7】損害賠償請求権の承継と固有の損害賠償請求権との調整

> 被相続人Hはわき見運転のタクシーにひかれて死亡した。Hには，内縁の妻Wがおり，子A，B，Cは前妻の子である。子A，Bはすでに成人して独立し，CのみがH，Wと同居している未成年者である。Hの逸失利益は1億円と試算され，これが唯一の遺産として相続の対象となった。ところで，WとCの生計はもっぱらHの収入で支えられており，その扶養利益の喪失に基づく固有の損害賠償は7000万円であった。このとき，子A，B，Cが，Hの逸失利益を相続したことを理由に，どれだけの損害賠償額を請求することができるか。

① 前記【設例3－6】で見たとおり，死亡による逸失利益に対する損害賠償請求権は相続の対象となるから，子A，B，Cは，Hの逸失利益に対してそれぞれの本来的相続分の割合に応じた損害賠償請求権を取得することになる。ただし，本設例の場合，Hの逸失利益に対しては，Hの要扶養者であるWとCが扶養利益の喪失に基づく固有の損害賠償請求権を有している。Hの逸失利益をめぐっては，その承継を受ける扶養利益とは無関係である相続人の請求権と扶養利益を喪失した要扶養者の請求権がともに成立している（主体の二重性）のである。この請求権の競合をどのように調整するかが，設例のポイントである。

② この問題に関して，裁判例は，被害者の逸失利益から要扶養者の扶養利益を控除したその残額について相続人がそれぞれ承継するとした（東京地判昭61・5・27判時1206号56頁）。逸失利益の総額は（請求権者の数とは関係なく客観的に上限が定まるので），Hの年収（将来の昇給をも考慮）に就労可能年数をかけて総収入を出し，H自身の生活費を控除する。そこから，現実に扶養を受けていた者（WとC）が，現実の扶養の実態に応じた割合で扶養利益喪失を理由とする賠償金の支払を受ける。その上で，なお残額がある場合に限って，相続人らが承継することになろう。結果的に，相続人の立場よりも要扶養者の立場のほうが優先されたことになる。

③ したがって，設例では，Hの逸失利益1億円から，W，Cの固有の損害賠償額である7000万円を控除し，その残余の3000万円について各相続人がそれぞれ均等に相続することとなる。よって，子A，B，Cの相続分は3000万円

×1/3＝1000万円となる。これは，相続開始時の遺産1億円につき，Hが遺言で要扶養者である第三者（WとC）に7000万円を遺贈したことにより，残余遺産の3000万円が分割対象とされた場合と同じである。

【設例3－8】精神的損害（慰謝料）の賠償請求権の承継

> 前記【設例3－7】において，被相続人Hは事故で受傷後，何らの意思表示をしないまま数日後に死亡したとする。加害者は，「Hは『残念，残念』などの意思表明をしていないから，Hには慰謝料請求権は発生していない。」と反論している。遺族としては，H本人には，財産的損害のほか主観的な精神的損害（慰謝料）も発生しており，それについても遺族に相続されているとして加害者への請求を考えている。認められるか。

① 判例は当初，精神的損害に対する請求権，つまり慰謝料請求権は一身専属性を有するが，被害者が請求の意思を表明した（例えば「残念，残念」とか「向こうが悪い」と叫ぶ程度で足りる）場合には金銭債権となり，相続の対象になるとしていた（意思表明相続説，残念事件＝大判昭2・5・30新聞2702号5頁）。

② その後，死に際に何と叫ぶかによって請求できたりできなかったりするのはおかしいとの批判を受けて，最高裁は従来の判例を変更し，「被害者が生前になした請求の意思表示の有無とは関係なく当然に被相続人に発生し，相続の対象になる」とした（最〔大〕判昭42・11・1民集21巻9号2249頁）。

③ この判例によれば，設例の遺族は，Hに生じた慰謝料についても各相続分に応じて損害賠償請求権を取得しているから，損害賠償請求をすることができる。

(c) 財産分与債権

離婚後，財産分与をめぐって交渉中の元夫婦の一方が死亡したとき，財産分与の請求権ないし義務は相続されるだろうか。

包括的な財産分与は，清算・扶養・慰謝料の3要素を含むとされている。このうち，少なくとも清算に関しては相続を否定する理由はない。慰謝料については前述のとおり相続を認める最高裁判例が確立している。扶養につい

ては，すでに債権として確定した部分は別として，権利者が死亡すれば消滅する。以上の3要素の性質を考慮すれば，包括的な財産分与請求権ないしその義務は，相続の対象とされるのが一般ではないかと考えられる。

(2) **金銭債務**

金銭債務は当然に金銭に換算することができるので，相続の対象となる財産である。

また，金銭債務は可分債務であるので，民法427条の多数当事者の債務関係に関する特則が適用され，共有一般の規定が排除されることになり，相続の開始と同時に当然分割されて各相続人にその法定相続分に応じて帰属される（大決昭5・12・4民集9巻1118頁）。

したがって，金銭債務も金銭債権と同様，共有又は準共有という法律関係は存在しないので遺産分割の対象とはならない。

③ 再転相続により承継した財産

例えば，被相続人H所有の甲土地について，Hの死亡による第1次相続により子Aが1/4の共有持分権を取得し，甲土地の遺産分割が未了の間にそのAも死亡して第2次相続が開始した場合，Aが有していた共有持分権はどのようになるのだろうか。このように遺産分割前に死亡した相続人が遺産に対して有していた権利の性質に関して，これまでと同様，共有説の立場で判示した近時の判例がある。

すなわち，「相続が開始して遺産分割未了の間に相続人が死亡した場合において，第2次被相続人が取得した第1次被相続人の遺産についての相続分に応じた共有持分権は，実体上の権利であって，第2次被相続人の遺産として遺産分割の対象となる」（最決平17・10・11家月58巻3号76頁）。

この説によれば，甲土地についてAがHから相続した1/4の共有持分権は，第2次相続として開始したAの遺産として相続の対象となる。つまり，その共有持分権自体を独立の遺産として，Aを被相続人とするその相続人らによって新たな相続が開始されるのである。これは第2章第4節(3)で見た，いわゆる再転相続である。

【設例３－９】本位相続で得た共有持分権が再転相続における遺産の一部である場合

> 被相続人Hの遺産は甲土地（4000万円）だけである。その相続人は，妻Wと子A，Bであるが，Hの遺産分割調停が係属中に妻Wが死亡した。Wの相続人はやはりA，Bだけである。Wには甲土地の相続持分（1/2）のほかに固有遺産として現金1000万円がある。Aは甲土地を単独取得したいと希望しており，Bもその提案に異存はない。Aの希望に沿う分割をするとした場合，相続分算定と遺産の割付調整はどのように考えればよいか。

① Hの第1次相続が開始したことにより，甲土地についてはWが1/2（2000万円），A，Bが各1/4の持分（各1000万円）で共有することになる。次に，Hの遺産分割が未了の段階で，相続人Wが死亡したことによって，WがHから相続した甲土地の持分1/2について第2次相続，すなわち再転相続が開始することになるが，これを処理する方法としては，それぞれを各別に処理する方法とそれぞれを同時に処理する方法がある。

② まず，第1次の遺産分割だけを行うのであれば，第1次・第2次の相続人は，いずれも同じ子A，Bであり，かつ，本来的相続分を修正する贈与や遺贈もない。すると，甲土地のW相続持分は，そのままA，Bに均等に再転帰属することとなり，結果的に，Wがいなかった場合と同様に考えてよい。Hの遺産分割において，A，Bの分配取得額は2000万円（＝甲土地4000万円×1/2）であるから，Aが甲土地（4000万円）の単独取得を望むのであれば，Aの分配取得額を超過する2000万円を代償金としてBに払って，それと引換えに，Bからその持分権1/2を譲ってもらえばよい。母Wの現金は別途，均等に500万円ずつ現物分割をすればよい。

③ Wの固有財産1000万円も甲土地の分割にあわせて同時処理する場合は，別途Wの遺産分割事件を申し立てた上での併合処理となる。第1次と第2次の遺産を合計した5000万円を残余の遺産と見て，その折半分である2500万円が子A・Bの各分配取得額となる。そこで，4000万円の甲土地をAが単独取得するとなると1500万円が超過するので，AからBに代償金1500万円を支払えばよい。Bは，この代償金1500万円に母の預金1000万円の取得分を加えるとその分配取得額に一致する。

④ 被相続人の死亡によって生ずる権利で被相続人に属さないもの

　相続の対象となる財産は，相続開始時に被相続人に帰属していた権利・義務であって，被相続人の一身に属さないものである（896条）。そのような意味では，相続財産には含まれないものの，遺産分割において考慮すべき財産であるかが問題とされるものがある。

　(1) 生命保険金

　生命保険金請求権は，相続開始時に被相続人に帰属していた財産ではないから，相続の対象となる財産ではない。また，保険金が保険料の対価ではないという保険契約の性質からみて，受取人を相続人とした場合であっても，これは保険契約に基づいた受取人の固有財産であるとするのが判例・通説である（最判昭40・2・2民集19巻1号1頁，最判昭48・6・29民集27巻6号737頁）。

　なお，生命保険金は相続財産ではないが，受取人が単に相続人とされており，相続人が複数人となる場合は，各共同受取人の有する権利の割合は，本来的相続分の割合によるとされる（最判平6・7・18民集48巻5号1233頁）。これに対し，受取人と指定された者が被保険者より先に死亡し，受取人の相続人が複数人となる場合は，その権利の割合は，民法427条の規定により平等であるとされる（最判平5・9・7民集47巻7号4740頁）ので，注意を要する。

　生命保険金については，第5章第2節②Ⅱの「遺贈（特定遺贈）」において改めて触れることとする。

　(2) 死亡退職金・遺族給付金

　公務員や企業の従業員が死亡したときに支払われる死亡退職金は，その支給の根拠となる法律（国家公務員退職手当法等）や会社の就業規則によって，受給者が定められているのが通例である。その場合における死亡退職金の支給は，それら諸規定の内容による雇用者と被用者の契約に基礎を置くもので，定められた受給者の固有の権利としての取得，すなわち原始取得であるとするのが判例（最判昭55・11・27民集34巻6号815頁）である。また，死亡退職金の支給規定の定めのない財団法人の事案につき，上記と同様に死亡退職金の遺産性が否定された判例（最判昭62・3・3家月32巻10号61頁）がある。

　死亡退職金の法的性質については，賃金の後払いとしての性質（→遺産性

肯定の方向）あるいは遺族の生活保障としての性質（→遺産性否定の方向）など議論のあるところであるが，死亡退職金が問題となる場合は，その支給規定の有無によって場合分けをした上で，規定がない場合には，従来の支給慣行や支給の経緯等を勘案して個別的に遺産性が検討されることになる。

　なお，業務災害に対し，生活保障を目的に一定の遺族に支払われる一時金など社会保障関係の遺族給付金と総称されるものは，遺産性が否定されることが多いと考えられる。

　死亡退職金・遺族給付金についても，第5章第2節 2 Ⅱの「遺贈（特定遺贈）」において改めて触れることとする。

(3) 祭祀財産

　祭祀財産は，その性質上共同相続や遺産分割に適さず，通常の相続とは異なる方法で承継される。すなわち，民法897条1項は，系譜，祭具及び墳墓の3種類についての所有権は，相続承継の一般的効力を定める896条の規定によらず，慣習に従って祖先の祭祀を主宰すべき者が承継し，そのただし書において，被相続人の指定があればこれが優先すると定める。

　なお，被相続人の葬儀費用に関しては，①相続財産によって負担する，②相続人間で分割して負担する，③喪主が負担するなどの見解があり，学説，裁判例は分かれている。香典は，被相続人に属していた財産ではないから相続財産ではない。通説は，遺族側の負担軽減を目的とする喪主への贈与と解している。

5　遺産の範囲に関する訴え

(1) 遺産であることの範囲の確定——遺産確認の訴え

　共同相続人の間で遺産の範囲について争いがある場合，すなわちある財産が被相続人の遺産として遺産分割の対象となるか，共同相続人の一部の固有財産であるかが争われている場合には，相続人は，通常裁判所に提訴し，民事訴訟における裁判により問題の財産が遺産に属することの確認を求めることができる。この訴えを「遺産確認の訴え」（あるいは「遺産範囲確認の訴え」）という。

　遺産確認の訴えは，ある財産が現に被相続人の遺産に属すること，つまり

共同相続人による遺産分割前の共有関係にあることの確認を求めるものである。そのため，共同相続人の全員が当事者として関与し，共同相続人の間で合一的に確定することを要する固有必要的共同訴訟であるとされる（最判平元・3・28民集43巻3号167頁，民訴40条参照）。遺産確認の訴えが固有必要的共同訴訟であることから，その訴状の「請求の趣旨」の記載は次のようになる。

> 請求の趣旨
>
> 　別紙目録記載1の土地，同2の建物，同3の各株式及び同4の各預貯金債権が被相続人甲野太郎の遺産であることを確認する。

　遺産確認の訴えによる確定判決は，ある財産が遺産分割の対象となる財産であることについて既判力をもって確定させるものである。したがって，この確定判決が得られれば，遺産分割における前提問題は決着し，これに続く遺産分割審判の手続ではもはや当該財産の遺産帰属性を争うことはできなくなり，分割手続が円滑に進められることになる（最判昭61・3・13民集40巻2号389頁）。

　なお，相続財産のうち金銭債権等のような可分債権については，理論的には，共同相続が開始すると同時に本来的相続分（法定相続分・指定相続分）に応じて当然に分割されることになる（最判昭29・4・8判タ40号20頁）が，実務上は，このような債権も後述（(2)）するとおり一定の要件の下で遺産分割の対象になるとされる。したがって，当該債権の遺産帰属性が争われている場合には，これも遺産確認の対象に含めるのが相当である。

　以上のように，遺産の範囲の確定は，本来的には民事訴訟で解決されるものであるが，家庭裁判所における遺産分割の前提問題として審判でも判断できるとされている。つまり，分割審判の手続中に遺産の範囲に争いが生じた場合には，家庭裁判所は，その範囲を判断し，それを前提に，遺産分割の審判ができることになる。ただし，その判断は既判力を有しないので（最〔大〕決昭41・3・2民集20巻3号360頁），既判力のある民事訴訟により覆される可能性があることに注意すべきである。

　遺産の帰属性が争いになるのは，①名義は相続人であるが実は被相続人に

帰属していた財産として争われるときと，②名義は被相続人であるが実は相続人の固有財産に帰属するものとして争われるときの２類型がある。遺産との関係で見た場合，前者を積極的な遺産確認型とすれば，後者は消極的な遺産確認型ということになろう。

【設例３−10】遺産確認の訴え(1)——相続人名義である財産が被相続人の遺産であるとして争われる場合

> 被相続人Ｈが死亡し，子Ａ，Ｂ，Ｃの３人が相続した。Ｈ名義の遺産には，Ｈが居宅としていた建物とその敷地がある。３人の相続人間で遺産分割の協議が調わないため，Ｃは家庭裁判所に遺産分割の調停を申し立てた。調停の席上，Ａは，「Ｈの遺産には，上記不動産のほかにＢ名義の建物の敷地に供されている甲土地もあるが，その甲土地はＨが購入して名義のみをＢとし，Ｂに無償で使用させていたものであるから遺産に含まれる」と主張した。これに対し，Ｂは自分が真実の所有者であるとして否認している。家庭裁判所では，遺産範囲の確定は本来的に遺産分割の前提問題であり，かつ，争いが深刻であるとして，訴訟で決着がつくまでは遺産分割手続を中断する旨の事実上の措置がとられた。このとき，Ａはどうすればよいか。

① 遺産の範囲として，被相続人の自宅の土地・建物のほか甲土地が含まれるか否かが争いとなっている。遺産分割手続において，分割対象となった財産が遺産に属するか否かはまさに遺産分割の前提問題であり，この遺産帰属性について家庭裁判所で判断がされたとしても，この判断には既判力は生じない。

② そのため，問題の財産が遺産に属すること（その財産の取得原因が相続であることと，その財産が共同相続人による遺産分割前の共有関係にあること）の確認を訴訟で確定するようにとの示唆がされたものである。その示唆に応じて，ある財産が遺産に属することが民事訴訟手続において既判力をもって確定されれば，遺産分割の前提問題が決着し（審判手続で遺産帰属性を争うことはできなくなる），以後は，その財産が遺産に属するものとして家庭裁判所での遺産分割手続が再開されることになる。

③ 遺産に属すると主張する相続人Ａにとっては，甲土地が被相続人Ｈの遺産

に属することの確認訴訟を提起することになる。そして，原告勝訴の確定判決を得た場合は，甲土地の遺産帰属性を争うことは許されなくなり，遺産分割の前提問題に決着をつけるという原告Aの意思にかなった紛争解決を図ることができる。まさにこの点に訴えの利益が認められるのである。

④　この訴えを提起するAに相続人の1人であるCが同調するときは，Aに加え，Cが共同原告となってBだけを被告とすればよい。逆に，CがBに同調し，あるいは遺産争いに関与すること自体に消極的態度を示すときは，BだけでなくCを共同被告側に回すことになる。いずれにしても相続人全員を訴訟当事者とするのが固有必要的共同訴訟であり，1人でも当事者が欠ける場合は不適法なものとして却下される。これに関連して，共同相続人の一部に対する訴えの取下げは効力を生じないとされる（最判平6・1・25民集48巻1号41頁）。

【設例3−11】遺産確認の訴え(2)——被相続人名義であるが相続人の固有財産であるとして争われる場合

> 前記【設例3−10】において，甲土地が被相続人Hの名義になっていたとする。これについて，事情があって名義を被相続人にしてあるだけであり，その甲土地は相続人Bが購入したものであるとして，相続人Bが自己の固有財産である旨を主張した。この主張に対し，相続人Aは否認した。相続人CはBの主張に同調している。A，Bはそれぞれ何ができるか。

①　自己の所有であると主張する相続人Bは，甲土地が遺産に含まれるものでないことを明確にしたければ，自己が原告となりAだけを被告として，甲土地がB固有の財産であることの確認訴訟を提起すればよい。この場合の確認の対象は自己に帰属する所有権であるから，他の相続人全員を当事者とする必要はなく，その所有権を争う相続人Aだけを被告とすれば足りる。

②　これに対し，甲土地が遺産に属すると主張する相続人Aの側から，そのことを明確にしたい場合は，B，Cを被告とする前記遺産確認の訴えによるべきである。なお，Aは，遺産確認の訴えではなく，Bだけを被告にして，甲土地について自己が1/3の共有持分確認の訴えを提起することもできる。しかし，共有持分訴訟で仮に勝訴したとしても，判決主文は甲土地についてAが一定の共有持分権を有することの確認にとどまるだけであり，相続人Aが被

相続人Hから相続によって持分権を取得したという権利取得の原因事実についてまでは既判力は及ばない。これでは、事後的に甲土地が遺産に属していたことが争われる可能性があり、紛争の終局的解決にはならない。
③　そこで、Aとしては、甲土地が遺産であることを遺産分割の前提問題として解決を図りたいのであれば、共有持分割合の点を捨象し、端的に甲土地全体が遺産に属することの確認を求める遺産確認の訴えを提起すべきである。

(2)　分割すべき遺産の範囲

　遺産の範囲についての争いが解決すれば、相続開始によって換価価値ありとされた財産を中心にして、遺産分割の対象となる財産の範囲を確定することが必要となる。
　分割の対象となる財産は本来、土地や建物などの不可分物である。しかし、銀行預金や相続開始後の賃料などの可分物たる分割単独債権も、相続人全員の明示又は黙示の合意がある場合には遺産分割の対象とされる。分割単独債権の遺産分割は、実体法上の権利変動があったことを前提として、各共同相続人が明示又は黙示の合意によりそれぞれが有する分割単独債権を集約し、その再分配を家事審判手続に委ねたものであって、手続法上で認められる措置である（第6章第1節(1)参照）。

第2節　遺産の評価

(1)　遺産評価の意義

　遺産には不動産、動産、株式、預貯金、現金などさまざまな財産が含まれる。これらを各相続人に適正かつ公平に分配するには、それらに共通する一定の量的尺度が必要となる。個別的な主観価値から離れ、客観的に共通する交換価値に引き直して、分配が可能になるようにしなければならない。そのためには、遺産を構成するすべての財産を交換価値に引き直す作業が前提となる。これが「遺産の評価」である。
　遺産が預貯金や現金だけの場合は交換価値としての金額がはっきりしているので、その評価は格別問題とならない。すべての財産を競売のうえ売却代

金を分配する場合も，競落価格として交換価値が明示されるから，評価の必要はなくなる。したがって，これらの場合を除いた，不動産や動産，株式などの不可分物が遺産であるときに，遺産の評価が必要となる。

例えば，遺産が甲土地の1つだけの事案で，共同相続人のAだけがそれを単独取得し，他の者には代償金を支払う旨の分割方針が決まったとすると，次に，その甲土地の価額をどう評価するかが問題となる。代償金の多寡をめぐり各相続人の思惑が交錯することから深刻である。

この分野も職権探知主義の支配する領域であるが（家手56条1項），実質的には財産紛争であることから，いわゆる当事者主義的運用が許容される分野でもある。手続運営上は当事者に積極的な関与を求め，時には評価額，評価方法等につき合意を成立させるなどして，実質的争点をより少なくすることが望まれる。

(2) **遺産評価の時点**（基準時）

相続が開始してから実際に遺産分割がされるまでには長い時間の経過することが少なくない。とりわけ，遺産分割の対象となる財産の中に不動産や株式などの不可分物が含まれている場合には，それらの価額をいつの時点で評価するかによって深刻な対立が生まれることもある。

これが遺産分割の対象の「評価の基準時」の問題である。これについては，「相続開始時説」と「遺産分割時説」の2つが対立している。判例や審判例によれば，概ね次のような処理がされている。

(a) 遺産に特別受益や寄与分がない場合

遺産について特別受益や寄与分（「（本来的）相続分の修正要素」などという。詳しくは第5章第1節 1 参照）がない場合には，遺産分割の対象となる財産（とくに不可分物）の評価は，遺産分割時における価額によって行うとされている（遺産分割時説。札幌高決昭39・11・21家月17巻2号38頁，名古屋高決昭47・6・29家月25巻5号37頁）。

【設例3-12】遺産分割の対象の評価(1)——遺産に特別受益や寄与分がない場合

被相続人Hが死亡し，Hの相続人は子A，Bの2人である。遺産は土地1筆，

家屋1棟，株券2万株である。相続開始時から時日が経過し，遺産の評価額が相続開始時と異なってきた（下記参照）。相続人2人の遺産分割において，Aが土地・家屋を取得し，Bが株券を取得することになった場合，AはBに対し，代償金をいくら支払うことになるか。
- 土地1筆　：　相続開始時の価額4000万円　→　分割時の価額8000万円
- 建物1棟　：　相続開始時の価額2000万円　→　分割時の価額3000万円
- 株券2万株：　相続開始時の価額1000万円　→　分割時の価額1500万円

① 遺産分割の対象となる財産の評価は，遺産分割時における価額によって行うこととされている（遺産分割時説）。したがって，遺産分割時における遺産評価額（8000万円＋3000万円＋1500万円＝1億2500万円）を求め，それに各相続人の法定相続分（1/2）を乗じれば，各人の取得額が算定される。よって，次のとおりである。
- A→　1億2500万円（遺産分割時の遺産評価総額）×1/2（法定相続分）
　　＝6250万円
- B→　1億2500万円（遺産分割時の遺産評価総額）×1/2（法定相続分）
　　＝6250万円

② 遺産分割時において，Aは1億1000万円相当の土地・家屋を取得し，Bは1500万円相当の株券を取得するのであるから，AはBに対し，自己の取得額の超過分として4750万円（＝1億1000万円－6250万円）の代償金を支払えば，双方の過不足は解消される。

③ 上述とは別に，遺産分割が相続開始の時から何年後に行われようと，相続開始時における価額によって個々の遺産を評価すべきであるとする考え方（相続開始時説）によれば，次のような計算を行うことになる。
(i) 相続開始時の遺産評価総額は7000万円（＝4000万円＋2000万円＋1000万円）であるから，A，Bの法定相続分（1/2）による取得額は各3500万円（＝7000万円×1/2）である。
(ii) 相続開始時の遺産7000万円のうち，Aは6000万円相当の土地・建物を取得し，Bは1000万円の株券を取得するから，Aは自己の取得額の超過分として2500万円（＝6000万円－3500万円）を代償金としてBに支払えば，双方の過不足は解消される。

(b) 遺産に特別受益や寄与分がある場合

　特別受益や寄与分がある場合における分割の対象となる財産の評価についても，最終的には遺産分割時における価額に基づいて，各相続人の分配取得額を算定することになる。ただし，この分配取得額の算定のもととなる分配取得率（＝具体的相続分の割合。第５章第１節 2 (3)参照）は相続開始時の遺産の評価額によって算出されるので，特別受益や寄与分がある遺産については相続開始時の評価と遺産分割時の評価がともに必要になる。相続開始時の遺産の評価額によって算定した分配取得率を，遺産分割時の遺産の評価額に乗じることで，遺産分割時の価額に基づいた分配取得額が得られるのである。

　なお，特別受益である生前贈与については，その評価の基準時は贈与時，相続開始時，遺産分割時の３つの時点が考えられ，いつの時点で評価すべきかが問題になることがある（第５章第２節 3 参照）。生前贈与が金銭で行われた場合，それを贈与時の価額で評価するのか，相続開始の時点で再評価するのかについて，従来は裁判例が分かれていた。判例（最判昭51・3・18民集30巻２号111頁）は，遺留分減殺請求の事案ではあるが，再評価を認めて相続開始時の価額とした（特別受益があったのは大正12〜15年，相続開始は昭和33年であった事案）。

　特別受益や寄与分がある場合の遺産の評価の具体例は，第５章で述べる具体的相続分の算定方法を抜きにして示すことはできないので，次の設例は具体的相続分の理解を前提とすることをお断りしておきたい。

【設例３－13】遺産分割の対象の評価(2)──遺産に特別受益や寄与分がある場合

> 被相続人Hが死亡し，相続人は妻Wと子A，Bの３人である。相続開始時の遺産の価額が6000万円で，Hは生前に子Aへ贈与をしておりその価額が1200万円（相続開始時も同額）であった。Hの死後５年を過ぎてようやく遺産分割をしようとしたところ，遺産の価額が9000万円に上がっていた。各相続人の取得額はどうなるか。

　①　設例は，相続人Aが相続開始前に特別受益である生前贈与を受けていた場合の事例である。生前贈与は遺産の前渡しが行われたものと捉え，それが相

続開始時の遺産に持ち戻され存在すると仮定して相続分の算定を行うことになる。つまり，贈与の対象となった財産を相続開始時の遺産に持ち戻して加算しその価額を設定しなければならないのである。以下は，第5章第1節で述べる具体的相続分の算定方法に基づく計算である。

② みなし相続財産の設定
・みなし相続財産
→ 6000万円（相続開始時遺産）＋1200万円（Aへの生前贈与）＝7200万円
③ 具体的相続分の算定
・W→ 7200万円×1/2（法定相続分）＝3600万円
・A→ 7200万円×1/4（法定相続分）－1200万円（Aへの生前贈与）＝600万円
・B→ 7200万円×1/4（法定相続分）＝1800万円
④ 上述③の合計（3600万円＋600万円＋1800万円＝6000万円）は，遺産分割時における残余遺産の評価額（9000万円）と一致しない。そこで，これを是正するために，各相続人の分配取得率（具体的相続分率）を出さなければならない。
・Wの分配取得率（具体的相続分率）→ 3600万円÷6000万円＝3/5
・Aの分配取得率（具体的相続分率）→ 600万円÷6000万円＝1/10
・Bの分配取得率（具体的相続分率）→ 1800万円÷6000万円＝3/10
⑤ 残余遺産の評価額9000万円に上述④の分配取得率（具体的相続分率）を乗じて，各相続人の最終的な分配取得額を確定させる。
・Wの分配取得額→ 9000万円×3/5＝5400万円
・Aの分配取得額→ 9000万円×1/10＝900万円
・Bの分配取得額→ 9000万円×3/10＝2700万円
⑥ 上述⑤の合計（5400万円＋900万円＋2700万円）が残余遺産の9000万円と一致するので，⑤の金額が各相続人の最終的な分配取得額となる。

(3) 遺産評価の方法
(a) 含意に基づく方法による評価

遺産の評価は，客観的な方法によって適正にされることが必要である。一般に市場が形成され，客観的な相場が存在する場合には，その相場に基づいて判断することができる。上場株式などはその典型である。ただし，評価方法を何にするかの判断は，相続人が任意に処分できる事項であり，当事者主

義的運用が許される領域である。したがって，相続人間で評価方法についての合意を成立させ，その合意した方法によって評価を行うことが有益である。

　(b)　鑑　　　定

　評価方法について相続人間で合意が得られない場合は，最も精度が高いとされる正規の手続を経た鑑定による評価を行うのが一般的である。遺産の中で重要な地位を占める不動産などの評価は，当事者間で深刻に争われることが多いので，最終的には鑑定によるほかなく，そのほうが結局は当事者の納得も得やすい。

　(c)　鑑定以外の方法

　鑑定以外による方法としては，不動産であれば，固定資産税路線価・相続税路線価を利用する方法，当事者が不動産業者等の意見をもとに評価額を合意する方法等がある。

　原理的には，相続開始時ないし遺産分割時の実勢価格が追求されるべきである。簡易な方法としては次のような試算がある。例えば，土地の実勢価格（公示価格）の8割を目処としている相続税路線価は0.8で除し，7割を目処とする固定資産税路線価は0.7で除す。このようにすると，実勢価格のおおよその近似値が出ることが多い。

　(4)　遺産評価の対象

　(a)　不　動　産

　不動産鑑定士による不動産の時価の把握の方法として，通常は，毎年1月1日現在の公示価格を基準に，以下のような3種類の手法を総合判断して，時価の評価が行われることになる。

　①当該不動産と同じような物件がどれほどの値段で取引されているかに着目し，これとの比較で価格を算出する方法（取引事例比較法），②その不動産はどの程度の費用で造成，建築されるかという原価から価格を算定する方法（原価法），③その不動産を賃貸等で利用をすることによりどれほどの収益を得られるかという視点から価格を算定する方法（収益還元法）である。

　例えば，同じ農地であっても，近い将来宅地化の可能性の高い農地は，周辺の宅地の売買事例を参考に取引事例比較法により評価し，その可能性の低い農地は，そこから得られる農産物につき収益還元法により評価することな

どが考えられる。また，都市部の不動産で，現実の売買価格が高騰し，それが投機の対象とされるときなどは，取引事例比較法を中心に評価される例が多いといえよう。

　㈥　土地の評価については，以下のような公的な評価がある。

　（ⅰ）　地価公示価格　　国土交通省の土地鑑定委員会が，毎年１月１日現在の都市及びその周辺の地域の標準値として発表するものである。これを一般に「公示価格」というが，この公示価格は，その標準値について自由な取引がされるとした場合の正常な価格を算出したもので，この価格を相続税や固定資産税の評価額に反映させることとなっている。

　したがって，土地の値段については大切な基準であるが，標準値しか出ていないので，これをもとに相続財産である土地の値段を推測することになる（公示価格と類似のものとして都道府県が公示する「地価調査価格」がある）。

　（ⅱ）　相続税路線価　　贈与税及び相続税の課税のため，市街地にある街路に付設された価格で，地価公示価格の８割を目途に，各国税局において毎年定めるものである。相続税を算出するための土地評価の価格をいい，この路線化方式や倍率方式などの税務上の方法で金銭評価される。必ずしも時価と一致するとは限らないが，相続税がかからない場合でもすべての土地について数値が出るので，遺産分割の目安として利用できる。

　（ⅲ）　固定資産税路線価（固定資産税評価額）　　固定資産税の課税のため街路に付設された路線価格で，地価公示価格の７割を目途に，市町村において３年ごとに定めるものである。この固定資産税は，賦課期日（１月１日）現在の登記簿上の所有者に課税される。被相続人名義あてに課税通知書が必ず届けられるので，それにある土地評価額を基準に相続税路線価あるいは公示価格を逆算することができる。

　例えば，通知書にある評価額が700万円であれば，相続税路線価は800万円（＝700×8/7）で，公示価格は1000万円（＝700万円×10/7）であるなどと算定できる。このように，相続税路線価からのアプローチと，よりきめの細かい現況調査に基づく１筆ごとの固定資産税路線価からのアプローチとを対比することで，おおよその時価額を推定することができる。

　㈦　借地権

図表1　公的な土地の評価

名　称	目的・内容等	公表時期	所　轄
地価公示価格	全国の都市計画区域等に選定した標準地について1月1日時点の価格を公示することで，一般の土地取引価格の指標とされる。具体的には，不動産鑑定士による鑑定評価をもとに国土交通省（土地鑑定委員会）が決定する。	毎年3月下旬	国土交通省
地価調査価格	地価公示価格を補完するものとして，国土利用計画法に基づき，都道府県知事が各都道府県の基準値について，不動産鑑定士の鑑定評価をもとに，7月1日を価格時点として標準価格を決定する。	毎年9月下旬	都道府県
相続税路線価	相続税及び贈与税の課税のため，市街地にある街路に付設された価格で，地価公示価格の8割程度を目途に，各国税局において毎年定めることとしている。	毎年7月頃	国税局
固定資産税路線価	固定資産税の課税のため街路に付設された価格で，地価公示価格の7割を目途に，市町村において3年ごと（評価替え年）に定めることとされている。具体的には，この路線価を基礎として現況に応じて評価を行い，決定する。	3年ごとの4月上旬	市町村

借地契約に基づく借地権については，土地の利用についてその永続性が保証されている。したがって，借地権価格は更地価格の70％前後の高い割合で計算されることがある。相続税評価の際における路線価図などでその割合が決められており，その数値を参考にできる。

(ハ)　使用借権

相続人の資格を有する者が，被相続人の土地に自分の建物を所有しているが，地代を払っていないということがよくある。このような使用借権の負担付土地の価値をどう評価するかということも難しい問題である。一般的には使用借権の価格は更地の20％前後で，土地の値段はこの割合を差し引いた額とされている。

(ニ)　建　　物

建物自体の値段は，固定資産税評価額が1つの目安となる。相続税の評価

でも原則として固定資産税評価額を採用している。もっともこれも一応の目安である。現時点で同等の建物を新築したらいくらかかるかの再調達原価から，今までの経過年数を割り引いた値段，すなわち原価法による数値を出して評価する方法も考えられる。

　(ホ)　建物の同居占有の評価

　被相続人と同居していた相続人の占有利益をどう評価するかもよくある問題である。家賃相当の対価を被相続人に支払っていない以上，独立の借家権が認められるわけではない。建物を占有使用している利益を特別に評価の対象とすべきかどうかは，意見が分かれるところである。適法な占有であれば，使用借権として評価すべきとの考えに立って，その占有利用権を仮に10％と見た場合は，建物の遺産としての価値は残りの90％として計上することとなる。

　(ヘ)　借　家　権

　被相続人が賃料を払って家を借りている場合，原則として，その借家権には価値があるわけではない。しかし，被相続人が長年その借家で一定の営業をしており，このため馴染みの顧客が多く，名前も通っているといった営業的な利益がある場合や，かなり以前から借りているため，近隣の借家よりも一段と賃料が安いという場合には，遺産分割において，そういう利益は考慮されるのが衡平であろう。相続税評価の面でも，営業権や借家権は一定の算式により評価額が出されることもある。

　(b)　株　　式

　(イ)　上場株式

　上場されている株式や店頭登録銘柄などの証券取引の対象となっている株式については，客観的な時価が日々明らかにされている。したがって，分割時に最も近いところの価格，あるいはその一定期間をとった平均値によって算定することになる。

　(ロ)　非上場株式

　個人会社を経営していた被相続人が取引相場のない非上場株式を所有している場合が稀にある。取引相場のない株式の評価は株主の地位（経営支配力のある株主かそうでないか）あるいは会社の規模（大会社かそうでないか）等の状況

により大きく影響する。相続税申告の際に用いる方法（類似業種比準方式・純資産価額方式・配当還元方式）等により評価されることが考えられるが，これは専門性が高いので，公認会計士や税理士による専門家の鑑定によるのが一般である。

(c) 高価な動産

金塊や宝石等の貴金属，書画，絵画，刀剣等の高価品については，付属の鑑定書なり保証書があれば本物であることが推測される。本物であるならば，一応の相場があることが考えられる。しかし，相場を示す資料が入手しやすい金塊や宝石等は別として，客観的な評価になじまない書画，絵画，刀剣等の骨董品についてはそれぞれの専門業者に，真贋の点を含めて価額の判定を依頼し，その価額をもって鑑定評価額とすることになる。

いずれも鑑定をするほどのものでない場合は，当事者に調査させ（絵画などなら美術年鑑等に一応の評価がされている），適当な評価額で合意を成立させるのが実際的であろう。あるいは，一括売却して，売得金を分割するということも考えられてよい。

第3節 相続財産の管理

相続財産（遺産）の管理とは，相続が開始して遺産分割が終わるまでの間に行う，遺産の保存，管理，利用及び改良行為のことをいう。管理は，それを行う主体によって，共同相続人による管理と第三者たる遺産管理者による管理とに分けられる。

1 共同相続人による管理

相続開始から遺産分割までの間における相続財産の管理の問題である。これにも，相続開始時から相続の承認又は放棄をするまでの間，いわば浮動的期間中における管理の問題と，単純承認により確定的に相続人となった以降の，いわば遺産共有期間中における管理の問題がある。前者が相続財産の管理費用として民法885条が定めるものであり，後者が共有財産の管理費用として民法253条が定めるものである。

(1) **熟慮期間中の相続財産の管理**（885条）

相続が開始しても，相続人には相続を承認するか放棄するかの熟慮期間がある。その間の相続財産も管理が必要となるので，民法は「相続人は，その固有財産におけるのと同一の注意をもって，相続財産を管理しなければならない。」(918条1項本文) とし，さらにその費用負担については「相続財産に関する費用は，その財産の中から支弁する。」(885条1項本文) と規定した。つまり，熟慮期間中の相続財産は，一応その帰属が予定される相続人がその費用を相続財産から支弁して管理することになる。管理費用に該当するのは，遺産自体の保存，利用及び改良に要した費用である。

相続財産を管理するために必要な費用を総称して「相続財産に関する費用」とよぶ。相続財産に関する費用は，相続開始後に発生する点で相続債務とは性質を異にし，また，相続財産そのものから生ずる点で相続人の固有債務とも異なる。

相続人不確定の間の定めである民法885条の規定が意味をもつのは，相続財産と相続人の固有財産とを分離して処理する場合（例えば，放棄，相続の限定承認，相続財産の分離，破産）であって，合一化する場合（相続の単純承認）には意味がないとされている。なぜなら，相続財産が相続人の手に帰し，その固有財産と融合するときは，いずれの財産から支払われても同じだからである。

民法885条の適用によりその財産の中から支弁するとされる例は，次のとおりである。

・相続に関する熟慮期間中に相続人ないし管理人が支出した管理費用 (918条)
・相続放棄後において次順位の相続人が管理するまでの管理費用 (940条)
・相続人不存在に伴う手続に関する費用（昭35・6・13民事甲1459号民事局長回答）

(2) **相続承認後の相続財産の管理**（253条）

(a) 管理費用の負担

相続承認によって相続人が確定してから遺産分割がされるまでの相続財産は，共同相続人による共有財産となる。したがって，共有物の管理費用に関する民法253条が適用され，各共同相続人がその相続分に応じて負担することとなる（相続財産から支弁されるのではない）。

民法253条１項は「各共有者は，その持分に応じ，……共有物に関する負担を負う。」と規定しているが，ここにいう負担割合としての相続分（すなわち個別財産ごとに見た持分割合）とは，相続開始時から遺産分割時までの過渡的期間については，900条～902条の規定によって定まる暫定的な相続分の割合（本来的相続分）のことをさす。ただし，遺産分割に際して，特別受益や寄与分を考慮した903条～904条の２の規定の適用により，先に定まった暫定的相続分が修正される場合には，その修正された相続分の割合（具体的相続分）をさすことになる。結果的に，修正された相続分が遺産分割の分配率とされるが，このことと同時に，909条の遺産分割の遡及効によって，個々の財産上における各相続人の持分も，相続開始時から一貫してその割合であったものとみなされる。つまり，遺産分割を契機として相続法上の暫定共有（遺産共有）が物権法上の確定共有へと変化して定着するが，これに対応して，管理費用の負担割合についても，遺産分割の前と後とでは異なってくることになる。

相続人が確定した以降の費用としては，固定資産税，地代，駐車料，家賃，火災保険料，水道・電気料金などの日常的な管理費がある。このほか，相続財産の換価，弁済，その他清算に要する費用なども含められる。

これらの管理費用は，相続開始後に生じた負担の内部分担の問題にすぎないから，本来的には遺産分割の対象とはならない（通常は遺産を占有する相続人の１人が立て替え支出している例が多い）。しかし，相続人全員がこれを遺産分割手続の中で清算することに合意している場合は，（債権者が第三者ではなく相続人ということでもあり）相続債務の一種とみなして分割の対象に加えても不都合はないものと考えられる。

(b) 管理にかかる行為

相続財産が共同相続人による遺産共有の状態にあるときは，民法物権編の共有に関する規律に従って共同相続人が管理することになる。管理の内容は，保存行為，管理行為，変更・処分行為に大別される。

(イ) 保存行為

相続財産の保存行為とは，相続財産の価値を維持するための行為で，共同相続人が各自単独で行うことができる（252条ただし書）。税金の納付，建物の

修繕，貸付債権の時効中断，共有名義の相続登記などは，他の共同相続人（共有者）の不利益にならないことから保存行為と考えられる。無権利者が不法占有するなどして所有権を侵害する場合の妨害排除・明渡請求，無効登記の抹消請求も保存行為である。

　この点，不実な無効登記に対して抹消登記の請求をする場合には2つの方法がある。1つは，相続財産全体を対象にそれの保存行為として不実登記の全部を抹消請求できる場合であり，他の1つは，財産全体の保存行為ではなく自己が有する持分権を対象にそれの保全行為として不実登記の一部を抹消請求できる場合である。いずれも同じ妨害排除請求であるが，前者だけがここでいう保存行為として共有者の1人が単独で全部抹消の請求ができる場合である。後者は単なる自己の有する権利（持分権）の保全行為として行うもので，権利一般に認められる妨害排除の請求ということになる。したがって，前者の場合は他の共有者の持分保全までを含めて単独で全部抹消ができるが，後者の場合は自己の権利についてだけの一部抹消しか請求できないことになる。以下，具体例で見ていこう。

　（i）保存行為として不実登記の全部抹消ができる場合　　相続財産たる不動産について第三者が不実登記を行った場合，共同相続人の1人が自己の持分権に基づいて単独で全部抹消の請求ができるかが問題となる。

【設例3－14】所有権移転の不実登記に対する共有者単独での全部抹消

> 　被相続人Hが死亡し，妻Wと子A，Bの3人が相続した。Hの遺産の一部に甲土地があるが，それに代物弁済を原因とした第三者X名義の不実の所有権移転登記がされていた。子Aは単独でXに対して移転登記の抹消登記手続を請求できるか。

① 　設例は，無権利者Xが単独名義の登記を有している場合であり，これを抹消することは他の共同相続人の不利益となるものではない。むしろ共同相続人全員に利益となる抹消であって，甲土地の現状保存のための妨害排除と見るべきである。

② 　したがって，この場合の抹消登記請求は，全員による必要はなく，（固有必

要的共同訴訟ではないので）Aは単独でその共有持分権に基づき甲土地全部（所有権）についての抹消登記を請求できる（最判昭31・5・10民集10巻5号487頁）。このことから，移転登記の抹消登記請求権は不可分債権（各債権者は単独で履行請求ができる）である。

　では，相続財産たる共有不動産において自己（A）の持分は侵害されていないものの，他の共同相続人（B）の持分について第三者（X）の不実登記がされている場合，Aは自己の持分権に基づいて単独で全部抹消の請求ができるだろうか。

【設例3－15】持分権移転の不実登記に対する共有者単独での全部抹消

> 　前記【設例3－14】において，相続開始後に相続人W，A，Bの3人名義の相続登記がされた。その後，Bの持分1/4（＝1/2×1/2）について代物弁済を原因とする第三者X名義の不実の持分移転登記がされていた。このときAは，単独でBの持分に対する代物弁済の無効を主張し，Xに対して移転登記の抹消を請求することができるか。

① 最高裁（最判平15・7・11民集57巻7号787頁）は，Aの主張を認めた。当該不実登記の存在により，自己の持分が侵害されているわけではないが，「その登記によって共有不動産に対する妨害状態が生じているということができるから，まったく実体上の権利を有しないのに持分移転登記を経由している者に対し，単独でその持分移転登記の抹消登記手続を請求することができる」とし，妨害排除請求権の行使としてこれを認めた。
② 自己の持分権の価値保存のためには他の不実持分登記も妨害原因になり，その抹消請求ができるとする注目すべき判決である。

　以上により，不動産に設定された不実の「所有権」移転登記についてはもちろんのこと，他の共有者である共同相続人の持分に設定された不実の「持分」移転登記に対しても，共有持分者である共同相続人の1人は，不動産全体の価値の保存行為のために，単独でその不実登記の「全部抹消」の登記請求ができることになる。

(ⅱ) 保存行為ではないため不実登記の全部抹消ができない場合　前記の場合と異なり，不実登記の抹消請求について，そもそも共有物全体の保存行為には該当しないことから，他の共同相続人の持分権までを含む全部抹消請求はできず，自己の持分権の権利保存としての「一部抹消」の登記請求，すなわち更正登記の請求を選択すべきだとされた事例がある。

【設例３−16】建物の保存行為としての抹消請求にあたらない事例

> 被相続人Hの相続人は妻Wと子A，Bの３人である。Wは1/2，A，Bは各1/4の法定相続分で共同相続した建物について，第三者Xの持分1/2，Wの持分1/4，A，Bの持分各1/8とする所有権保存登記がされている。この事実関係の下において，W，Aの両名が，Xは何らの持分を有していないのにその持分を1/2とする不実保存登記をしている旨主張して，Xに対し，共有持分権に基づき，Xの保存登記のうちW，Aの持分に関する部分の抹消登記請求をした。この請求は相続した建物の保存行為としての請求にあたるか。
> 　　　　　　　　　　　（最判平22・4・20判時2078号22頁の事案をベースにする）

①　第一審判決は，Xに対して本件保存登記の「全部抹消」の登記手続を命じ，控訴審もこれを是認した。しかし，最高裁は「職権による検討」として従前の２個の最高裁判例（後出）を引用説示した上で，控訴審の原審判決を変更する，次の判断を示した。

②　「第一審判決主文第１項を次のとおり変更する。Xは，W，Aに対し，第一審判決別紙物件目録記載の建物につき，○○地方法務局第○○号をもってされた所有権保存登記を，Wの持分を1/2，Aの持分を1/4，X及びBの持分を各1/8とする所有権保存登記に更正登記手続をせよ。」

③　引用された従前の最高裁判例とは，次の２つの判決である。まず１つは，昭和38年２月22日の最高裁判決（判時334号37頁）で，この判決により「W・A・Bの共有に属する不動産につき，X・W・A・Bを共有者とする所有権保存登記がされている場合における，W・Aの（不実登記者）Xに対する上記登記のうちXの登記に関する部分の抹消登記手続請求は，更正登記手続を求める趣旨を含む」ものであることが明確にされた。これを前提として，第２に，

昭和59年4月24日の最高裁判決（判時1120号38頁）では、「W・A・Bの共有に属する不動産につき、X・W・A・Bを共有者とする所有権保存登記がされている場合において、W・Aは、Xに対し、W・Aのそれぞれの持分についての更正登記手続を求めることができるにとどまり、Bの持分についての更正登記手続までを求めることはできない」ことが明確にされた。

④　設例の事案では、当事者になっていない相続人Bが不実登記に関係した有責処分行為者であったか否かは明確ではない。仮にBに有責処分行為はなく、Xがまったくの無権利者であったとすれば、W、Aは、前記の建物全体の保存行為としての全部抹消の方法を選択して訴求することもありえたことになる。しかし、両名が選択したのはそれぞれ自己の持分を回復するための一部抹消の請求であった（このことからすると、Bは有責処分者であったものと推測される）。この一部抹消の請求に対して、原審は全部抹消を命じたが、この判断には訴訟法上のいわゆる処分権主義（不意打ち防止のための）に反する違法があるとして、最高裁で否定された。つまり、訴訟物について見ると、原告らの求めたものよりも量的に多いものを対象に判決がされたことになる。

⑤　この訴訟法違反の点はともかくとして、原審の全部抹消の判断にはどういう不都合があるのだろうか。そもそもWとAは相続により、建物については実体法上1/2と1/4の持分を有していたのであり、Xの不実登記1/2があることにより、WとAはそれぞれ1/4と1/8の持分が侵害されていることになる。そのため、その侵害部分についての妨害排除として一部抹消をXに請求しているのである。すると、上述昭和38年の最高裁判決により、この請求は登記法上で認められる更正登記を求めたものということになる（実体的には持分一部の抹消であるが、そのような一部抹消という登記の種類はない）。そして、更正登記請求ということになると、上述昭和59年最高裁判決により、WとAはそれぞれ自己の持分についての更正登記手続を求めることができるにとどまり、Bの持分についての更正登記手続までを求めることはできないことになる（Bの分までを含めるとX持分1/2の全部抹消となる）。

⑥　なお、登記に対応する実体関係が欠けているときに当該登記の全部を法律的に消滅させる目的をもってされるのが抹消登記の趣旨である。すると、本件保存登記については、WとAの登記について見る限りは、実体法上有するもともとの持分の一部の登記がされているのであって（さらにはXの登記につ

いても，少なくともBが有した持分1/4のうち1/8だけはBから有効に譲渡を受けていたとされる可能性がある），この確定している権利の部分までをも抹消の対象に含めて「全部抹消」の登記を命じたものであるが，この点においても不動産登記法上の違反があったと考えられる。

(ロ) 管理行為

相続財産の管理行為とは，保存行為を超えて変更に至らない程度の利用・改良行為のことである。例えば不動産の賃貸や，賃料・貸金の取立てなどがこれにあたる。管理行為は「各共有者の持分の価格に従い，その過半数で決する。」(252条本文)。つまり，各共同相続人の相続分（本来的相続分）による過半数で決するのが原則とされている。ただし，次のような事案では過半数の原則が排除される。

【設例3－17】相続人の1人に対する他の共同相続人からの明渡請求

> 被相続人Hの相続人は子A，B，Cの3人である。Hと長年同居してきたAは，それまで居住してきた実家である建物を唯一の生活の本拠としている。Hの死後，BがAに代わって遺産である建物にこのまま住みたいと言い出したが，Bの請求は認められるだろうか。なお，遺産分割協議はできていない。

① 被相続人Hの住宅に相続人の誰が住むかを決めることは，変更に至らない利用行為であるから，管理行為と見ることができる。管理行為であれば，共同相続人の相続分による多数決で決められることになるので，Bの意見にCが同調すると，B・Cの相続分の合計（1/3＋1/3＝2/3）＞Aの相続分（1/3）となり，Aは追い出されてしまうことになる。

② しかし，このような処理は，「遺産共有は暫定的共有であり，物権法上の共有は確定的共有である」との命題からすると問題である。相続開始時から遺産分割までの共有物（実家建物）に対する各相続人の相続分（本来的相続分）である持分（各1/3）は，民法900条〜902条が定める暫定的な共有持分であって，確定的なものではない。特別受益や寄与分などの修正要素がある場合には，それは当然に修正されることになるので，修正前の相続分（持分）によって多

数決をとることは決して公平ではないのである。
③ 特別受益等によって修正された相続分（持分）を「具体的相続分」というが，遺産分割はそれをもとにして共有物である実家建物を相続人の誰の単独所有にすべきかを総合的かつ裁量的に判断することになる。
④ 遺産分割前の段階において，暫定的な持分である本来的相続分をもとにして多数決（B＋C＞A）により少数派の相続人（A）の意思に反してその占有の現状を変更した場合には，遺産分割時における処理と異なる結果（多数派と少数派の逆転）を招来する可能性があり，遺産分割の効果を相続開始時まで遡及させる建前（909条）から見ても不都合である。
⑤ そこで最高裁は，一応管理行為であるとの原則をとりつつも，持分の価格が過半数を超える多数持分者といえども，共有物を単独で占有する少数持分権者に対し，当然にその明渡しを請求することはできないとした（最判昭41・5・19民集20巻5号947頁）。

　上述判例は，遺産の利用者の占有権原を喪失させるには，その利用者を変更するだけの理由を示すべきだとする。つまり，紛争の抜本的解決方法を，過半数持分による多数決の処理ではなく，一切の事情を考慮する総合分割としての遺産分割に委ねる趣旨であると解される。
　なお，設例のAは自己の相続分を超えて占有している。このような場合，通常，超過して使用収益した部分と管理費用とを相殺して処理することができるが，その範囲をも超えている場合には，他の相続人は不当利得として賃料相当額の請求をすることができるだろうか。すなわち，Aの占有権原は何か。これが次の問題である。

【設例3－18】遺産建物に居住し続ける相続人に対する不当利得請求

> 被相続人Hは自己の所有する本件建物で「○○モーター」を営業していた。相続人は子A，Bである。AはHと同居して共同で家業に従事し，Hの死亡後も，そのまま本件建物に居住し続けている。これに対し，Bは，Aが持分の範囲を超えて共有物を占有しているとして，賃料相当額を不当利得としての支払を求めた。Bの請求は認められるか。

① 被相続人が相続人の一部と同居して家業を営んでいた同種の事案について，最高裁は以下のように判示した。「被相続人と同居の相続人との間において，被相続人の死亡後，遺産分割で建物の所有関係が確定するまでの間は，引き続き同居の相続人に建物を無償で使用させる旨の合意があったものと推認し，被相続人死亡後は，その他の相続人を貸主，同居の相続人を借主とする使用貸借契約が存続することになるから，不当利得の問題は生じない」（最判平8・12・17民集50巻10号2778頁）。

② したがって，設例におけるBはAに対して不当利得の請求はできないこととなる。なお，判例は，内縁の妻が被相続人とともに占有していた場合についても同様の考え方を示しており，居住等の利益を保護しようという傾向が見られる（最判平10・2・26民集52巻1号255頁）。

(ハ) 変更・処分の行為

相続財産の変更・処分行為とは，通常の利用・改良（管理行為）の範囲を超えて財産の性質や現状を変更する行為で，共同相続人全員の合意があればすることができる（251条）。物の売却，農地の宅地化，担保の設定などがこれにあたる。

例えば，共同相続人の1人が遺産分割前に遺産の一部である農地を無断で宅地造成する工事をして非農地化した事案で，最高裁は，これを変更行為にあたるとし，他の共同相続人（共有者）は各自の共有持分権に基づいて，この行為の全部の禁止及び原状回復を請求することができるとした（最判平10・3・24判時1641号80頁）。

結局，共同相続人の1人の利用継続を排除することはできないが，現状を変更しようとする場合は阻止できるという判断であり，遺産分割までは相続財産の現状を維持しようとする態度がうかがわれる判決である。

２　遺産管理者による管理

「遺産管理者による管理」とは，調停による分割協議がまとまらず，審判手続に移行した場合に，遺産の散逸を防ぐため，遺産を第三者に管理させる方法である（家手200条1項）。家事調停の申立てがあった場合には，審判前の

保全処分として，家庭裁判所が遺産管理者を選任することになる（家手105条）。遺産管理者の選任は，何らかの事情で遺産の管理ができず，又は遺産の管理が不適切であるため，後日の審判が適正にされなくなるおそれが顕著な場合に行うことができる。例えば，遺産を管理している相続人が，他の相続人の同意を得ずに遺産を費消・廃棄したりするような場合，必要となる遺産家屋の修繕をしないような場合，あるいは地代，家賃その他の賃料等の取立て収受を独占しており，遺産の内容を開示しないような場合が典型である。

　このように，共同相続人間の利害の対立や遺産の性質・価額等の問題から，共有状態となっている遺産の管理をめぐって共同相続人間で意見の対立がある場合や，適正な管理が期待できないような場合などに，審判前の保全処分としての遺産管理者選任の制度が機能しているのである。

　遺産管理者は，不在者財産管理人と同様，相続人の法定代理人としての地位が認められており，善良な管理者の注意（644条）をもって遺産の管理事務を遂行する義務が課されている。弁護士が選任されるのが通例である。

　問題は，遺産管理者の管理が相続人の管理権に消長を及ぼすかどうかである。これについて，遺産管理者は単なる法定代理人であり，本人（相続人）の管理権を制限する規定がないことや，管理者選任の審判に即時抗告が認められていないこととの関係から，消長を及ぼさないものと解されている。遺産管理者の管理権と相続人の管理権は，私法上同等ということになる。ただし，裁判所が遺産について管理の必要があると認めて選任したのであり，相続人は遺産管理者の管理を受忍すべき公法上の義務を負うものと考えられる。

　遺産管理者の選任と同時に，職権で，事件の関係人に対し，管理に必要な事項が指示されることがある（家手200条1項）。指示の目的は，遺産分割の対象とすべき財産を現状のまま遺産管理者に保管させ，遺産分割までの間に散逸することを防ぐためである。ここでも問題となるのは，その指示に従い，遺産管理者が独自の立場で，相続人の1人に遺産の引渡しを要求（あるいは訴求）することができるか否かである。これについても，上述の本人の管理権が制限されないことの理由に加え，代理人である遺産管理者が授権者である相続人の1人を相手に他の相続人のために訴えを提起することになり，これは代理制度の本質に照らして適当ではないことから否定に解されている。

そのため，遺産管理者の選任に伴い関係者に対して一定の内容が指示されたとしても，その指示には勧告的効力しかなく強制力はないとされる。

遺産管理者が選任された場合の主文例を示すと，次のとおりである。

主　　文

1　被相続人○○○○の遺産管理者として「東京都○○区○○○町×丁目××番××号　　弁護士　○○○○」を選任する。
2　遺産管理者らに対し，次の事項を指示する。
　(1)　遺産管理者は，別紙目録記載の土地上の有料駐車場につきその管理（賃貸借契約の締結，解除，賃貸料の収受，保管，必要経費の支出を含む。）をすること
　(2)　当事者全員は，遺産管理者の上記管理行為に協力し，管理行為の妨げとなるような一切の行為をしないこと。

第4節　「相続開始時の遺産」の広狭2義

「序論」で触れたように，遺贈は遺産から離脱して受遺者のもとに帰属するが（離脱効），その遺贈が相続人に対するものであるか，第三者に対するものであるかによって，「相続開始時の遺産」は広狭2つの意味に分かれる。

1つは，被相続人が死亡した時点において，その者に帰属していた財産のすべてを指す場合であり，これが広義の相続開始時の遺産である。他の1つは，第三者に対する遺贈があり，その遺贈分を広義の相続開始時の遺産から控除した後の遺産，すなわち相続人だけに残された財産を指す場合であって，これを狭義の相続開始時の遺産という。前者の広義の開始時遺産は，民法1029条1項で定める遺留分算定の基礎となる財産であるが，後者の狭義の開始時遺産は，民法903条1項で定める相続分算定の「みなし相続財産」の基礎となる財産である。いずれも条文の文言は「……被相続人が相続開始の時において有した財産の価額にその……」と同じであり紛らわしい。

遺留分算定の基礎財産は，遺贈や譲渡等の譲与の相手が第三者であるか相続人であるかを問わず，かつ，相続開始と同時にされる死後の譲与だけではなく，相続開始前にされた生前の譲与をも射程に入れ，それを減殺して遺留分侵害の回復を図ろうとするものである。したがって，少なくとも被相続人が死亡時において現実に有していた財産，すなわち相続開始時の遺産をもとに（さらに生前贈与があればそれを加算し，相続債務があればその分を控除して）基礎財産を設定し，遺留分侵害額が算出されることになる（1029条1項）。

　これに対し，遺産分割は，共同相続人に与えられた相続財産を分割の対象として，相続人全員の間で公平な結果となるように分配するものである。したがって，遺言で第三者に特定遺贈があった場合は，その分を控除した残余の財産だけが相続開始時の遺産になると捉えることができる。そこで，第三者遺贈分を控除した相続開始時の遺産をもとに（それに相続人に対する贈与があればその分を加算し，寄与分があればその分を控除して）みなし相続財産を設定し，そのみなし相続財産から具体的相続分が算定されることになるのである（903条1項・904条の2第1項）。

　このことを次の設例で見てみよう。

【設例3－19】第三者遺贈がある場合の相続開始時の遺産の範囲

> 　被相続人Hが死亡した相続開始時において現実に有していた財産の総額が1億円であり，相続人は子A，Bの2人であるとき，遺言により第三者Xに対して6000万円の特定遺贈があったとした場合，遺留分算定の場合と相続分算定の場合における基礎財産はどうなるか。

① 遺留分算定では，その基礎となる相続開始時の遺産はHが死亡時に現実に有していた財産の総額である1億円であり，したがって，この基礎財産1億円を起点として相続人A，Bの個別的遺留分を算出することになる（結果省略。詳しくは第4章第2節 7 参照）。

② 他方，遺産分割では，第三者Xへの遺贈（6000万円）が離脱することになるので，相続人が遺産分割時まで共有する相続開始時の遺産は4000万円となる。したがって，この基礎財産4000万円を起点として相続人A，Bの具体的相続

分を算出することになる（結果省略。詳しくは第5章【設例5－12】参照）。

　以上のとおり，第三者遺贈がある場合には相続開始時の遺産の範囲が変わってくるので十分に注意しなければならない。

■

第4章

本来的相続分の確定

相続人の範囲が確定すると，民法の規定（900条・901条・902条）に基づいて，各相続人の客観的な相続分が一定の割合（率）で画一的に定まる。この相続分は，①被相続人が指定していればそれにより（902条），②指定がなければ民法900条・901条の規定により確定するもので，①の場合を「指定相続分」，②の場合を「法定相続分」という。これらは，裁判所の判断を介せず，実体法上の権利として形式的・画一的に定められるものであって，「実体法上の」とは客観的な権利の形で存在しており，誰もが共通して認識できるということをさすから，その意味でこれらの相続分は「本来的相続分」ともよばれているものであり，本書もその用例に従う。

本来的相続分は，第5章で述べる「特別受益」や「寄与分」を一切考慮しない相続分のことである。民法899条は「各共同相続人は，その相続分に応じて被相続人の権利義務を承継する。」と規定するが，ここにいう相続分がまさしく本来的相続分（法定相続分又は指定相続分）であり，一定の割合（ふつう分数値）で表されるものである。

本来的相続分（の割合）は，次の2つの基本理念によって定められている。

1つは，相続人間の公平をはかることであり，それを果たすために一定の割合の相続分が法規に定められているとする。この相続分が法定相続分である。他の1つは，被相続人の意思を尊重することであり，それを満たすために被相続人の指定（遺言）により相続分（の割合）が決められるとする。このときの相続分が指定相続分である。

本章では，本来的相続分を構成する「法定相続分」と「指定相続分」について検討し，その上で，相続開始時に確定した相続分がその後に変動する事由について見ていく。

第1節　法定相続分

現行民法における相続は，（旧法と比較して）死者の財産の承継に徹した制度であるが，その財産の承継を具体的に実現する法的根拠が「相続権」である。

相続権の本質は，一般的には，①相続人の潜在的持分の遺産による清算（例えば，妻の相続分は死亡した夫の財産からの財産分与の側面があること），②家族に対する生活保障の実践（例えば，子の相続分は死亡した父の財産による生活保障の側

面があること），③取引安全の保障（例えば，相続債務の承継は相続債権者の保護に資する側面があること）の3つの要素から成り立っているとされる。

「法定相続分」は，このような相続権の要素を踏まえた上で，とくに血族相続人については被相続人との血縁関係の濃淡や配偶相続人との組み合わせの類型に応じて，定型的に定められている。被相続人と同一の身分関係に属する血族相続人の相続分を均等としたのも，この定型化の現れの1つである。相続分の定型化は，相続における相続人間の内部的な権利関係を簡明にし，ひいては相続人と第三者との間の対外的な権利関係の安定にも資するものである。

共同相続では，複数の相続人によって遺産を分け合うことになるが，その分け合う割合が相続分である。共同相続人である妻には良妻もあれば悪妻もあり，また子には親孝行な者もあればそうでない者もあるが，そのような個別的な事情や行き掛かりは度外視して，相続分どおりに遺産を分けるのが基本である。このように良き相続人も悪しき相続人も，相続では定型化された相続分に従い平等に扱われる。この定型的な相続分に合致する状況を本書では「相続分に中立である」という。

1　法定相続分とは

同順位の相続人が数人あって共同相続となる場合，各相続人の相続分の割合（遺産総額に対する持分の割合）は，被相続人の遺言による相続分の指定（指定相続分）がない限り，民法の定める割合によることとなる。この民法の規定する相続分の割合が「法定相続分」である。

法定相続分は，遺言による相続分の指定がない場合に適用されるものであり（902条1項），また，遺言による相続分の指定が共同相続人の一部にとどまる場合にも，他の共同相続人の相続分は法定相続分によることとされている（同条2項）。

法定相続分は，積極財産の取得割合となるだけではなく，消極財産すなわち相続債務の分担割合にもなる。前者の積極財産については，相続の開始と同時に，共同相続人の法定相続分の割合による抽象的な権利共有状態となる。そして，相続人全員による遺産分割の手続を経て，個別具体的な権利単有の

状態へと変化する。後者の相続債務とくに金銭債務は，相続開始と同時に当然に（分割を要することなく），各相続人に法定相続分による分割単独債務として帰属する。もっとも，相続人間の協議によって法定相続分と異なる債務の分担割合を定めることは可能であるが，それは相続人間での内部関係で有効であるにとどまり，第三者たる債権者には対抗できない。

　法定相続分（指定相続分も含む）は，①本位相続人たる配偶相続人（被相続人の配偶者）及び血族相続人（被相続人と血のつながりのある者）が受ける法定相続分（これを「本位相続分」という。900条）と，②血族相続人となるべき者が被相続人よりも先に死亡していた場合に生じうる代襲相続人が受ける法定相続分（これを「代襲相続分」という。901条）に分けられる。つまり，法定相続分は本位相続分か代襲相続分かのいずれでしかない。いわゆる再転相続分は，相続分の変動における当初の相続分に対応する用語であって，ここにいう法定相続分ではないことに注意する。

［2］ 本位相続人の法定相続分

　本位相続人の法定相続分（＝本位相続分）は，配偶相続人と血族相続人の組み合わせによってそれぞれの割合（率）が異なってくる。その組み合わせは次の4つに分けられる。
　① 配偶者と子
　② 配偶者と直系尊属
　③ 配偶者と兄弟姉妹
　④ 単独相続の場合
以下では，これらの組み合わせによる法定相続分の割合をそれぞれ見ていこう。

(1) 配偶者と子の場合の法定相続分

　配偶者と子が相続人であるとき，それぞれの法定相続分は，次のように同等となる（900条1号）。

本位相続人	法定相続分の割合（率）
配　偶　者	1/2
子（のグループ）	1/2

なお，以下の点に注意しなければならない。
① 子が数人ある場合，嫡出子（婚姻関係にある男女から生まれた子）であると，非嫡出子（認知された婚外子）であるとを問わず，子の人数の頭割りで等分する（900条4号本文）。
② 養子は，縁組の日から養親（養子縁組による親）の嫡出子としての地位を取得する（809条）。したがって，子が数人あり，その中に養子がいても，それぞれの子の法定相続分は均等となる。

＊配偶者の法定相続分の引上げ

　　昭和55年の民法の一部改正（昭和56年1月1日施行）によって，配偶者が子とともに相続する場合の法定相続分は「1/3」から「1/2」に引き上げる改正がされたが，この改正の目的は相続における配偶者の地位の向上を図ることにあった。相続開始により共有となった相続財産の利用行為は共同相続人の持分の多数決で決するのが原則であるが（252条参照），配偶者の持分が1/2になったということは，たとえ子のグループが結託したとしても，それと同等の相続権を与えられた配偶者は，少なくともその居住建物から追い出される心配はなくなったことになり，また，遺産分割において配偶者が居住建物を取得する可能性もそれまでと比較していくらか容易になったということができよう。

＊嫡出でない子の法定相続分の定めに対する最高裁の判断（合憲→違憲）

　　非嫡出子の法定相続分が嫡出子の半分であること（旧900条4号ただし書前段）については，憲法14条の定める法の下の平等に反するのではないかとの議論があった。これが争われた高等裁判所で，違憲判断が相次いで出されていたところ，最高裁判所は大法廷で合憲判断を示していた（最〔大〕決平7・7・5民集49巻7号1789頁）。その根拠として，現行民法が法律婚主義をとっていることを指摘し，嫡出子の立場を尊重する立法趣旨には合理的な理由があり，「立法府に与えられた合理的な裁量判断の限界を超えたものということはできない」と述べた。ただし，5名の反対意見があった。

　　それが，最〔大〕決平25・9・4（民集67巻6号1320頁）によって，一転違憲とされるに至った。すなわち，最高裁大法廷は，本件相続開始時（平成13年7月）においては，立法府の裁量権を考慮しても，嫡出子と嫡出でない子の法定相続分を区別する合理的な根拠は失われていたというべきであり，民法900条4号ただし書の規定のうち嫡出でない子の相続分を嫡出子の相続分の2分の1とする部分は，遅くとも平成13年7月当時において，憲法14条1項に違反していたものとした。

その上で，しかしながら，法的安定性の確保との調和を図るために，この違憲判断は本件相続開始時から本決定までの間に開始された他の相続につき，本件規定を前提としてされた遺産分割の審判その他の裁判，遺産の分割の協議その他の合意により確定的なものとなった法律関係に影響を及ぼすものではないとした。

この判決を受けて，平成25年12月の民法の一部改正により，900条4号ただし書の前段は削除された。

＊普通養子と特別養子

養子については，縁組後も実方（養子から見て自分の自然血族関係にある親族のこと。養子から見て養親の自然血族関係にある親族のことは「養方」という）との親族関係が従前どおり残る「普通養子」と，実方との親族関係が終了する「特別養子」がある。普通養子では，実親が死亡した場合において養子の相続権が発生し，逆に養子が実親よりも先に死亡した場合においても実親の相続権が発生する。しかし，特別養子では，実方との関係は断絶するのでそのような親子間での相続問題は発生しない。

【設例4－1】配偶者と嫡出子の場合の法定相続分

> 被相続人Hが死亡し，相続人は妻Wと子A，B，Cである。4人の法定相続分はそれぞれどのようになるか。なお，子はいずれもHの嫡出子である。

① 妻Wと子のグループの法定相続分は，それぞれ1/2である。子A，B，Cの3人はすべてHの嫡出子であり，その相続分は均等であるから，1/2を3等分してそれぞれ1/6（＝1/2×1/3）となる。

② 以上により，各人の法定相続分は，妻Wは1/2，子A，B，Cは各1/6となる。

【設例4－2】子の中に婚外子が含まれる場合の法定相続分

> 被相続人Hには妻WとWとの間の子A，Bがいたが，Aは先に交通事故で死亡し，その子a_1とa_2がいる。ほかにHには某女との間にできた認知した婚外子Cがいる。この場合，Hの相続人の法定相続分はそれぞれどのようになるか。

① 配偶者と子が相続人であるから，妻W＝1/2，子のグループ＝1/2となる。

②　子のグループは，嫡出子のA，Bと，婚外子のCで構成されている。平成25年12月の民法の一部改正の結果，嫡出子と婚外子の法定相続分は同等とされたことから，それぞれの法定相続分の割合は1/6となる（削除された900条4号ただし書前段の適用がある状況下では，A：B：C＝2：2：1であったことから，AとBの法定相続分はそれぞれ1/5（＝1/2×2/5），Cは1/10（＝1/2×1/5）であった）。

③　元々の本位相続人Aには2人の子a_1とa_2がいる。AはHの死亡の当時すでに亡くなっていたので，その子a_1とa_2に代襲相続が行われる。代襲者の相続分は被代襲者（代襲者の親）が受けるべきであったものと同じである。代襲者が数人いるとき，各代襲者の相続分は均等となるから，亡Aの代襲相続人a_1，a_2の法定相続分はそれぞれ1/12（＝1/6×1/2）となる。

④　ちなみに，婚外子が嫡出子と同等であるというルールは，代襲相続のときにも適用されることに注意する（901条1項ただし書・900条4号本文）。

【設例4－3】子の中に養子が含まれる場合の法定相続分

> 被相続人Hには某女との間に認知した子Aがいた。その後，Hとその妻Wはよその子Bを夫婦間の養子とした。Bには養子縁組前の出生子b_1がおり，さらに養子縁組の後に子b_2が生まれた。Bの死亡後にHが死亡したとき，Hの相続人となるべき者は誰で，その法定相続分はそれぞれどのようになるか。

①　配偶者と子が相続人であるから，妻W＝1/2，子のグループ＝1/2となる。

②　子はAとBの2人である。ただし，Aは婚外子で，Bは養子である。養子は縁組の日から養親の嫡出子となる（809条）ので，AとBの相続分の割合はA：B＝1：1となり，その結果，各人の法定相続分はAとBいずれも1/4（＝1/2×1/2）となる。

③　本位相続人である養子BはHより前に死亡しており，その子b_1とb_2がBの地位を代襲するかが問題となる。b_1は，BとHが養子縁組をする前に出生していた子（いわゆる連れ子）であって，Hとb_1との間には血族関係は生じない。よって，b_1はBの代襲相続人とはならない。

④　これに対し，b_2は，HとBが養子縁組をした後に出生した子であるから，一度成立した法定血族関係の延長として，Hとb_2との間にも血族関係が生じることになる。よって，b_2はHの孫にあたることから，Bの代襲相続人とな

り，Bの相続分である1/4はすべてb_2に承継されることになる。
⑤ 以上により，Hの法定相続人は，妻W，婚外子A，孫b_2の3人であり，それぞれの法定相続分は，W＝1/2，A＝1/4，b_2＝1/4となる。

(2) 配偶者と直系尊属の場合の法定相続分

配偶者と直系尊属が相続人であるとき，それぞれの法定相続分は，次のとおりになる（900条2号）。

本位相続人	法定相続分の割合（率）
配　偶　者	2/3
直系尊属（のグループ）	1/3

なお，以下の点に注意しなければならない。
① 昭和55年の民法の一部改正（昭和56年1月1日施行）前は，配偶者の相続分は1/2であった。
② 被相続人が普通養子である場合，その直系尊属には養親だけでなく実親も含まれる。
③ 直系尊属が数人あるときは，それぞれの相続分は均等とされている（900条4号）。したがって，同世代の尊属が数人あるときの各相続分は，「1/3」をさらにその頭数で等分したものとなり，その結果，直系尊属の法定相続分は，実父母，養父母の別なく平等の割合となる。
④ 1親等である父母にも，2親等である祖父母にも固有の相続権（本位相続）が与えられている。しかし，直系尊属の中では，親等の近い者が遠い者に優先して相続するから（889条1項1号ただし書），より近い親等の直系尊属が1人でもいれば，それより遠い親等の直系尊属は相続人にはなれない。親等の同じ実父母と養父母，父方の祖父母と母方の祖父母が数人あるときは，同順位の相続人となる。この直系尊属は血族に限るのであって，姻族は含まれない（大判昭12・8・3民集16巻1312頁）。

【設例4－4】直系尊属に養父母がいる場合の法定相続分

> 被相続人Hの相続人は妻Wのほかに，Hの養母Eと実父Fである。各人の法定相続分はそれぞれどのようになるか。

① 配偶者と直系尊属が相続人であるから，妻W＝2/3，直系尊属のグループ＝1/3となる。
② 同世代の直系尊属としては，養母Eと実父Fの2人である。各自の相続分は均等である。よって，両人の法定相続分はそれぞれ1/3×1/2＝1/6となる。
③ 以上により，各人の法定相続分は，妻Wが2/3，養母Eと実父Fは各1/6である。

【設例4－5】直系尊属が祖父母である場合の法定相続分

> 前記【設例4－4】で，養母と実父母のいずれも死亡しているが，被相続人Hの実父方の祖母Gが健在であるときはどのようになるか。

① 配偶者と直系尊属が相続人であるから，妻W＝2/3，直系尊属のグループ＝1/3となる。
② 1親等の同世代の尊属がいない場合，尊属の本位相続人は2親等の尊属となる。よって，祖母Gが直系尊属グループの相続人となり，1/3を承継する。
③ 以上により，各人の法定相続分は，妻Wが2/3で，祖母Gが1/3である。

(3) 配偶者と兄弟姉妹の場合の法定相続分

配偶者と兄弟姉妹が相続人であるとき，それぞれの法定相続分は，次のとおりになる（900条3号）。

本位相続人	法定相続分の割合（率）
配偶者	3/4
兄弟姉妹（のグループ）	1/4

なお，以下の点に注意しなければならない。
① 昭和55年の民法の一部改正（昭和56年1月1日施行）前は，配偶者の相

続分は2/3であった。
② 兄弟姉妹が数人あるときは，それぞれの相続分は均等とされている（900条4号）。したがって，同世代の兄弟姉妹が数人あるときの各相続分は，「1/4」をさらにその頭数で等分する。
③ ただし，上述②については例外があり，父母の一方のみを同じくする兄弟姉妹（半血の兄弟姉妹）の相続分は，父母の双方を同じくする兄弟姉妹（全血の兄弟姉妹）の1/2になるとされている。

　＊「全血兄弟・半血兄弟」と「嫡出子・婚外子」の使い分け
　　紛らわしい点が2つある。1つ目は，「全血兄弟・半血兄弟」という場合であり，これは兄弟姉妹の資格で相続するときにのみ妥当し，子の資格で相続するときには無関係である。2つ目は，「嫡出子・婚外子」という場合であり，このときは，逆に，子の資格で相続するときにのみ妥当し，兄弟姉妹の資格で相続するときには無関係となる。
　　したがって，兄弟の相続人として，嫡出子である全血兄弟のA（例えばいずれも亡父と前妻との間の子），婚外子である兄弟のB（亡父が認知した子），嫡出子である半血兄弟C（亡父と後妻との間の子）がいる場合，BとCはいずれも「半血兄弟」としての理由からその相続分はAの1/2ずつとなる。

兄弟姉妹が相続人となる場合の相続分については，次の3つの問題点がある。
(a) 兄弟姉妹の中に父母の一方だけの養子（単独養子）がいる場合
　血族相続人が兄弟姉妹となる場合，被相続人を含むその兄弟姉妹の父母には，実父母のほか養父母も含まれる。夫婦双方の養子と夫婦の間に生まれた実子とは，ともに全血の兄弟姉妹として，相続分に差異はない。しかし，夫婦の一方だけの養子と夫婦の間に生まれた実子とは，前者は半血の兄弟姉妹として，後者は全血の兄弟姉妹として，相続分に差異が生ずる。すなわち，前記のとおり，半血の兄弟姉妹の法定相続分は全血の兄弟姉妹のそれの半分となる。
(b) 兄弟姉妹の中に婚外子がいる場合
　父母の双方又は一方を同じくする兄弟姉妹の中に婚外子がいる場合，子が相続する場合と同様，その相続分に差異が生じるか否かがかつては問題とな

った。これについては前述のとおり，嫡出か婚外であるかによって相続分に差異を設けていたのは，もっぱら第1順位者である子の系列が相続人となる場合，つまり子や孫についてだけのことであった。しかし，嫡出か婚外かで相続分に差異を設ける点は，法の下の平等に反するとして違憲とされた。その点はともかく，第3順位者の兄弟姉妹が相続人となる場合においては嫡出か婚外かはまったく関係がない。したがって，兄弟姉妹の中に婚外子が含まれる場合であっても，その者は半血の兄弟という理由によって全血兄弟姉妹の相続分の半分になる，と解することになる。

　(c)　兄弟姉妹に甥や姪の代襲相続人が含まれている場合

　これについては，後述本節 3 で述べる。

【設例4－6】兄弟姉妹の中に父母の一方の養子（単独養子）がいる場合の法定相続分

> 被相続人Hは生涯独身で子はいない。直系尊属の全員が死亡しており，Hの兄弟姉妹としてA，B，C，Dがいる。B，Cは両親を同じくする全血兄弟である。Aは母の先夫との間の子であるが，父は，母と婚姻した際にAをいわゆる連れ子養子にしている。また，父には某女との間に子Dがおり，父はそのDを養子にした。各相続人の法定相続分はどうなるか。

① Hの本位相続人は，Hの兄弟姉妹であるA，B，C，Dの4人である。

② Aは，Hの母の実子であり，かつ，Hの父の養子でもあるから，Hとは同じ全血の兄弟姉妹である。B，Cは，Hとは両親を共通にする実子の兄弟である。Dは，Hの父の養子ではあるがHの母との母子関係はないから，Hとは半血兄弟である。したがって，A，B，Cの3人はHと同様に，1組の夫婦間の全血の兄弟姉妹であり，その3人の間での相続分において差異はない。しかし，夫婦の一方Hだけの養子であるDはHから見て半血の兄弟姉妹であるから，その相続分に差異（全血兄弟姉妹の1/2）がある（昭和32年6月27日法務省民事甲1119号民事局長回答）。よって，4人の法定相続分の割合はA：B：C：D＝2：2：2：1となる。

③ 以上により，法定相続分は，A，B，Cが各2/7で，Dは1/7である。

【設例４－７】兄弟姉妹の中に婚外子がいる場合の法定相続分

> 前記【設例４－６】において，父がＤを養子とすることなく，認知しただけにとどまる婚外子であった場合，Ｄの法定相続分はどうなるか。

① Ｈの本位相続人は，Ｈの兄弟姉妹であるＡ，Ｂ，Ｃ，Ｄの４人である。
② 民法900条４号ただし書の「父母の一方のみを同じくする……」という文言の父母には，実父母のほか養父母をも含まれるのは前記設例のとおりである。しかし，父が認知しただけのＤは「父のみを同じくする兄弟姉妹」である。よって，４人の法定相続分の割合はＡ：Ｂ：Ｃ：Ｄ＝２：２：２：１となる。
③ 以上により，法定相続分は，Ａ，Ｂ，Ｃが各2/7で，Ｄは1/7である。

以上の２つの設例でわかるように，単独養子あるいは婚外子である兄弟姉妹については，いずれも半血であることの理由によって全血兄弟姉妹の半分となるものである。

(4) 単独相続の場合

配偶者だけが相続人となる場合には，配偶者が被相続人の全遺産を単独相続するので，相続分の問題は生じない。被相続人に伯叔父母，従兄弟姉妹がいても，これらの者は相続人とはならない。

配偶者がいない場合には，血族相続人が相続するが，いずれの血族グループであっても，ただ１人の者だけが単独相続人となる場合には，相続分の問題は生じない。

③ 代襲相続人の法定相続分

本位相続人となるべき子あるいは兄弟姉妹が，相続開始前に死亡した場合，又は相続欠格・廃除によって相続権を喪失している場合に，その者に代襲相続人となるべき者がいるときには，代襲相続が生じる。

代襲相続人の法定相続分（＝代襲相続分）については，民法901条がこれを明らかにしている。同条１項が，子の直系卑属の代襲相続分について規定し，同条２項が，兄弟姉妹の子が代襲する場合の代襲相続分について規定している。

(1) 子の代襲相続分

子の代襲相続人は，その子の直系卑属（被相続人の孫・曾孫など）である。

子の代襲相続人の法定相続分は，被代襲者であるその子が受けるべきはずであった相続分と同じである（901条1項本文）。そもそも代襲相続は，被代襲者の死亡，欠格・廃除による相続権喪失によって，被代襲者の直系卑属が不利益を受けないようにするために設けられた制度であり，そのため，代襲者の相続分は被代襲者の受けるはずであった相続分と同じになっている。

代襲相続人が1人であるとき，その者は被代襲者の相続分をそのまま承継するが，代襲相続人が数人あるときの各人の相続分は，被代襲者が受けるべきであった相続分について本位相続人の相続分に関する民法900条4号本文の規定に従って配分される（901条1項ただし書）。すなわち，被代襲者に数人の代襲相続人がある場合には，各代襲相続人の相続分は均等となる（第2章第4節(2)(e)参照）。

【設例4－8】子の代襲相続人に婚外子がいる場合の法定相続分

> 被相続人Hには妻Wと子A，B，Cがいる。AはHより先に死亡したが，その妻との間に子a_1，a_2と，某女との間に認知した子a_3がいる。各相続人の法定相続分はどのようになるか。

① Hの本位相続人は，妻Wと子A，B，Cである。その本位相続分は妻Wが1/2で，子のグループが1/2である。子A，B，CはすべてHの嫡出子であるから，各法定相続分は均等で，1/2×1/3＝1/6となる。

② AはHより先に死亡し，その代襲相続人として，子a_1，a_2，a_3がいる。ただし，a_1，a_2はAの嫡出子，a_3はAの婚外子であるが，法定相続分は均等であるから，それぞれ1/18（＝A1/6×1/3）となる。

③ 以上により，全員の法定相続分は，Wが1/2，B，Cは各1/6，a_1，a_2，a_3は各1/18である。

(2) 兄弟姉妹の代襲相続分

子の相続の場合と同様，兄弟姉妹にも代襲相続があるが，代襲相続人とな

れるのは兄弟姉妹の子（被相続人の甥・姪）までである。

　代襲相続分は，被代襲者である兄弟姉妹が受けるべきであったものと同じである。代襲相続人が数人ある場合には，各代襲相続人の相続分は本位相続人の相続分に関する民法900条4号の規定に従って配分される（901条2項）ので，均等となる（第2章第4節(2)(e)参照）。

【設例4－9】兄弟姉妹の代襲相続人（甥・姪）に婚外子がいる場合の法定相続分

> 　被相続人Hは独身のままで子はいない。両親が死亡しており，Hの兄弟姉妹は実妹F，実弟G，異母弟Jの3人である。実妹Fと実弟Gは両親を同じくする全血の兄弟姉妹であるが，異母弟Jは父の後妻との間の子で，半血の兄弟である。実弟GはHより先に死亡し，その代襲相続人はg_1，g_2，g_3の3人である。g_1，g_2は嫡出子であるが，g_3は婚外子である。各相続人の法定相続分はどのようになるか。

① 　Hの本位相続人は，Hの兄弟姉妹であるF，G，Jの3人である。
② 　実妹Fと実弟Gは全血の兄弟姉妹，後妻の子Jは半血の兄弟であるから，Jの相続分は全血の兄弟姉妹F，Gの1/2である。よって，3人の法定相続分の割合はF：G：J＝2：2：1となり，それぞれの法定相続分はF，Gは各2/5で，Jは1/5である。
③ 　GはHより先に死亡しており，その代襲相続人は嫡出子g_1，g_2のほか，婚外子g_3である。Gの法定相続分の2/5はg_1，g_2，g_3に均等に代襲相続されることになる。
④ 　以上により，各法定相続分は，F＝2/5，g_1，g_2，g_3＝各2/15，J＝1/5となる。
⑤ 　設例で，本位相続人Jの相続分が他の本位相続人F，Gらの1/2となるのは「半血の兄弟」であるという理由（本位相続：900条4号ただし書）からである。Gの代襲相続人には，嫡出子と婚外子とが含まれるが，上述のとおり，民法の一部改正によりそれぞれの相続分に差異は生じないこととなり均等である。

【設例4－10】兄弟姉妹の代襲相続人（甥・姪）が死亡している場合の法定相続分

> 被相続人Hには妻Wがいるが，子はいなかった。Hの直系尊属はいないので，兄弟姉妹のA，B，Cが相続人である。A，Bの2人はいずれもHより先に死亡している。Aにはその妻との間に子a_1，a_2，某女との間に認知した子a_3がいる。しかし，a_1はその子aa_1を残してすでに死亡している。Bは独身で死亡したが，認知した子b_1がいる。各相続人の法定相続分はどのようになるか。

① Hの本位相続人は，妻WとHの兄弟姉妹であるA，B，Cである。よって，それぞれの法定相続分は妻Wが3/4，兄弟姉妹のグループが1/4である。

② 兄弟姉妹A，B，Cの各本位相続分は均等であるから，兄弟姉妹グループの相続分1/4を3等分して各1/12となる。

③ Aはすでに死亡しており，Aの代襲相続人は嫡出子a_1，a_2と，婚外子a_3である。ただし，a_1もすでに死亡しており，その子aa_1がいるが，兄弟姉妹の代襲相続人はその子（被相続人の甥・姪）までであり，aa_1は代襲相続人となることはできない。そのため，被代襲者Aの相続分1/12は，嫡出子a_2と婚外子a_3に代襲相続されることになる。嫡出，婚外の区別にかかわらず相続分は均等であり，各1/24（＝1/12×1/2）となる。

④ Bもすでに死亡しており，Bの代襲相続人はその婚外子b_1である。結局，Bの代襲相続人は1人だけにつき，Bの本位相続分の1/12はb_1にすべて承継される。

⑤ 以上により，各相続人の法定相続分は，W＝3/4，a_2＝1/24，a_3＝1/24，b_1＝1/12，C＝1/12である。

第2節　指定相続分

遺言者（被相続人）の意思に基づき，共同相続人の全員（あるいは一定の者）の相続分について法定相続分と異なった割合を定めることを「相続分の指定」（902条）といい，遺言により指定された相続分の割合（ふつう分数値）のことを「指定相続分」という。相続分の指定であって相続人の指定ではない。

民法は，相続人を創設することを認めていない。遺言で法定相続分と異なる相続分の指定を認めることから，民法は遺言相続の制度を併用していると称されることもある。

民法は，権利処分の自由の観点から，積極財産としての遺産の分割については，指定相続分が法定相続分に優先するとしている。このような効果を認めるため，相続分の指定は必ず遺言によって行わなければならないとされている。相続分指定の方法の問題であり，後述 **1** で扱う。

指定相続分は，最終的な分配取得率（具体的相続分率）を定める際の基礎となる本来的相続分ということになる。したがって，相続分の指定は，法定相続分の規定のように，例えば「遺産の1/3である」というように，相続財産全体に対する一定の割合（率）によって明示される必要がある。これは相続分指定の内容の問題であり，後述 **2** で述べる。

相続分の指定は，遺言が効力を生じた時にその効力が生じる（985条）。これに関連して，相続債務に指定相続分の効力が及ぶか，第三者に登記なくして指定相続分を対抗できるかなどが問題になるが，このような指定相続分の効力について扱うのが後述 **3** である。

相続分指定が制度として認められた趣旨は，被相続人が共同相続人の個々の事情を考慮して具体的に公平な相続分を定めることが期待できる点にあるとされる。しかし，民法は同様の目的のために「包括遺贈」（964条）や「（遺産）分割方法の指定」（908条）の制度も認めており，さらに判例による「相続させる（旨の）遺言」もある。これらの制度の外延は相互に重複しており不明瞭であるので，その異同を区別しておく必要がある。包括遺贈との異同については後述 **4** で，遺産分割方法の指定との異同については後述 **5** で，相続させる（旨の）遺言との異同については後述 **6** でそれぞれ解説する。

例えば「子3人の相続人のうち1人の相続分を90％とする」というように，指定された相続分が他の相続人の遺留分を侵害する過大なものであることがある。このような過大な指定に対しては，被侵害者である他の相続人は遺留分減殺請求により自己の遺留分を取り戻すことができるとされているが，その場合には減殺取戻しによって修正された相続分が本来的相続分となり，それをもとにして遺産分割に向けた相続分の算定がされることになる。後述

7では，このような遺留分減殺により修正された指定相続分について解説する。

本節では，以上のような指定相続分の項目について概観していく。

1 相続分の指定の方法

　被相続人は，共同相続人の相続分を自ら指定するか，第三者に指定の委託をすることができるが，この相続分の指定又は指定の委託は必ず遺言によってされなければならない（902条1項）。遺言以外の方法，例えば被相続人が相続人全員を集めて口頭で相続割合を申し渡し，あるいはメモに相続すべき相続割合を書き記すなどの方法をとったとしても，相続分の指定としての法的効力は生じない。生前に相続分を指定することは紛争を招きやすく，また生前であれば贈与によって実質的に同じ目的を実現できるからである。何よりも法定相続分の変更という重大な効果を伴うことになるので，相続分の指定は遺言事項とされ，法的に保障された厳格な要式行為である遺言による必要がある。

　被相続人の第三者に対する指定の委託自体は遺言書によらなければならないが，指定を受けた第三者が相続開始後に行う指定行為は何らの方式を必要としない。委託による指定は，不要式の相手方のない単独行為であって，被指定者たる相続人の同意も必要ではない。

2 相続分の指定の内容

(1) 相続分の指定の態様

　相続分の指定は，例えば「Aの相続分は1/3とする」というように，一定の割合（率）で行われる。これを「割合的指定」という。この指定が相続人全員に対して行われ，各人の割合の合計が「1」となるのが原則である。

　しかし，指定された割合の合計が「1」とならない不完全な場合もあり，また，指定が相続人の全員にではなく一部の者だけにされる場合もある。このような場合にはどうすればよいか。さらに，相続分の指定を受けた相続人が相続放棄をした場合にその者に指定された相続分はどうなるかも問題である。

指定には限定的指定と先取的指定があるので，注意を要する。

＊限定的指定と先取的指定

　　例えば，「Aの相続分を1/5とする」という指定が「Aには1/5しかやらぬ」という意味（限定的指定）をもつ場合と，「Aに1/5だけ余計に与える」という意味（先取的指定）をもつ場合がある。具体的な指定がそのいずれにあたるかは，遺言の解釈の問題であるが，原則は前者と考えるべきである。

以下，これらの問題について検討しよう。

(2) 不完全な相続分の指定

被相続人が相続人全員の相続分を指定したが，その指定相続分の割合の合計が「1」に不足していたり，あるいは超過していることがある。このようなときには，その指定を無効として法定相続分に戻すのではなく，各指定相続分を，それらの合計の中で占める大きさに按分修正して用いるべきとされている。

修正の方法は，具体例で示すと，次のとおりである。

> 〔例〕Aの指定相続分をa，Bの指定相続分をb，Cの指定相続分をcとする。
> ・Aの修正後の指定相続分の割合→　a÷(a＋b＋c)
> ・Bの修正後の指定相続分の割合→　b÷(a＋b＋c)
> ・Cの修正後の指定相続分の割合→　c÷(a＋b＋c)

こうして求められた修正後の相続分の割合の合計は「1」となる。このような取扱いは，遺言をできるだけ有効として解釈すべきであるとの考え方（遺言有効解釈の原則）に基づくものである。

【設例4-11】指定相続分の割合の合計が「1」に不足している場合

> 被相続人Hの相続人はA，B，Cである。Hは，各相続人の相続分をAは1/3，Bは1/4，Cは1/5と指定したが，その合計は47/60となって，遺産総額の割合である「1」に不足している。各相続分はどのように取り扱えばよいか。

① 上述のとおり，相続分の割合の合計が「1」となるように修正すればよい。
② 具体的には，次のとおりである。

・Aの修正後の指定相続分の割合→　1/3÷（1/3＋1/4＋1/5）＝20/47
　・Bの修正後の指定相続分の割合→　1/4÷（1/3＋1/4＋1/5）＝15/47
　・Cの修正後の指定相続分の割合→　1/5÷（1/3＋1/4＋1/5）＝12/47

【設例4－12】指定相続分の割合の合計が「1」を超過している場合

> 被相続人Hの相続人はA，B，Cである。Hは，各相続人の相続分をAは1/2，Bは1/3，Cは1/4と指定したが，その合計は13/12となって，遺産総額の割合である「1」を超過している。各相続分はどのように取り扱えばよいか。

① 相続分の割合の合計が「1」となるように修正する。
② 具体的には，次のとおりである。
　・Aの修正後の指定相続分の割合→　1/2÷（1/2＋1/3＋1/4）＝6/13
　・Bの修正後の指定相続分の割合→　1/3÷（1/2＋1/3＋1/4）＝4/13
　・Cの修正後の指定相続分の割合→　1/4÷（1/2＋1/3＋1/4）＝3/13

(3) 一部の相続人への（「1」未満の）相続分の指定（一部指定）

　被相続人は，一部の相続人だけに相続分の指定をすることもできる。このとき，相続分の指定を受けなかった他の相続人の相続分は法定相続分の規定（900条・901条）に従って定められることになり，これは，相続分の指定を委託された第三者が一部の相続人だけに指定をした場合も同様である（902条2項）。

　ここで問題にするのは，全部の相続人を対象とした相続分の割合の合計が「1」となる相続分指定ではなく，一部の相続人を対象に「1」に満たない相続分指定があった場合である。また，一部の相続人を対象に「1」あるいは「1」を超過する相続分の指定がされる場合には，指定をされなかった者の相続分は「0」とされるので，上述(2)の不完全指定ではなく，遺留分侵害の相続分指定と捉えられる（これについては後述本節 7 参照）。

　一部指定が行われた場合には，次のようなことが問題となる。
① 一部の子に対して相続分の指定がされた場合，相続人に配偶者が含まれているか否かによって取扱いに違いはあるか。

② 一部の相続人だけに100％の指定がされた場合，他の者の指定相続分は「0」として扱ってもよいか。
③ 第三者である包括受遺者が含まれる場合における一部指定の取扱いはどうなるか。
(a) 相続人が子だけの場合と配偶者が含まれる場合の一部指定
(イ) 相続人の全員が子だけである場合

相続人が複数の子だけの場合，子の一部に対して相続分の指定を行ったときには，どのような取扱いになるであろうか。
以下の設例によって見てみよう。

【設例4－13】 一部の子だけへの相続分の指定(1)

> 被相続人Hの相続人は子A，B，Cの3人だけである。被相続人HがAに1/2，Bに1/3の指定をしたとき，Cの相続分はどうなるか。

① 相続分の指定を受けない他の相続人は子Cの1人だけである。
② 相続分の指定を受けなかった他の相続人の相続分は，法定相続分の規定に従って定められることとなる。したがって，指定を受けない他の相続人はCの1人だけなので，全相続財産から指定相続分を除いた残余がそのままCの相続分となる。
③ よって，Cの相続分は次のとおりとなる。
$$1 - (1/2 + 1/3) = 1/6$$

【設例4－14】 一部の子だけへの相続分の指定(2)

> 被相続人Hの相続人は子A，B，Cの3人だけである。被相続人HがAだけに1/2の指定をしたとき，B，Cの相続分はどうなるか。

① 相続分の指定を受けない他の相続人は子B，Cで，彼らが受ける相続分の合計は，全相続財産からAの指定相続分を除いた残余である。よって，B，Cの受ける相続分の合計は1－1/2（Aの指定相続分）により1/2となる。
② 相続分の指定を受けなかった他の相続人の相続分は，法定相続分の規定に

従って定められることとなる。したがって，指定を受けない他の相続人のB，Cの相続分は均等であるからそれぞれ1/4（＝1/2×1/2）になる。
　③　以上により，各相続人の相続分は，A＝1/2，B＝1/4，C＝1/4となる。

㈹　相続人に配偶者が含まれている場合
　相続人に配偶者が含まれている場合，子の一部に対して相続分の指定を行ったときには，どのような取扱いになるであろうか。この問題については，一部の子にされた指定相続分の意味をどのように捉えるかによって見解が分かれる。代表的なのは以下のA説とB説である。
　A説は，一部の子にされた指定相続分の意味について，「配偶者の分を含めた全相続財産に対する割合」と捉える。そのため，指定を受けない他の相続人の相続分は，前述の㈵の場合と同様に，全相続財産から当該指定相続分を控除した残余を基礎として，それぞれの法定相続分の割合を前提に算定されることになる。これを「平等説」という。配偶者の相続分が血族相続人のそれとは別系列であることを一応認めながらも，共同相続人間の負担の衡平の原則を重視する立場である。
　これに対しB説は，一部の子にされた指定相続分は，配偶者の分を含めた全相続財産に対する割合ではなく，「他の子を含めた子全体の法定相続分に対する割合」と捉える。これは「株分け説」などとよばれる。配偶者の相続分が血族相続人のグループのそれとは別系列とされている点に注目し，配偶者相続権の趣旨（清算の要素と生活保障の要素）を重視するものである。この説によれば，指定を受けない他の相続人の相続分は「配偶者の法定相続分＝1/2，子全体の法定相続分＝1/2」を前提として算定することになる。
　一部の子に相続分の指定がされるとき，通常，遺言者の意思は，平等説の説く効果を望んでいると解すべきであろう。本書は，算定方法の簡便さ及び具体的相続分の算出方法との整合性があることの理由により平等説に従う。
　ただし，以下の設例では，平等説，株分け説の双方の算定方法について見ていく。

第2節　指定相続分　　**2**　相続分の指定の内容　　*115*

【設例4－15】配偶相続人がいる場合における一部の子だけへの相続分の指定(1)

> 被相続人Hの相続人は配偶者Wと子A，B，Cの4人である。被相続人Hが子Cだけに1/4の指定をしたとき，他の者の相続分はどうなるか。

【平等説(1)】

① 相続分の指定を受けなかった他の相続人（未指定相続人）は配偶者Wと子A，Bである。彼らが受ける相続分の合計は，全相続財産から子Cの指定相続分を除いた残余である。よって，

　・W，A，Bの受ける相続分の合計→　1－1/4（Cの指定相続分）＝3/4

② 未指定相続人W，A，Bの相続分は，法定相続分の規定に従って定められることとなる。この「法定相続分の規定に従って」の意味について，本書は，各未指定相続人（配偶者と子）の元々の法定相続分の割合をもとに，その合計の中で占める大きさ（按分率）を求めて算定するという考え方に立つ。各未指定相続人の元々の法定相続分の割合の合計は当然「1」に満たないので，前述(2)「不完全な相続分の指定」の場合に倣って各未指定相続人の相続分の按分率を出し，それを残余未指定部分の遺産（全相続財産から指定相続分を除いた残余）に乗じることによって，それぞれの相続分を求めるのである（これを仮に「按分方式」といっておく）。

　設例における各未指定相続人の元々の法定相続分の割合は「W：A：B＝1/2：1/6：1/6＝3：1：1」であるから，それぞれの按分率はWが3/5，A，Bが各1/5となり，その結果，W，A，Bの相続分は次のようにして求められる。

　・Wの相続分→　3/4（上述①）×3/5（配偶者の按分率）＝9/20

　・A，Bの相続分→　3/4（上述①）×1/5（子各自の按分率）＝各3/20

③ このように解する理由は，相続分の放棄があった場合に，放棄された相続分は他の相続人（共有者）の相続分（持分）の大きさに応じて按分拡張されるが（後述第3節**3**参照），その場合と同様に考えられるからである。また，超過的遺贈があった場合（設例もこれと同様に「法定相続分1/6＜指定相続分1/4」の超過的指定の場合である）には，「相続分の指定を含む」遺贈（相続させる遺言）であると実務上は捉えられているが，そのこととも整合する。例えば，相続開始時の遺産が2000万円であり，その1/4にあたる500万円が子Cに遺贈された場合，残余の1500万円についての具体的相続分は，民法903条により，超過受

遺者であるCは「0」，W，A，Bの3人は法定相続分の割合「3：1：1」に応じた分配取得となる。よって，W，A，Bの按分率はWが3/5，A，Bが各1/5となり，上述①の残余未指定部分の遺産（3/4）に対する按分率と一致する結果となる。

【平等説(2)】

① 相続分の指定を受けなかった他の相続人（未指定相続人）は配偶者Wと子A，Bである。彼らが受ける相続分の合計は，全相続財産から子Cの指定相続分を除いた残余である。よって，

　　・W，A，Bの受ける相続分の合計→　1－1/4（Cの指定相続分）＝3/4

② 未指定相続人W，A，Bの相続分は，法定相続分の規定に従って定められることになる。この「法定相続分の規定に従って」の意味について，上述【平等説(1)】の按分方式とは異なった方法で捉える考え方がある。すなわち，相続人の範囲から相続分の指定を受けた相続人を排除し，残りの未指定相続人（配偶者と子）によって配偶者と子の場合における法定相続分の割合（1/2：1/2＝1：1）で分配するというものである（谷口知平＝久貴忠彦編『新版注釈民法(27)』205頁〔有地亨〕，島津一郎＝松川正毅編『基本法コンメンタール相続』〔第5版〕56頁〔松原正明〕）。この方法（仮に「排除方式」といっておく）によって，未指定相続人W，A，Bの各相続分を算出すると，次のとおりである。

　　・Wの相続分→　3/4（上述①）×1/2（配偶者の相続分）＝3/8
　　・A，Bの相続分→　3/4（上述①）×1/2（子全体の相続分）×1/2＝各3/16

③ 排除方式による場合のW，A，Bの相続分の割合は，「W：A：B＝1/2：1/2×1/2：1/2×1/2＝2：1：1」となり，上述按分方式による「3：1：1」と異なった結果となる。また，配偶者が得る相続利益という点で比較すると，先の500万円を子Cに遺贈した例でいえば，配偶者の相続分は，(i)按分方式では残余遺産1500万円×3/5＝900万円，(ii)排除方式では残余遺産1500万円×1/2＝750万円となり，排除方式のほうが150万円も少なくなってしまい（その分は子A，Bに上乗せされる），配偶者優遇という方向にも反する結果となる。

　以上のような理由（具体的相続分との整合性と配偶者優遇の逆行性）により，配偶者が含まれるときの子の一部指定の場合における平等説の考え方は，相続分の指定を受けている子を排除した算定方式（配偶者と子の割合は常に「1：1」）によるのではなく，元々の法定相続分の大きさで按分するという方式に

よるべきであると考える。

【株分け説】
① 被相続人Hが子Cにだけ指定した1/4の相続分は，子全体の法定相続分に対する割合であると捉えるから（株分け説），指定を受けなかった他の子の相続分合計は，子全体の法定相続分からCの指定相続分を控除した残余となる。
　　・A，Bの受ける相続分の合計
　　　　→　1/2（子全体の法定相続分）−1/4（Cの指定相続分）
　　　　　＝1/4
② 指定を受けない他の相続人の相続分は法定相続分の規定に従って定められることとなる。指定を受けなかった子A，Bの相続分は均等であり，次のようになる。
　　・A，Bの各相続分→　1/4（上述①）×1/2＝1/8
③ 子の一部に対する相続分の指定は，子全体の法定相続分に対する割合であるから，Wの相続分は法定相続分の1/2のままとなる。
④ 以上により，Wの相続分は1/2，A，Bの相続分は各1/8，Cは1/4である。

【設例4−16】配偶相続人がいる場合における一部の子だけへの相続分の指定(2)

> 被相続人Hの相続人は配偶者Wと子A，B，Cの4人である。Hが遺言で「Cの相続分を5割とする」と指定したとき，他の者の相続分はどうなるか。

【平等説】
① 相続分の指定を受けなかった他の相続人はWと子A，Bである。彼らが受ける相続分の合計は，全相続財産からCの指定相続分を除いた残余である。よって，
　　・W，A，Bの受ける相続分の合計→　1−1/2（Cの指定相続分）＝1/2
② 指定を受けない他の相続人の相続分は法定相続分の規定に従って定められることとなる。これを【設例4−15】で説明した按分方式で算定すると，指定を受けなかった他の相続人のW，A，Bの相続分は次のようになる。
　　・W，A，Bの元々の法定相続分の割合
　　　　　W：A：B＝1/2：1/2×1/3：1/2×1/3＝3：1：1
　　・よって，それぞれの按分率はWが3/5，A，Bが各1/5となる。

・以上により，W，A，Bの相続分は次のとおり。
　　　Wの相続分→　1/2（上述①）×3/5（配偶者の按分率）＝3/10
　　　A，Bの相続分→　1/2（上述①）×1/5（子各自の按分率）＝各1/10

【株分け説】
① 被相続人が子Cにだけ指定した1/2の相続分は，子全体の法定相続分に対する割合であると捉えるから，指定を受けなかった他の子A，Bの相続分の合計は，子全体の法定相続分からCの指定相続分を控除した残余となる。残余は1/2（子全体の法定相続分）－1/2（Cの指定相続分）＝0となる。
② A，Bの受ける相続分の合計が「0」であり，各相続分も当然に「0」となる。
③ 子の一部に対する相続分の指定は，子全体の法定相続分に対する割合であるから，Wの相続分は法定相続分の1/2のままとなる。
④ 以上により，Wの相続分は1/2，A，Bの相続分はそれぞれ「0」である（AとBはWとCに対し，遺留分侵害の過大指定があるとして遺留分減殺請求をするしかない）。
⑤ 設例に限って見ると，平等説では遺留分侵害は発生しないが，この株分け説ではそれが発生する。この点でも，平等説が妥当である。

【設例4－17】配偶相続人がいる場合における一部の子だけへの相続分の指定(3)

> 被相続人Hの相続人は配偶者Wと子A，Bの3人である。Hが遺言で「Bの相続分を1/3とする」と指定したとき，他の者の相続分はどうなるか。

【平等説】
① 相続分の指定を受けなかった他の相続人はWと子Aである。彼らが受ける相続分の合計は，全相続財産からBの指定相続分を除いた残余である。よって，
　　・W，Aの受ける相続分の合計→　1－1/3（Bの指定相続分）＝2/3
② 指定を受けない他の相続人の相続分は法定相続分の規定に従って定められることとなる。これを【設例4－15】で説明した按分方式で算定すると，指定を受けなかった他の相続人のW，Aの相続分は次のようにして算出することになる。
　　・W，Aの元々の法定相続分の割合

$W：A＝1/2：1/2×1/2＝2：1$
・よって，それぞれの按分率はWが2/3，Aが1/3となる。
・以上により，W，Aの相続分は次のとおり。
Wの相続分→　2/3（上述①）×2/3（配偶者の按分率）＝4/9
Aの相続分→　2/3（上述①）×1/3（子Aの按分率）＝2/9

【株分け説】
① 被相続人Hが子Bにだけ指定した1/3の相続分は，子全体の法定相続分に対する割合であると捉えるから，指定を受けなかった他の子Aの相続分は，子全体の法定相続分からBの指定相続分を控除した残余となる。よって，Aの相続分は，次のとおりとなる。
・1/2（子全体の法定相続分）－1/3（Bの指定相続分）＝1/6
② 子の一部に対する相続分の指定は，子全体の法定相続分に対する割合であるから，Wの相続分は法定相続分の1/2のままとなる。
③ 以上により，それぞれの相続分は，W＝1/2，A＝1/6，B＝1/3である。

(b)　一部の相続人だけにされる100％の相続分の指定

　例えば，上記設例で被相続人が一部の相続人であるBだけに「Bの相続分を100％と指定する」と遺言した場合，その相続分の指定はどのように取り扱われるだろうか。

　ある相続人の相続分の割合を「1」と指定すると，観念的には，他の相続人の相続分の割合は同時に「0」と指定したものといえるであろう。なぜなら，このような指定は遺言者の意思として「子B1人だけに相続させたい，他の相続人には何も相続させたくない」という他の相続人の排除について断固たる心情をもってされることが多いからである。これは遺言者の意図するところからみると，権利移転を伴う全部包括の遺贈か全部包括の相続させる遺言と解すべきことになろう。

　相続分の指定は一定の割合（割合的包括指定）によってされるべきとする原則を強調すると，一部の相続人だけに遺産のすべてを相続させる遺言は問題があり，無効ではないかとの意見もあろう。しかし，これは遺言解釈の問題であって，遺言はできるだけ有効として解釈すべきであるので，100％の相続分の指定（全部包括指定）も当然に有効なものとして取り扱い，あとは遺留

分との調整で処理すればよいのである（後述本節 7 参照）。

(4) 被指定者の相続放棄

相続人は自らの意思で相続しないことを選択することができる。これを「相続放棄」という。被相続人が相続人全員に相続分の指定をしたが，その指定を受けた相続人（これを「被指定者」という）の一部が相続放棄をした場合，どのような取扱いとなるかが問題となる。

相続放棄をした者は，その相続に関しては，初めから相続人とならなかったものとみなされる（939条）。被指定者が相続放棄をすると，その者に対する相続分の指定は初めからなかったことになるから，当該相続放棄をした被指定者に対する指定のみは無効になると解すべきである。これに対して，指定全部が無効となり，法定相続分によるべきであるとする見解もありうるが，遺言はできるだけ有効として解釈すべきである。

したがって，被指定者が相続放棄をした場合には，前述(2)「不完全な相続分の指定」の一場面として処理すればよい。

【設例4－18】被指定者の1人が相続放棄をした場合(1)

> 被相続人Hの相続人は子A，B，Cの3人である。Aが1/2，Bが3/8，Cが1/8とする相続分の指定がされたが，Cは相続放棄をした。このとき，A，Bの相続分はどうなるか。

① 相続分の指定を受けたCが相続放棄をしたことにより，Cに対する相続分の指定は無効になる。したがって，Cに対する相続分の指定は初めからなかったものと見て，Aに1/2，Bに3/8の不完全な相続分の指定がされた場合として捉えることとなる。
② よって，A，Bの相続分の割合の合計が「1」となるようにそれぞれの指定相続分を修正すればよい。具体的には，次のとおりになる。
・Aの修正後の指定相続分の割合→　1/2÷（1/2＋3/8）＝4/7
・Bの修正後の指定相続分の割合→　3/8÷（1/2＋3/8）＝3/7

【設例4−19】被指定者の1人が相続放棄をした場合(2)

> 被相続人Hの相続人は妻Wと子A，B，Cの4人である。遺言により「W＝1/2，A＝1/4，B＝1/4，C＝0」とする相続分の指定がされた。相続開始後にBが家庭裁判所で相続放棄の手続をした場合，Bの指定相続分1/4は誰にどのように帰属し，それぞれの相続分はどうなるか。

① 設例では，相続人全員を対象に相続分の割合の合計が「1」となるような相続分の指定がされているので，「相続分の一部指定」にはあたらない。しかし，相続開始後に指定相続分1/4を受けていたBが相続放棄をして相続人ではなくなったので，Bに指定された1/4は無効となる。その結果，相続人はW，A，Cの3人となり，その相続分は「W：A：C＝1/2：1/4：0」となるから，この部分だけを見れば，相続分の一部指定がされたのと同じ状況であるといえる。

② しかし，遺言の趣旨を考えた場合，被相続人Hは子Cには相続分を与えない意思であったものと解されるので，無効となったBの相続分の1/4を，指定相続分のないCに帰属させるべきではない。あくまでも相続分の指定を受けた者はW，Aだけと見て，Wに1/2，Aに1/4の不完全な相続分の指定がされた場合として捉えることとなる。

③ よって，W，Aの相続分の割合の合計が「1」となるようにそれぞれの指定相続分を修正すればよい。具体的には，次のとおりになる。
・Wの修正後の指定相続分の割合→　$1/2 \div (1/2+1/4) = 2/3$
・Aの修正後の指定相続分の割合→　$1/4 \div (1/2+1/4) = 1/3$

④ 以上により，Wの相続分は2/3，Aの相続分は1/3，Cの相続分は「0」となる。ちなみに，指定相続分が「0」とされたCは自己の遺留分1/8が侵害されているとして（後述本節 **7** 参照），WとAに対し，遺留分減殺請求ができることになる（このときは二重の修正となる）。

3　相続分の指定の効果

相続分の指定は，被相続人自身が定めた場合は遺言の効力発生の時から，第三者に委託した場合は，遺言が効力を生じた後，第三者が指定することに

より，相続開始の時に遡及して効力を生じる。指定相続分は，法定相続分に代わるものとして，相続分算定の一連の計算の起点となる本来的相続分として位置づけられる。ただし，相続分の指定があっても，共同相続人の協議によって指定と異なる割合で分割することは可能である。共同相続人の合意が被相続人の意思に優先するからである。

相続分の指定の効果については，以下の3つの重要な問題がある。

(1) **特別受益の持戻し免除との関係**

相続分の指定がされたとしても，共同相続人の中に特別受益者がいる場合には，その特別受益に相当する額は遺産の前渡しがあったものとして，相続開始時の遺産に持ち戻して加算される（903条1項）。しかし，被相続人がこれにあえて言及せずに相続分の指定をした場合には，被相続人の死亡時に存在する相続財産について，指定した割合で共同相続人に取得させようとする意思があったものとされる。一般的に見て，特別受益の持戻しを免除する意思があったものと解されることが少なくないように思われる（最決平24・1・26（判タ1369号124頁）の事案において原審が認定した「贈与の持戻し免除の意思表示」の場合がそうではなかったかと推測される）。

(2) **指定相続分と登記**

相続分の指定を受けた相続人が遺産である不動産についての指定相続分を第三者に対抗するには，登記を要するかの問題である。指定相続分は法定相続分と同様の本来的相続分であるから，その効力は法定相続分と同様に絶対的であり，対抗要件としての登記は不要とされる（最判平5・7・19家月46巻5号23頁）。

(3) **指定相続分と相続債務の分担**

遺産の中に相続債務がある場合に，相続人の内部間における債務の分担は指定相続分の割合によると解してよいのだろうか。この問題については，相続人のうちの1人に対して財産全部を相続させる旨の遺言がされた場合に当該相続人が相続債務も（法定相続分の割合ではなく）すべて承継するかが争点とされた遺留分減殺請求事件において，これを肯定する判断が示されたが，債権者との関係では，債権者の関与なくされた相続分指定の効力は債権者には及ばないとされた（最判平21・3・24民集63巻3号427頁参照）。

4　包括遺贈との異同

(1)　包括遺贈とは

「遺贈」とは，遺言によって，自らの財産の一部又は全部を無償で他人に与えることをいう（964条）。このうち，与える対象が全財産に対する一定の持分割合（例えば3分の1など）で示されるときの遺贈を「包括遺贈」（あるいは「割合的包括遺贈」）といい，与える対象が特定物としての財産（例えば甲土地，乙建物など）によるときの遺贈を「特定遺贈」（あるいは「特定物遺贈」），さらに，与える対象が特定財産の集合体としてのすべてに及ぶときの遺贈を「全部遺贈」（あるいは「全部包括遺贈」）という。遺贈をする被相続人を「遺贈者」，遺贈を受ける者を「受遺者」という。

指定相続分との関係において問題となるのは，このうちの包括遺贈である。包括遺贈も，指定相続分と同様，遺産全体に対する「割合」で表されるものだからである。これに対し，特定遺贈や全部遺贈は，その対象となる遺産はいずれも具体的な権利移転効（物権的効力）によって直接受遺者に帰属することになるから，それは第5章第2節で述べる特別受益の問題となる。

(2)　包括遺贈と指定相続分の関係

包括遺贈における遺言者（被相続人）の意図は，自己の遺産全体からその指定した割合による価値相当額を特定の者（受遺者）に取得させることにある。そのため，包括遺贈の対象は，特定の遺産ではなく，遺産全体に対する持分（割合）で表されることになるので，それによって直ちに権利移転効が生じることはなく，その後の遺産分割によって取得分が決定される。これはまさしく指定相続分と類似の内容である。

民法990条は「包括受遺者は，相続人と同一の権利義務を有する」と定め，包括受遺者が相続人そのものではないことを前提としつつ，遺産承継人たる相続人と同一の権利義務を有することを規定している。これは，民法にいう相続が同法886条から890条に定める法定相続人を念頭に置いた財産の承継であるとともに，包括遺贈が相続でないことを表している。ただし，そのような意味での相続（法定相続人への財産の承継）を原則としつつも，被相続人が自己の財産に対する意思表明の手段の1つとして包括遺贈が認められていると

解される。

(3) **対象者の範囲**

指定相続分の対象者（A）は相続人だけである（902条）のに対し，包括遺贈の対象者，つまり包括遺贈の受遺者（包括受遺者）（B）は相続人に限らず第三者も含む（964条）とされている。したがって，前者は後者に内包される関係（A⊂B）にあるが，この関係が具体的に何を意味するのかについては，以下のようにその場面によって異なってくる。

(a) **相続人に対して包括遺贈の文言で指定がされる場合**

遺贈者が相続人に対して包括遺贈する旨の指定（遺言）をした場合，これは包括遺贈となるのか相続分の指定となるのかが問題となる。

先に触れたように，民法990条は「包括受遺者は，相続人と同一の権利義務を有する」と定めていることから，包括遺贈は第三者を念頭に置いたものと見ることができる。相続人に対する包括遺贈は，指定相続分について定めた民法902条が独立して設けられていることからも，原則として，同条の相続分の指定があったものと見て差し支えないと考えられる。

また，相続人に対して包括遺贈の遺言が行われ，その相続人が遺言者（被相続人）よりも先に死亡したときには，この遺言を相続分の指定とすれば代襲相続に伴う指定相続分の承継の問題が生じ，包括遺贈とすれば民法994条に基づく受遺者死亡による包括遺贈の失効が問題となる。いずれに認定すべきか，慎重な吟味を必要とする場面である。

(b) **第三者に対して包括遺贈の文言で指定がされる場合**

遺贈者が第三者に対して包括遺贈する旨の指定（遺言）をした場合には，上述のとおり民法990条により，その第三者は相続人と同一の権利義務を有することとなるから，遺言者による相続人の指定ときわめて類似したものとなる。

包括受遺者となった第三者は，相続人とともに遺産共有の状態になり，債務も承継し，遺産分割にも参加することになる。とくに相続の承認・放棄の熟慮期間との関係において見た場合，包括遺贈における承認・放棄は，本来の相続人がする承認・放棄と同じ手続で行われることになる（990条・915条）。ちなみに，特定遺贈では，「いつでも遺贈の放棄ができる」とされている

(986条)。

【設例4-20】第三者に対してのみ包括遺贈の指定がある場合

> 被相続人Hの相続人はA，B，Cの3人であるが（法定相続分は平等），第三者Xに1割の包括遺贈をした。このときA，B，Cの相続分の割合はどうなるか。

① 受遺者Xに対する包括遺贈分の1割を控除した残りの9割が，A，B，Cの3人によって平等に分けられることになる。
② その結果，A，B，Cの3人にはいずれも3割ずつの相続分の指定がされたことと同じになる。

【設例4-21】第三者と相続人の一部に対して包括遺贈の指定がある場合

> 被相続人Hの相続人は妻Wと子A，Bの3人である。公正証書遺言があり，「自分の財産のうち，1/3をX市に，1/6を子Bに譲る」という内容であった。このとき，それぞれの相続分はどうなるか。

① 遺言により，包括遺贈の指定を受けた第三者と相続人とが併存する場合である。
② 相続開始時の遺産に対する指定された持分割合は，X市が1/3，子Bが1/6である。残余の相続分の1/2〔＝1－（1/3＋1/6）〕は，未指定相続人である妻Wと子Aに，それぞれの法定相続分の大きさ（W：A＝2：1）に応じて按分帰属することになるので（配偶相続人がいる場合における一部の子への相続分の指定。【設例4-15】の平等説による「按分方式」参照），それぞれの持分割合はWが1/3（＝1/2×2/3），Aが1/6（＝1/2×1/3）となる。
③ よって，例えば相続開始時の遺産が600万円であるならば，Xを含むそれぞれの取得額は次のようになる。
　　・W→　600万円×1/3＝200万円
　　・A→　600万円×1/6＝100万円
　　・B→　600万円×1/6＝100万円

・X→　600万円×1/3＝200万円

(c) 遺言執行者がある場合

民法1013条は，「遺言執行者がある場合には，相続人は，相続財産の処分その他遺言の執行を妨げるべき行為をすることができない。」と定めているが，これと同様に，包括遺贈のある遺言について遺言執行者がいる場合には，受遺者も，相続人と同じく相続財産の処分その他の執行を妨げる行為をすることはできないとされている（東京地判平14・2・22家月55巻7号80頁）。

(4) 相続人への相続分指定と第三者への包括遺贈との異同（まとめ）

相続人に対する相続分の指定と，第三者に対する包括遺贈（第三者だけの場合と第三者を含む場合）とを比較し，その相違点をまとめると，以下のようになる。

(a) 法人には相続能力がないから相続分の指定ということはありえない。しかし，法人（例えば学校法人，宗教法人，社会福祉法人，○○県などの自治体）には，遺贈を受ける資格，すなわち包括受遺能力はある。

(b) 上述のとおり，指定相続分の場合は対象が相続人であることから，代襲相続の問題が発生する。しかし，包括受遺分の場合は遺贈が効力を生ずる前に受遺者が死亡した時に遺贈自体が失効するので（994条），そもそも包括遺贈の代襲ということはありえない。

「包括受遺者が死亡した場合には，その子が受遺分を受ける」旨の遺言は可能であるが，その場合の子は，停止条件付包括受遺者であり，包括遺贈の代襲者ではない。

【設例4－22】包括受遺者が被相続人よりも先に死亡した場合の遺贈の効力

> 被相続人Hは第三者Xに遺産の1/3を包括遺贈する旨の遺言を作成したが，XはHより先に亡くなった。Xの死亡の後，Xの子x_1は遺産について権利を主張することができるか。

① Xが本来の相続人であれば，Xについての代襲相続が問題になるが，包括遺贈には民法994条1項の適用があり，XがHより先に死亡したことによって

Xへの包括遺贈は効力を失うため、Xの子x₁はHの遺産について何らの権利も有しない。
② ただし、Hが「Xに遺産の1/3を包括遺贈する。もしXが自分より先に死亡していたときには、x₁に1/3の包括遺贈をする。」旨の遺言をしていた場合には、x₁は権利を有することになる。その場合は、Xへの包括遺贈のほかに、x₁への停止条件付包括遺贈があったこととなり、Xの死亡によってXへの包括遺贈は失効するものの、x₁への包括遺贈の条件が成就することによって権利を取得するのである（994条2項）。x₁はXを代襲相続したわけではない。
③ なお、この代襲相続との関連で、いわゆる「相続させる遺言」（後述本節 6 参照）において当該遺言により遺産を相続させる者としてその名が記されていた者（推定相続人）が、遺言者の死亡以前に亡くなった場合は、代襲は起こらず無効となる旨を明らかにした近時の判例（最判平23・2・22民集65巻2号699頁）がある。

【設例4-23】包括受遺者の相続開始前の死亡による遺贈の効力

> 被相続人Hの相続人は、妻Wと亡子Aの息子であるaの2人である。Hは、「妻Wに1/3を、第三者Xに1/3を、第三者Yに1/3をそれぞれ包括遺贈する」旨の公正証書遺言をしていた（その結果、亡子Aに指定された包括遺贈分は「0」となる）。Hの相続が開始した時点において子Aは死亡しており、受遺者である第三者Xもすでに死亡しているが、同じ受遺者の第三者Yは健在である。Hの遺産分割の当事者となる者と本来的相続分の割合はどのように確定されるべきか。

① 相続人は、妻W（本位相続人）と亡子Aの息子であるa（代襲相続人）の2人であり、その法定相続分は同等の1/2である。遺言により、相続人と第三者への包括遺贈があることから、遺産の分割当事者と分割割合については包括遺贈の規定（994条）が適用される。
② 相続開始時において第三者の受遺者Xはすでに死亡しているので、そのXに対する1/3の包括遺贈の指定は無効となる（994条1項）。では、この無効となったXの包括受遺分の1/3は誰に帰属するのか。この点、第三者に対する包括遺贈の割合は修正が予定されない固定のものであると解されているので、こ

の1/3はもう一方の第三者Yには帰属せず，相続人だけに帰属することになるが（995条），包括遺贈分が「0」の子Aの代襲者aにも帰属するのであろうか。

③ 遺言の趣旨が，「被相続人と不仲であったことから子Aの包括受遺分，すなわち指定相続分を0とした」というものであったならば，子Aの代襲者aはその父Aが被相続人Hから受けるべき相続利益の限度でAの地位を承継することになるから，Hの意思によりAの相続分は「0」となり，その承継者であるaにも帰属しないことになる。したがって，Xの1/3はその全部が相続人Wだけに帰属する。

④ ただし，指定相続分が「0」である代襲相続人aは，WとYに対して遺留分減殺の請求をすることができる（その場合の計算方法等については後述本節 7 参照）。

⑤ 以上のことから，Xへの遺贈は無効となるため，相続開始時の遺産はW, a, Yの3人が次の持分割合で共有していることとなり，かつ，その3人が遺産分割の当事者となる。

・W→　1/3＋1/3＝2/3
・a→　0
・Y→　1/3

⑥ なお，指定相続分が「0」のaが遺留分減殺請求をしなかった場合，相続開始時の遺産はW＝2/3, Y＝1/3の持分による共有となっているから，遺産分割の処理の関係で，aに格別の利害関係（遺産の不動産に相続登記がされているなど）がない場合には，職権によりaを遺産分割手続から排除すべきかどうか（家手43条1項・258条1項）が検討されることになる。

(c) 共同相続人に相続放棄（915条）がある場合，あるいは他の包括受遺者が遺贈を放棄した（990条・915条）場合，それによって相続分が増加するのは相続人の本来的相続分（指定相続分又は法定相続分）についてだけであり，包括受遺者の包括受遺分には影響しない（995条本文）。

【設例4－24】相続人の1人が相続放棄をした場合における包括受遺者への影響

被相続人Hには，相続人として子A，Bの2人があり，第三者Xに遺産の

1/3を与える旨の遺言をして亡くなった。子Aが家庭裁判所で相続放棄をしたとき，各人の財産の帰属割合はどうなるか。また，A，Bがともに放棄した場合はどうか。

① 相続放棄がなければ，A，Bの相続分は等しいから，Xの受遺分（1/3）を控除した2/3がA，Bに均分され，結局A，B，Xともに1/3ずつを取得することになる。もしXが第三者でなく，本来の相続人である場合には，Aが相続放棄をすれば，その相続分の1/3の半分の1/6がB，Xのそれぞれに追加され，B，Xはいずれも1/2ずつを取得する。Bも放棄すれば，Xが全遺産を取得する。

② しかし，Xは本来の相続人ではなく，その受遺分の割合は変動しないから，(i)Aが放棄すれば，その相続分の1/3はBだけに追加されて，B＝2/3（＝1/3＋1/3），X＝1/3となる。(ii)Bも放棄すれば，その2/3は次順位相続人（例えば被相続人Hの父）にまわり，Xは1/3のままである。(iii)なお，次順位相続人がなければ，相続人不存在の手続が開始するかXに帰属するかの問題が生じることになるが，見解は分かれている。

＊包括受遺者は存在するが相続人が存在しない場合の問題

　　上述(iii)に関連して，相続人はいないが遺産の全部を包括遺贈された受遺者がいる場合，それが民法951条にいう「相続人のあることが明らかでないとき」にあたるか否かが問題となる。

　　この点が争われた事件において，最高裁は該当しないとした（最判平9・9・12民集51巻8号3887頁）。このように解さないと，包括受遺者は相続人と同一の権利義務を有するのに，必ず清算手続を経なければならなくなり，結果的に，限定承認を強制されたような形になるからである。

(d) 指定相続分の割合は，生前贈与などによって具体的相続分の割合（＝分配取得率）に修正される可能性があるが，包括受遺分の割合は修正されない。この修正の可能性の有無は，相続分算定においては重要である。

(e) 遺産の中に不動産が含まれている場合，相続による登記は，相続を証する書面（戸籍謄本（戸籍全部事項証明書），遺言書など）を添えて登記権利者（相続人）だけで単独申請（不登63条2項）をすることができるが，遺贈による登記は（特定遺贈であれ包括遺贈であれ）登記権利者たる受遺者と登記義務者たる

遺言執行者又は相続人との共同申請（不登60条）によらなければならないとするのが実務・判例である。また，登記原因について，前者については「相続」であり，後者の包括遺贈については特定遺贈と共通の「遺贈」であるとされている。

　(f)　相続人が指定相続分の割合で受けた不動産取得を第三者に対抗するには登記を必要としないが（最判平5・7・19家月46巻5号23頁），包括受遺者の持分の割合は登記をしないと第三者に対抗できない（東京高判昭34・10・27判時210号22頁）。遺贈は被相続人の意思表示による権利の変動であって，単に権利の承継である相続とは異なるからである。

　(g)　共同相続人の1人がその相続分を第三者に譲渡したときは，他の共同相続人は相続分取戻権を有するが（905条），包括受遺者にはないと解されている。

　(h)　相続人には遺留分権があり，したがって指定相続分が遺留分に満たないときには遺留分減殺請求権が発生する。しかし，第三者にはそもそも遺留分権自体がないから，たとえ僅少割合による包括遺贈であってもそれが遺留分発生の権原となることはありえない。逆に，ある相続人の遺留分率の侵害が発生する場合には，第三者の包括受遺分の全体は（その多寡にかかわらず）常に減殺対象とされる。

　(i)　保険金受取人として「相続人」という指定がされている場合，包括受遺者はそこにいう相続人には含まれない（最判昭40・2・2民集19巻1号1頁）。

⑤　遺産分割方法の指定との異同

　「相続分の指定」が制度として認められた趣旨は，被相続人が共同相続人の個々の事情を考慮して具体的に公平な相続分を定めることが期待できる点にあるとされる。民法は，同様の目的のために，「遺産分割方法の指定」（908条）も用意している。前項で検討した包括遺贈との関係もそうであるが，いずれも相続分の指定との外延が曖昧であり，相続分の指定との分水嶺を不明瞭にしている。

　以下では，相続分の指定と遺産分割方法の指定の異同について検討していくが，遺産分割方法の指定は，遺言者の意思によって，①相続人らによる遺

産分割を前提とする場合と②遺産分割を前提としない場合とがあるので，それぞれに分けて見ていく。

(1) 「遺産分割」を前提とした遺産分割方法の指定

被相続人は，遺言で自ら遺産分割の方法を指定するか，第三者に遺産分割方法の指定を委託することができる（908条）。

遺産分割方法の指定の内容については，遺言者又は受託者の自由に委ねられているが，少なくとも各相続人の相続分の割合を変動させるような指定は，純然たる遺産分割方法の指定とはいえないというべきである。なぜなら，相続分の割合の変更を伴う指定（遺言）については，「相続分の指定」の制度があり，それを規定した902条が優先的に適用されるからである。したがって，純粋な意味での遺産分割方法の指定には，相続分の指定は含まれない。

このような純粋型の遺産分割方法の指定は，相続分を具体的な割合で示すことや特定の財産の帰属先を特定するのではなく，ただ単に現物分割や換価分割などといった遺産分割の方法を指定するものである。例えば，「甲宅地を売却して金銭で分けよ」などがその例であるが，指定（遺言）がこのような遺産分割の方法に関する指針を示したにすぎないものであるときには，それだけでは具体的な効力（法定相続分の修正や権利の処分など）は発生せず，権利確定のためにはさらに遺産分割が必要となる。

相続分算定の観点から見ると，「相続分の指定」は相続分算定の起点での問題であるが，「遺産分割方法の指定」はその終点での問題といえる。したがって，遺産分割方法の指定とは，理念的には，確定した相続分の評価額を前提として，その価額に合致するよう個別の財産をどのように各相続人に割り付け調整するかの方法を定めることであると定義することができよう。

(2) 「遺産分割」を前提としない遺産分割方法の指定

遺産分割方法の指定は，上記の純粋型（理念型）はそれほど多くなく，一般的には特定財産の帰属先を指定する方法により，相続分の指定も間接的に含んだ形のものでされるのが通例である。例えば，「預金は妻に，不動産は長男に，有価証券は長女に分けよ」などである。

判例は，「甲不動産をAに相続させる」というような形の遺産分割方法の指定がされた場合について，「相続開始と同時に甲不動産はAに帰属し，も

はや遺産分割の手続を要しない」という解釈を示した（最判平3・4・19民集45巻4号477頁）。この場合は、遺産分割方法の指定が、分割の協議を不要にするという意味で、遺産分割の手続の機能を果たしており、特定物の指定自体に権利移転効があるとしたのである。

したがって、上記の純粋型ではない遺産分割方法の指定がされた場合には、その指定された財産は、相続の開始と同時に当然に被指定者に承継取得されることとなり、相続分算定においては、第5章の具体的相続分を算定する際の特別受益として考慮されることになる。

権利移転効があるという点において、遺産分割方法の指定は特定遺贈（包括遺贈は除く）と類似しているが、両者の異同については後述本節 6 (3)にまとめているので、そちらを参照されたい。

　＊いわゆる「相続分の指定を伴う遺産分割方法の指定」
　　上例の「預金は妻に、不動産は長男に、有価証券は長女に分けよ」というような特定物による指定がされた場合に、それをどのように捉えるかについては見解の対立があった。
　　1つは、その特定物の価額が遺産全体に占める割合に着目し、その割合によって相続分が間接的に指定されたと見る見解である。とくに、その割合が指定を受けた名宛相続人の法定相続分の割合を超過するときには「相続分の指定を伴う遺産分割方法の指定」があったと説明される。この考え方は、元来、具体的な権利取得には遺産分割手続を経由することが必要であるとする伝統的解釈に立つものである。
　　この考え方に対しては、遺言者（被相続人）の意思が名宛相続人に指定した財産を取得させることにあり、過不足の調整を予定していないと認められるときには、「特定物の遺贈」ないし「相続させる遺言」があったと解するのが相当とする見解があった（以上につき『遺産分割事件の処理をめぐる諸問題』45頁参照）。
　　このような見解の対立の中で、最高裁は後者の見解に従い、特定物の指定自体に権利移転効があるとの判断を示したことは上述のとおりである。

6 相続させる遺言との異同

(1) 「相続させる遺言」（「相続させる旨の遺言」）とは

遺言では「相続させる」という文言が使われるのが一般的であるが、この

「相続させる」の意味をどのように解釈するかについては、さまざまな見解の対立があった。

この問題について、前述の最高裁判所平成3年4月19日判決は、遺産分割方法の指定と解するとの判断を示し、従前の議論に一応の決着をつけた。

判決の要旨は、大きく分けると、次の2つがある。

(i) 特定の遺産を特定の相続人に「相続させる」趣旨の遺言の解釈

特定の遺産を特定の相続人に「相続させる」趣旨の遺言は、遺言書の記載から、その趣旨が遺贈であることが明らかであるか、又は遺贈と解すべき特段の事情のない限り、当該遺産を当該相続人に単独で相続させる遺産分割の方法が指定されたものと解すべきであるとした。つまり、誰にどの財産を取得させるかをあらかじめ指定できるとする。

(ii) 特定の遺産を特定の相続人に「相続させる」趣旨の遺言があった場合における当該遺産の承継

特定の遺産を特定の相続人に「相続させる」趣旨の遺言があった場合には、当該遺言において相続による承継を当該相続人の意思表示にかからせたなどの特段の事情のない限り、何らの行為を要せずして、当該遺産は、被相続人の死亡の時に直ちに相続により承継されるとした。つまり、この種の遺言は、「遺産分割方法の指定」の性質であるが、それは単なる分割方法の準則にとどまるものではなく、遺産分割手続を経ないで、特定の遺産が特定の相続人に当然に移転する効果（物権的な権利移転効）を伴うものとした。

(2) 「相続させる遺言」の趣旨

「相続させる」という文言は、公証事務において、従来一般的に用いられてきた「遺贈する」との文言に代わるものとして使用し始め、現在では、公正証書遺言ではほとんどがこの文言を用いるようになっている。その影響を受けてか、自筆証書遺言においてもかなり一般的に用いられている。「相続させる」という文言は、遺言による財産承継の態様が包括承継の側面がある反面で、遺産分割を不要とする指定分割（第6章第2節 **2** (2)(c)参照）の側面がある趣旨を表現することを意図しているとされる。

(3) 「特定遺贈」と「相続させる遺言」の共通点と相違点

前記最判平成3年4月19日によれば、「相続させる遺言」は原則として

「遺産分割方法の指定」であるとされるから，本題のテーマは「特定遺贈」と「遺産分割方法の指定」との関係においても成り立つことに注意する。

　(a)　特定遺贈も相続させる遺言も，その受益者に物権的な権利移転効を及ぼす点で共通する。受益者以外の他の相続人が遺留分減殺請求権を行使することができる点でも同じである。

　(b)　特定遺贈は，遺言者の死亡以前に受遺者が死亡したときは，その効力を生じない（994条１項）。「相続させる」とされた推定相続人が遺言者の死亡以前に死亡した場合にも，その効力は生じない（最判平23・２・22民集65巻２号699頁）。

　(c)　特定遺贈はその相手方は相続人である必要はないが，相続させる遺言の相手方は相続人に限られる。

　(d)　受益財産を欲しない場合，特定遺贈であれば民法986条１項により放棄することができるが，相続させる遺言では相続そのものを放棄しない限り（つまり相続放棄をしない限り），その遺産を放棄することができない。相続放棄があると，その時点に遡って，その遺産が相続されなかったことになる。

　(e)　登記手続は，特定遺贈の場合は受遺者と登記義務者たる相続人との共同申請になるが，相続させる遺言では受益者の単独申請で移転登記が可能である（昭47・４・17民事局長通達，最判平７・１・24判時1523号81頁）。

　(f)　被相続人から受益者への登記による権利移転の対抗力の点で，特定遺贈（意思介入：特定承継→相対効）と相続させる遺言（意思不介入：一般承継→絶対効）との間には重要な違いがある（【設例４－25】参照）。

【設例４－25】遺贈（特定遺贈・包括遺贈）があった場合の対抗要件

>　被相続人Hが死亡し，相続人は子A，Bの２人である。Hは遺言でBに甲不動産を遺贈した。ところが，Hの死後，Bが遺贈による所有権移転の登記をしない間に，相続人の１人Aの債権者Zが，Aに代位して甲不動産にAを含む共同相続人全員のために共同相続登記を経由した上，Aの持分1/2について差押えの登記をした場合，Bは遺贈による所有権の取得を，登記なくしてZに対抗できるだろうか。

① 最高裁は，設例の事案において，「遺贈の場合においても不動産の二重譲渡等における場合と同様，登記をもって物権変動の対抗要件とするものと解すべきである」として，Zを勝たせた。
② つまり，特定遺贈は被相続人の意思表示によって物権変動の効果を生じる点で生前贈与と異なるところはないから，特定遺贈が効力を生じた場合においても，特定遺贈を原因とする所有権移転の登記がされない間は，完全に排他的な権利変動を生ぜず，不動産の二重譲渡の場合と同様，登記なくして第三者に対抗することはできないとした（最判昭39・3・6民集18巻3号437頁）。
③ 以上は特定遺贈についての判断であるが，（例えば財産全部の1/2をAに遺贈するなどの）包括遺贈についても，被相続人の意思表示によって物権変動の効果を生ずる点では特定遺贈と同じであるから，やはり登記が必要と考えられる。上記判例も特定遺贈とはいわず，「遺贈」とだけいっているので包括遺贈についても登記を要求するものと読むことができよう。
④ これに対して，包括受遺者は相続人と同一の権利義務を有するとされていることを根拠に，包括遺贈については，相続の場合と同様に，対抗問題を生じないとする登記不要説もある。しかし，包括遺贈による持分権1/2の不動産の取得は，相続とは異なり，その登記がない限り，差押債権者や相続人からの譲受人などの第三者に対抗できないとする登記必要説の立場が多数説である。なお，不動産につき被相続人から生前贈与を受けた者と相続開始と同時に包括遺贈により当該不動産を取得した者との間では対抗関係にあるものとして登記必要説に立つ近時の高裁の裁判例（大阪高判平18・8・29判時1963号77頁）がある。
⑤ 設例において，遺言の内容が遺贈ではなく，相続させる（旨の）遺言であった場合には，遺贈と同様に対抗要件としての登記の要否が問題となる。これについて，最高裁平成14年6月10日判決（判時1791号59頁）は，平成3年判決（最判平3・4・19民集45巻4号477頁）を引用して，相続させる（旨の）遺言があった場合には，特段の事情がない限り，何らの行為を要せずに，被相続人の死亡の時に直ちに当該遺産が当該相続人に承継されるものと解すべきであるとした上，相続させる（旨の）遺言による権利の移転は，法定相続分又は指定相続分の相続による場合とその本質において異なるものではないから，これらの場合と同様，登記なくして第三者に対抗することができるとの判断を

示した。遺産である当該不動産については、遺産分割を経ることなくして直ちに当該相続人に権利取得させる「遺産分割方法の指定」が被相続人によってされたことになる。

⑥　つまり、遺贈（特定遺贈・包括遺贈）は、「被相続人の意思」という行為を原因として、被相続人と受遺者との間で相対的に発生する特定承継、すなわち譲渡であるから、二重譲渡があったものとして対抗要件での処理となり、これに対して、相続させる（旨の）遺言は、「被相続人の死亡」という事実を原因として、被相続人と相続人との間で絶対的に発生する包括承継、すなわち相続であるという点が（被相続人の意思という側面よりも）重視されたことから、一定の権利を有する第三者との間においてであっても対抗要件による処理とはならないのである。

⑦　要するに、前者の場合は、完全に排他的な権利を有しない者同士間における互角の争いの場面であるから対抗要件による決着が必要であるが、後者の場合は、死亡の事実により完全に排他的な権利変動が発生していることから相続で取得した権利主張について登記は必要とされないことになるのである。まさに、動的安全の保護と静的安全の保護のいずれを優先させるべきかの判断が要請される場面である。

７　遺留分減殺により修正された指定相続分

(1) 遺留分とは

(a) 遺留分の意義

　本来的相続分（法定相続分・指定相続分）のうち、一定の相続人のために法律上必ず留保（遺留）しなければならないとされている最低限の遺産の割合のことを「遺留分」という。遺言によって自由に処分できる割合を被相続人の側から見て「自由分」というのに対して使われる。

　被相続人は、生前と同様に自分の財産を遺言によって自由に処分することができるのが原則である。しかし他方、被相続人には相続人の生活を保障する責任があり、また被相続人の財産には相続人の潜在的持分が含まれていることが多く、これを顕在化させる必要がある。このようなことから、相続人は、被相続人の財産に関して一定の権利を有していると考えられており、そ

第2節　指定相続分　　7　遺留分減殺により修正された指定相続分　　137

の権利に基づいて被相続人が行った遺言を否定して，その最低限の財産を取得する（取り戻す・遺留する）ことができるとされている。この最低限の財産が「遺留分」であり，遺留分の保障を受ける権利を「遺留分権」，遺留分の保障を受ける者，すなわち遺留分権を有する者を「遺留分権利者」という。

(b)　遺留分権利者の範囲

遺留分権利者は，相続人のうち，被相続人の配偶者，直系卑属，直系尊属である。兄弟姉妹は除外される。子の代襲相続人も遺留分権利者となりうる。相続欠格者，相続を廃除された者，相続放棄をした者は相続権がないので遺留分もないが，相続欠格及び相続人の廃除の場合には代襲者が相続人となるので，その者が遺留分権利者となる。

(c)　遺留分の割合（＝遺留分率）

遺留分の割合（これを「遺留分率」という）は，民法1028条によれば，①直系尊属のみが相続人である場合は，被相続人の財産の3分の1，②その他の場合は，被相続人の財産の2分の1である。この割合は，遺留分権利者全員が相続財産全体に対して有する割合のことであり，「総体的遺留分率」とよばれる。これに対し，遺留分権利者が複数いる場合において各遺留分権利者が相続財産全体に対して有する割合は「個別的遺留分率」とよばれ，総体的遺留分率に各遺留分権利者（すなわち相続人）の法定相続分（率）を乗じて算定される。例えば，相続人が被相続人の妻Wと子A，Bの3人である場合，各相続人の個別的遺留分率は，次のようにして算定する。

・Wの個別的遺留分率→　1/2（総体的遺留分率）×1/2（法定相続分率）＝1/4
・Aの個別的遺留分率→　1/2（総体的遺留分率）×1/4（法定相続分率）＝1/8
・Bの個別的遺留分率→　1/2（総体的遺留分率）×1/4（法定相続分率）＝1/8

(d)　遺留分の価額の算定方法

遺留分の額を算定するにあたっては，まず遺留分算定の基礎となる財産（の額）を確定しなければならない。そのもととなる財産は相続開始時の遺産であるが，それ自体ではない。民法1029条によれば，遺留分算定の基礎となる財産は，相続開始時の遺産（これには「遺贈」も含まれる）に「贈与」を加え，そこから債務の全額を控除して得た額であるとされている（1029条1項）。ここにいう「贈与」とは，相続開始前1年間にされた生前贈与，及び，それ以

■個別的遺留分額の計算式

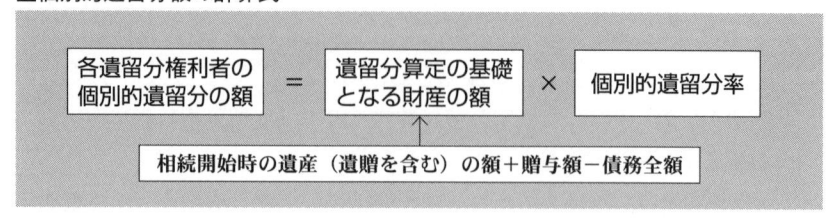

$$\text{各遺留分権利者の個別的遺留分の額} = \text{遺留分算定の基礎となる財産の額} \times \text{個別的遺留分率}$$

遺留分算定の基礎となる財産の額 ＝ 相続開始時の遺産（遺贈を含む）の額＋贈与額－債務全額

前の贈与でも当事者双方が遺留分権利者に損害を加えることを知ってした贈与をさす（1030条）。

こうして得られた遺留分算定の基礎となる財産の額に，上述の個別的遺留分率を乗じて各遺留分権利者の遺留分の額を算定するのである。以上を図式にして表すと，上のとおりである。

(e) 遺留分減殺請求権

(イ) 意　　義

被相続人が行った贈与や遺贈によって，相続人の相続分が遺留分を下回ってしまうことがある。これを「遺留分の侵害」という。遺留分の侵害がある場合には，遺留分権利者である相続人及びその承継人は，自己の遺留分を取り戻すために，受贈者や受遺者に対して遺留分の減殺を請求すること（遺留分減殺請求）ができる。この請求権を「遺留分減殺請求権」という。

民法1031条は，遺留分減殺請求の対象となる行為を「贈与」及び「遺贈」と定めている。しかし，「相続分の指定」について規定する民法902条1項ただし書が「被相続人又は第三者は，遺留分に関する規定に違反することができない」と定めていることから，「相続分の指定」も遺留分減殺請求の対象になると解されている。本項 7 のテーマである「遺留分減殺により修正された指定相続分」の根拠がここにある。

なお，遺留分侵害の有無については，実際には，まず遺産がどれだけあるのかを確定し，次に，それを基礎として各相続人の「相続による純取り分額」と「個別的遺留分の額」を算定し比較して判断しなければならない。しかし，以下では，問題を単純化するために，相続分の割合と遺留分の割合を比べ，前者（相続分の割合）が後者（遺留分の割合）を下回っている場合に侵害

があったものとする。

　(ロ)　行使と効果

　遺留分減殺請求は，減殺の対象となる受贈者や受遺者に対する一方的な意思表示だけで効力を生じる（形成権。通説・判例）。裁判などによる行使は必要ではない。ただし，実務においては，後々のトラブルを避けるため，遺留分減殺請求の日付や内容を明らかにしておくことが有効であるので，内容証明郵便によって行うのが一般的である。

　判例によれば，形成権たる遺留分減殺請求権の行使により，直ちに物権的な権利移転効が生じる。その結果，被相続人が行った贈与や遺贈は遺留分を侵害する限度で効力を失い，受贈者や受遺者が取得した権利はその限度で当然に遺留分減殺請求をした遺留分権利者に帰属することとなり（最判昭51・8・30民集30巻7号768頁，最判平11・6・24民集53巻5号918頁），遺留分権利者は物権的請求権又は不当利得返還請求権に基づいて目的財産の引渡しを請求することができる。これに対し，遺留分侵害者は遺留分を侵害する限度において目的物の返還又は価額弁償を要することになる。

　遺留分減殺請求によって取り戻された財産は，遺留分侵害者と遺留分権利者との共有となるが，両者の共有関係は遺言の類型により2つに分類される。

　まず，特定遺贈（全部遺贈を含む）や相続させる遺言の効力が生じると，原則として，対象財産は相続財産から離脱し，受遺者に移転する。それにより，遺留分権利者が自己の遺留分を侵害された場合には，遺留分減殺請求の意思表示によって，遺留分不足に相当する財産は遺留分権利者へ移転すると解されている。これに対し，相続分の指定や包括遺贈は，原則として相続財産全体の持分割合が遺留分を侵害する限度において修正されるにとどまり，個別的な財産の移転は生じず，遺留分権利者と遺留分侵害者は遺産共有の関係となり，遺産分割の手続によって共有解消が図られることとなる。

　(ハ)　減殺の順序

　遺留分の減殺は，遺贈，贈与の順でする（1033条）。

　遺贈の減殺は，その目的の価額の割合に応じて行うが，遺言者がその遺言に別段の意思を表示したときは，その意思に従う（1034条）。なお，後述の最判平10・2・26は，相続人に対する遺贈が遺留分減殺の対象となる場合には，

遺贈の目的の価額のうち受遺者の遺留分額を超える部分のみが民法1034条にいう目的の価額にあたると判示した。

贈与の減殺は，後の贈与から順次前の贈与に対して行う（1035条）。

(ニ) 行使の期間

遺留分減殺請求権は，遺留分権利者が，相続の開始及び減殺すべき贈与又は遺贈があったことを知った時から1年間行使しないときは，時効によって消滅する。相続開始の時より10年を経過したときも同様である（1042条）。

民法1042条にいう「減殺すべき贈与のあったことを知った時」とは，「遺留分権利者力単ニ被相続人ノ財産ノ贈与アリタルコトヲ知ルノミナラス其贈与ノ減殺ス可キモノナルコトヲ知リタル時」（贈与の事実を知るだけでなく，その贈与が減殺できるものであることを知った時）をいうとされる（大判明38・4・26民録11輯611頁）。

(f) 遺留分の放棄

遺留分権利者は，遺留分を放棄することができる。ただし，相続開始前に遺留分の放棄をする場合は，家庭裁判所の許可が必要となる（1043条1項）。相続開始後の遺留分の放棄は自由であるので，家庭裁判所の許可は必要とならない。相続人の1人が行った遺留分の放棄は，他の相続人の遺留分に影響を及ぼさない（1043条2項）。

遺留分の放棄をしても，相続の放棄をしたことにはならない。遺留分を放棄した者も，相続が開始すれば当然に相続人となることに注意する。

遺留分の放棄は，相続人の1人に遺産のすべてを相続させるような場合に，それ以外の相続人によって行われることが多い。

(2) **過大な相続分指定に対する遺留分減殺による相続分の修正**

遺留分侵害を生じさせる相続分の指定（「過大な相続分指定」ともいう）に対して遺留分減殺請求がされた場合，減殺請求の形成的効果によって，遺留分権利者と遺留分侵害者の持分割合が修正され，この修正された相続分が当初の指定相続分に代わる本来的相続分と位置づけられることになる。そのため，原則として個別的な財産の移転は生じず，遺留分侵害者と遺留分権利者はその修正された持分割合による遺産共有の関係となり，その解消は遺産分割手続によるべきこととなる。したがって，遺留分減殺が過大な相続分指定に対

するものである限りは、専ら遺産分割事件としての処理がされることになる。

なお、過大な相続分指定であるか否かの判断は、指定相続分の割合と個別的遺留分率を比較し、前者が後者を下回っている場合にはそれがあったものと判断することができる。

【設例4－26】過大な相続分指定でないため遺留分減殺の対象とならない場合

> 被相続人Hは、遺言によって、相続人3人全員の指定相続分を「妻W、長男A及び次男Bはいずれも1/3ずつ」と定めた。各相続人の相続分はどのようになるか。

① W、A、Bのそれぞれの遺留分（個別的遺留分）は、次のとおりである。
　　・Wの個別的遺留分→　1/2（総体的遺留分率）×1/2（法定相続分率）＝1/4
　　・Aの個別的遺留分→　1/2（総体的遺留分率）×1/4（法定相続分率）＝1/8
　　・Bの個別的遺留分→　1/2（総体的遺留分率）×1/4（法定相続分率）＝1/8
② 3人の指定相続分はいずれも自己の遺留分よりも大きい。よって、各相続人の遺留分はいずれも満たされており、遺留分減殺請求権は生じない。
③ 以上により、指定相続分がそのまま各人の本来的相続分となる。

【設例4－27】過大な相続分指定に対する遺留分減殺による修正がされる場合(1)
　　――最高裁判例の減殺方法

> 被相続人Hの相続人は、妻Wとその間の子A、B、そして先妻の子としてC₁、C₂、C₃である。法定相続分は妻Wが1/2で、5人の子はいずれも1/10である（簡素化のため先妻の子は3人まとめてCとし、その相続分はまとめて3/10とする）。Hは遺言を残しており、「Wの相続分は1/2、AとBの相続分は各1/4、Cの相続分は0」とする内容の指定相続分であった。相続分が「0」とされたCは自己の遺留分の3/20を回復するため、W、A、Bの3人に対して遺留分減殺請求をした。修正相続分はどのようになるか。
> 　　　　　　（最決平24・1・26家月64巻7号100頁の事案をベースにする）

① 最高裁は、遺留分侵害の過大な特定遺贈があった事案において、遺留分減

殺の対象となるのは，遺留分侵害者の遺留分を超える受益額の部分であることをすでに示していたが（最判平10・2・26民集52巻1号274頁），これと同様に，遺留分侵害の過大な相続分指定についても，侵害者の遺留分を超える部分が減殺対象であることを改めて判示した（最決平24・1・26家月64巻7号100頁）。以下は，この判決の趣旨に従って，遺留分減殺による指定相続分の修正プロセスを見ていく。

② まず，設例における妻Ｗと子Ａ，Ｂ，Ｃのそれぞれの遺留分（個別的遺留分）は，次のとおりである。

・Ｗの個別的遺留分→　1/2（総体的遺留分率）×1/2（法定相続分率）＝1/4
・Ａの個別的遺留分→　1/2（総体的遺留分率）×1/10（法定相続分率）＝1/20
・Ｂの個別的遺留分→　1/2（総体的遺留分率）×1/10（法定相続分率）＝1/20
・Ｃの個別的遺留分→　1/2（総体的遺留分率）×3/10（法定相続分率）＝3/20

③ Ｃの指定相続分は「0」であるから，Ｃの遺留分（3/20）はそのすべてが侵害されていることとなる。

④ これに対して，Ｗの遺留分は「1/4」，Ａ，Ｂの各遺留分は「1/20」であるところ，それを上回る指定相続分を受けていることから，Ｗ，Ａ，Ｂはいずれも遺留分侵害者である遺留分超過者（＝個別的遺留分を超過した相続分指定を受けた者）ということになる。

⑤ Ｃが自己の遺留分の侵害分（3/20）を取り戻すためには，遺留分超過者であるＷ，Ａ，Ｂに対して遺留分減殺の意思表示をすればよい。その意思表示により被相続人が行った贈与や遺贈は遺留分を侵害する限度で効力を失い，受贈者や受遺者が取得した権利はその限度で当然に遺留分減殺請求をした遺留分権利者に帰属することとなる。では，Ｃの遺留分の侵害分（3/20）は，遺留分超過者であるＷ，Ａ，Ｂからそれぞれどれだけ取り戻すことができるのであろうか。

⑥ この点について，上述最決平24・1・26は「相続分の指定が，特定の財産を処分する行為ではなく，相続人の法定相続分を変更する性質の行為であること，及び，遺留分制度が被相続人の財産処分の自由を制限し，相続人に被相続人の財産の一定割合の取得を保障することをその趣旨とするものであることに鑑みれば，遺留分減殺請求により相続分の指定が減殺された場合には，遺留分割合を超える相続分を指定された相続人の指定相続分が，その遺留分

第2節　指定相続分　　7　遺留分減殺により修正された指定相続分　　*143*

割合を超える部分の割合に応じて修正されるものと解するのが相当である（最高裁平成9年（オ）第802号同10年2月26日第一小法廷判決・民集52巻1号274頁参照）。」と判示し，侵害者の遺留分を超える部分が減殺対象となるとともに，侵害者である遺留分超過者の指定相続分はその遺留分割合を超える部分の割合に応じて修正されること，すなわち，遺留分超過者の減殺の割合（＝減殺率）は遺留分超過者の遺留分割合を超える部分（＝遺留分の超過分）の割合に応じて決まることを明らかにした。

⑦　そこで，各遺留分超過者（W，A，B）の遺留分の超過分を求める。
　　・Wの遺留分の超過分→　当初の指定相続分（1/2）－遺留分（1/4）＝1/4
　　・Aの遺留分の超過分→　当初の指定相続分（1/4）－遺留分（1/20）＝1/5
　　・Bの遺留分の超過分→　当初の指定相続分（1/4）－遺留分（1/20）＝1/5

⑧　W，A，Bは，Cの遺留分侵害分（3/20）について，上述⑦の各遺留分の超過分の割合に応じて減殺される。つまり，Cの遺留分侵害分（3/20）は，W：A：B＝1/4：1/5：1/5＝5：4：4の割合で減殺されることになる（Wの減殺率＝5/13，Aの減殺率＝4/13，Bの減殺率＝4/13）。よって，W，A，Bが減殺される分はそれぞれ次のようになる。
　　・Wが減殺される分→　Cの遺留分侵害分(3/20)×Wの減殺率(5/13)＝3/52
　　・Aが減殺される分→　Cの遺留分侵害分(3/20)×Aの減殺率(4/13)＝3/65
　　・Bが減殺される分→　Cの遺留分侵害分(3/20)×Bの減殺率(4/13)＝3/65

⑨　上述⑧の結果，W，A，Bの減殺後の相続分は，次のようになる。
　　・Wの減殺後の相続分→　当初の指定相続分（1/2）－3/52＝23/52
　　・Aの減殺後の相続分→　当初の指定相続分（1/4）－3/65＝53/260
　　・Bの減殺後の相続分→　当初の指定相続分（1/4）－3/65＝53/260

⑩　以上により，遺留分減殺後における修正された指定相続分は，W＝23/52，A＝53/260，B＝53/260，C＝3/20となる。

＊過大な相続分指定と過大な特定遺贈

　　まず，過大な相続分指定の設例として，「被相続人Hの相続人は妻Wと子A，Bの3人であるが，Hが遺言により各相続人の相続分を『妻Wは0，子AとBは各1/2』と指定していた場合，Wは自己の遺留分を侵害されたとして子A，Bに対し遺留分減殺請求をしたとき，遺留分減殺後の各相続人の指定相続分はどのように

なるか。」を検討してみよう。
(i) 妻Wと子A，Bのそれぞれの遺留分（個別的遺留分）は，次のとおりである。
・Wの個別的遺留分→　1/2（総体的遺留率）×1/2（法定相続分率）＝1/4
・Aの個別的遺留分→　1/2（総体的遺留率）×1/4（法定相続分率）＝1/8
・Bの個別的遺留分→　1/2（総体的遺留率）×1/4（法定相続分率）＝1/8
(ii) Wの指定相続分は「0」であるから，Wの遺留分（1/4）はそのすべてが侵害されていることとなる。
(iii) これに対して，子A，Bの各遺留分は「1/8」であるところ，それを上回る相続分の指定を受けていることから，A，Bはいずれも遺留分侵害者である遺留分超過者ということになる。
(iv) Wが自己の遺留分の侵害分（1/4）を取り戻すためには，遺留分超過者であるA，Bに対して遺留分減殺の意思表示をすればよい。上述のとおり，その意思表示によってWは自己の遺留分の侵害分（1/4）を，A，Bの各遺留分の超過分の割合に応じて取り戻すことができるので，A，Bの各遺留分の超過分をまず求める。
・Aの遺留分の超過分→　当初の指定相続分（1/2）－遺留分（1/8）＝3/8
・Bの遺留分の超過分→　当初の指定相続分（1/2）－遺留分（1/8）＝3/8
(v) 遺留分超過者のA，Bは，Wの遺留分侵害分（1/4）について，上述(iv)の各遺留分の超過分の割合に応じて減殺される。つまり，Wの遺留分侵害分（1/4）は，A：B＝3/8：3/8＝1：1の割合で減殺されることになるから，A，Bが減殺される分はそれぞれ次のようになる。
・Aが減殺される分→　Wの遺留分侵害分（1/4）×Aの減殺率（1/2）＝1/8
・Bが減殺される分→　Wの遺留分侵害分（1/4）×Bの減殺率（1/2）＝1/8
(vi) 上述(v)の結果，A，Bの減殺後の相続分は，次のようになる。
・Aの減殺後の相続分→　当初の指定相続分（1/2）－1/8＝3/8
・Bの減殺後の相続分→　当初の指定相続分（1/2）－1/8＝3/8
(vii) 以上により，遺留分減殺後における修正された指定相続分は，W＝1/4，A＝3/8，B＝3/8となる。

　上述の設例に対し，遺言の内容が指定相続分ではなく特定遺贈であった場合にはどのようになるであろうか。設例の事案について，相続開始時の遺産が甲土地と乙マンションだけであり，その評価額はいずれも2000万円であって，遺言が「甲土地は子Aに，乙マンションは子Bにそれぞれ遺贈する」という遺産分割方法に

より指定されていたとすると，子A，Bに対する特定遺贈により妻Wの相続分は「0」となるから，Wは遺留分減殺を子A，Bに対して請求することができる。

Wの個別的遺留分は1000万円（＝4000万円×1/2（総体的遺留分率）×1/2（法定相続分率））であるから，Wが子A，Bに対して遺留分減殺請求をすると，被相続人Hがした特定遺贈（4000万円）は，Wの個別的遺留分を侵害する限度（1000万円）で失効し，その失効分が遺留分権利者Wに回復されることになる。その結果，Wは完全に受遺者（A，B）のものとなった甲土地と乙マンションのそれぞれについて500万円ずつの権利としての持分（各1/4）を回復する。

被相続人の財産処分が「指定相続分」でされた場合の遺留分減殺請求では，それにより修正された指定相続分が本来的相続分となり，相続人全員がその割合による遺産全体の共有状態が発生する。そして，この共有状態を解消するのが遺産分割である。これに対し，財産処分が「特定遺贈」でされた場合の遺留分減殺請求では，特定遺贈の権利移転効により完全に受遺者の所有となった個別財産について受遺者と遺留分減殺請求者との共有状態が発生する。そして，この共有状態を解消するのが物権法上の共有物分割である。

このように遺留分減殺の効果についてその後の処理を比較すると，同じ財産処分であっても，それが指定相続分でされた場合と特定遺贈でされた場合とでは，別の取扱いになる（具体的には家庭裁判所での遺産分割の審判事件か，地方裁判所での遺留分回復請求の訴訟事件かに分かれる）。しかし，遺留分減殺の効果を相続利益の回復の側面で見た場合には，指定相続分か特定遺贈かによる違いはない（設例ではWはともに1000万円の利益を回復する）。すなわち，遺留分権利者は回復利益を相続財産からの遺産分割で得るか，遺贈財産からの持分権（又は価額弁償）で得るかの手続上の違いがあるにすぎない。

以上のことから，遺留分減殺請求の効果は，手続の違いを除けば，指定相続分であろうと特定遺贈であろうと，遺留分権利者が得る利益に変わりはなく同一であることがわかる。

【設例4－28】過大な相続分指定に対する遺留分減殺による修正がされる場合(2)
——不完全指定による修正と遺留分減殺による修正がある二重修正の場合

> 被相続人Hの相続が開始した。相続人は，妻W，子A，Bの3人である。遺言があり，その内容は「相続分はWが1/2，Aが2/3，Bが0」とする相続分指定である。相続分が「0」のBは，WとAに対し遺留分減殺の請求をした。

修正相続分はどのようになるか。

① 設例は，遺言の趣旨によれば，各相続人の指定相続分の割合の合計が「1」を超過する不完全な相続分指定であり，かつ，遺留分侵害を生じさせる過大な相続分指定の事例である。

② 設例において，各相続人の指定相続分の割合の合計は1/2＋2/3＋0＝7/6と「1」を超過しているので，それが「1」となるように，各相続人の指定相続分を修正しなければならない。具体的には次のとおりとなる。
　　・Wの修正後の指定相続分の割合→　1/2÷（1/2＋2/3＋0）＝3/7
　　・Aの修正後の指定相続分の割合→　2/3÷（1/2＋2/3＋0）＝4/7
　　・Bの修正後の指定相続分の割合→　 0 ÷（1/2＋2/3＋0）＝0

③ 設例における妻Wと子A，Bのそれぞれの遺留分（個別的遺留分）は，次のとおりである。
　　・Wの個別的遺留分→　1/2（総体的遺留分率）×1/2（法定相続分率）＝1/4
　　・Aの個別的遺留分→　1/2（総体的遺留分率）×1/4（法定相続分率）＝1/8
　　・Bの個別的遺留分→　1/2（総体的遺留分率）×1/4（法定相続分率）＝1/8

④ Bの指定相続分は「0」であるから，Bの遺留分（1/8）はそのすべてが侵害されていることとなる。

⑤ これに対し，Wの遺留分は「1/4」，Aの遺留分は「1/8」であるところ，それを上回る指定相続分を受けていることから，W，Aはいずれも遺留分侵害者である遺留分超過者ということになる。

⑥ Bが自己の遺留分（1/8）を取り戻すためには，遺留分超過者であるW，Aに対して遺留分減殺の意思表示をすればよい。その意思表示により，Bは自己の遺留分の侵害分（1/8）を，W，Aの各遺留分の超過分の割合に応じて取り戻すことができるので，W，Aの各遺留分の超過分をまず求める。
　　・Wの遺留分の超過分→　修正後の指定相続分（3/7）－Wの遺留分（1/4）
　　　　　　　　　　　　　＝5/28
　　・Aの遺留分の超過分→　修正後の指定相続分（4/7）－Aの遺留分（1/8）
　　　　　　　　　　　　　＝25/56

⑦ W，Aは，Bの遺留分侵害分（1/8）について，上述⑥の各遺留分の超過分の割合に応じて減殺される。つまり，Bの遺留分侵害分（1/8）は，W：A＝

5/28：25/56＝2：5の割合で減殺されることになるから，W，Aが減殺される分はそれぞれ次のようになる。

・Wが減殺される分→　Bの遺留分侵害分（1/8）×Wの減殺率（2/7）＝1/28
・Aが減殺される分→　Bの遺留分侵害分（1/8）×Aの減殺率（5/7）＝5/56

⑧　上述⑦の結果，W，Aの減殺後の相続分は，次のようになる。

・Wの減殺後の相続分→　修正後の指定相続分（3/7）－1/28＝11/28
・Aの減殺後の相続分→　修正後の指定相続分（4/7）－5/56＝27/56

⑨　以上により，遺留分減殺後における修正された指定相続分は，W＝11/28，A＝27/56，B＝1/8となる。

(3)　遺留分減殺の当事者が複数の場合における相続分の修正

(a)　遺留分権利者が複数である場合，遺留分減殺はどのようにして行われるか。遺留分権利者は自己の遺留分の侵害分を遺留分侵害者（遺留分超過者）に対して減殺請求をすることによって取り戻すことができるから，遺留分権利者が複数であっても，当該権利者の遺留分侵害分を侵害者の相続分から減殺して取り戻せばよい。ただし，減殺請求をしない相続人の相続分は指定相続分のままで変わらない。

【設例4－29】遺留分権利者が複数の場合

> 被相続人Hは，遺言によって，相続人4人全員の指定相続分を「長男Aは3/4で，次男B，三男C及び四男Dは各1/12ずつ」と定めた。各相続人の相続分はどのようになるか。

［B，C，Dの全員がAに対して遺留分減殺請求をした場合］

①　子4人のそれぞれの遺留分（個別的遺留分）は，次のようになる。

・A，B，C，Dの個別的遺留分
　　→　1/2（総体的遺留分率）×1/4（法定相続分率）＝各1/8

②　B，C，Dの指定相続分（各1/12）は，それぞれの遺留分（各1/8）と比較すると，いずれも1/24（＝個別的遺留分1/8－指定相続分1/12）が不足していることから，それぞれに遺留分侵害が発生している。

③　そこで，B，C，Dの全員がAに対して遺留分減殺請求をすると，それぞれが自己の遺留分の侵害分（各1/24）をAの指定相続分（3/4）から取り戻すことができる。

④　上述③の結果，Aの減殺後の相続分は，次のようになる。
　　・Aの減殺後の相続分→　当初の指定相続分（3/4）－（1/24×3）＝5/8

⑤　以上により，遺留分減殺後における修正された指定相続分は，A＝5/8，B，C，D＝各1/8となる。

[B，C，DのうちB，Cだけが遺留分減殺請求をした場合]

①　B，Cはそれぞれ自己の遺留分の侵害分（各1/24）をAの指定相続分（3/4）から取り戻すこととなる。

②　B，CがともにAに対して遺留分減殺請求をすると，Aの減殺後の相続分は，次のようになる。
　　・Aの減殺後の相続分→　当初の指定相続分（3/4）－1/24×2＝2/3

③　B，CはともにAに対して遺留分減殺請求をしたことにより，各人の遺留分の不足を取り戻すことになるが，Dは指定相続分のままとなる（その分はAに留保）。

④　以上により，遺留分減殺後における修正された指定相続分は，A＝2/3，B＝1/8，C＝1/8，D＝1/12となる。

(b)　遺留分侵害者が複数である場合の遺留分減殺については，先の【設例4－27】ですでに見たように，遺留分侵害者である遺留分超過者の各遺留分の超過分の割合に応じて減殺されることになる（前述最決平24・1・26）。その他の具体例を場合を分けて見てみよう。なお，いずれも最決平24・1・26の考え方に則って計算している。

【設例4－30】遺留分侵害者が複数の場合(1)——侵害者の全員に減殺請求をした場合

　被相続人Hの相続人は子A，B，Cの3人であり，Hの遺言によって，その相続分はA＝2/3，B＝1/3，C＝0と指定された。子Cの遺留分（1/6）がすべて侵害されているので，CはA，Bに対して遺留分減殺請求を行った。A，

第2節　指定相続分　　7　遺留分減殺により修正された指定相続分　　149

B，Cの指定相続分はそれぞれどのように修正されるか。

① 子3人のそれぞれの遺留分（個別的遺留分）は，次のようになる。
　・A，B，Cの個別的遺留分
　　　→　1/2（総体的遺留分率）×1/3（法定相続分率）＝各1/6
② Cの指定相続分は「0」であるから，Cの遺留分（1/6）はそのすべてが侵害されていることとなる。
③ これに対して，子A，Bの各遺留分は「1/6」であるところ，それを上回る相続分の指定を受けていることから，A，Bはいずれも遺留分侵害者である遺留分超過者ということになる。
④ Cが自己の遺留分の侵害分（1/6）を取り戻すためには，遺留分超過者であるA，Bを相手に遺留分減殺の意思表示をすればよい。その意思表示により，Cは自己の遺留分の侵害分（1/6）を，A，Bの各遺留分の超過分の割合に応じて取り戻すことができるので，A，Bの各遺留分の超過分をまず求める。
　・Aの遺留分の超過分→　当初の指定相続分（2/3）－遺留分（1/6）＝1/2
　・Bの遺留分の超過分→　当初の指定相続分（1/3）－遺留分（1/6）＝1/6
⑤ A，Bは，Cの遺留分侵害分（1/6）について，上述④の各遺留分の超過分の割合に応じて減殺される。つまり，Cの遺留分侵害分（1/6）は，A：B＝1/2：1/6＝3：1の割合で減殺されることになるから，A，Bが減殺される分はそれぞれ次のようになる。
　・Aが減殺される分→　Cの遺留分侵害分（1/6）×Aの減殺率（3/4）＝1/8
　・Bが減殺される分→　Cの遺留分侵害分（1/6）×Bの減殺率（1/4）＝1/24
⑥ 上述⑤の結果，A，Bの減殺後の相続分は，次のようになる。
　・Aの減殺後の相続分→　当初の指定相続分（2/3）－1/8＝13/24
　・Bの減殺後の相続分→　当初の指定相続分（1/3）－1/24＝7/24
⑦ 以上により，遺留分減殺後における修正された指定相続分は，A＝13/24，B＝7/24，C＝1/6となる。

【設例4－31】遺留分侵害者が複数の場合(2)――侵害者の一部だけに減殺請求をした場合

上述【設例4－30】において，Cが遺留分減殺請求をしたのはAに対して

だけであって，Bに対しては減殺請求をしなかった。各指定相続分はどのように修正されるか。

① 過大な指定相続分に対する遺留分減殺請求の効果は，修正された（本来的）相続分が形成されることである。したがって，遺留分権利者が複数いる遺留分侵害者のうち特定の者だけに減殺請求をした場合には，遺留分権利者と当該侵害者との間においてだけ減殺修正がされることになり，遺留分権利者の遺留分回復は当該侵害者から減殺した分だけとなる。

② 設例では，遺留分を侵害されたCが自己の遺留分（1/6）を取り戻すために，遺留分侵害者であるAのみを相手として減殺請求をする場合であるが，問題はAの指定相続分（2/3）の中からCの遺留分（1/6）の全部を減殺することが可能かどうかである。この点，遺留分の減殺は，遺留分侵害者の遺留分の超過分の割合に応じて行うこととなっているから，遺留分権利者の一存によって減殺対象者の減殺額の範囲が定まるとすることは妥当でない。もちろん自己に帰属した遺留分権を行使するか否かは遺留分権利者であるCの自由であるが，実体法上形成されている「侵害者に対する減殺限度分」（前述設例の⑤よりAに対する減殺限度分は1/8，Bに対するそれは1/24）を前提とすることから，その形成的効果を無視した請求はできない。とりわけ権利者が複数となる場合は，意思表示が遅れた権利者の遺留分回復を妨げることにもなりかねず，相続人間の公平を害する。したがって，設例の場合も相続人全員の指定相続分を前提とした減殺割合（前述設例の⑤）によって減殺されるべきである。

③ その結果，Bに対する減殺請求の有無にかかわらず，Aの指定相続分からは1/8までしか減殺できず，Bに対する減殺限度分（1/24）も含めて減殺することは否定されるべきである。また，Bに対して減殺請求をしなかったということはBに対する遺留分権の放棄と見ることもでき，この点からも，Aの指定相続分によってまかなうことは不合理といえる。

④ 以上により，A，Bの減殺後の相続分は，
・Aの減殺後の相続分→　当初の指定相続分（2/3）−1/8＝13/24
・Bの減殺後の相続分→　当初の指定相続分（1/3）−0＝1/3
となり，遺留分減殺後における修正された指定相続分はそれぞれ次のとおりとなる。

第2節　指定相続分　　7　遺留分減殺により修正された指定相続分　151

- Aの修正された指定相続分→　13/24
- Bの修正された指定相続分→　1/3
- Cの修正された指定相続分→　1/6－1/24（放棄したBに対する減殺限度分）
　　　　　　　　　　　　　　＝1/8

(c)　遺留分権利者が複数であり，かつ，遺留分侵害者も複数である場合，遺留分減殺はどのようにして行われるか。結論をいえば，先の(a)と(b)を組み合わせて処理すればよい。具体的内容を以下の例で見ていこう。

【設例4－32】遺留分権利者及び遺留分侵害者の両方が複数である場合

> 被相続人Hの相続人は妻Wと子A，B，C，Dの5人であり，Hの遺言により，WとAについてだけ「W＝1/2，A＝1/2」と相続分が指定された。結果的にA以外の3人の子の指定相続分は「0」であり，その3人はWとAに対し遺留分減殺請求をした。これにより全員の修正相続分はどのようになるか。

①　W，A，B，C，Dのそれぞれの遺留分（個別的遺留分）は，次のようになる。
　　・Wの個別的遺留分
　　　　→　1/2（総体的遺留分率）×1/2（法定相続分率）＝1/4
　　・A，B，C，Dの個別的遺留分
　　　　→　1/2（総体的遺留分率）×1/8（法定相続分率）＝各1/16

②　B，C，Dの指定相続分は「0」であるから，3人のそれぞれの遺留分（1/16）はそのすべてが侵害されていることとなる。

③　これに対して，Wの遺留分は「1/4」，Aの遺留分は「1/16」であるところ，それを上回る相続分の指定を受けていることから，W，Aはいずれも遺留分侵害者である遺留分超過者ということになる。

④　B，C，Dが自己の遺留分の侵害分（各1/16）を取り戻すためには，遺留分超過者であるWとAを相手として遺留分減殺の意思表示をすればよい。その意思表示により，B，C，Dは自己の遺留分の侵害分（各1/16）を，W，Aの各遺留分の超過分の割合に応じて取り戻すことができるので，W，Aの各遺

留分の超過分をまず求める。

　　・Wの遺留分の超過分→　当初の指定相続分（1/2）－遺留分（1/4）＝1/4
　　・Aの遺留分の超過分→　当初の指定相続分（1/2）－遺留分（1/16）＝7/16

⑤　W，Aは，B，C，Dの遺留分侵害分（各1/16）について，上述④の各遺留分の超過分の割合に応じて減殺される。つまり，B，C，Dの遺留分侵害分（各1/16）は，W：A＝1/4：7/16＝4：7の割合で減殺されることになるから，W，Aが減殺される分はそれぞれ次のようになる。

　　・Wが減殺される分
　　　　→　B，C，Dの各遺留分侵害分（各1/16）×Wの減殺率（4/11）
　　　　　＝各1/44
　　・Aが減殺される分
　　　　→　B，C，Dの各遺留分侵害分（各1/16）×Aの減殺率（7/11）
　　　　　＝各7/176

⑥　上述⑤の結果，W，Aの減殺後の相続分は，次のようになる。

　　・Wの減殺後の相続分→　当初の指定相続分（1/2）－（1/44×3）＝19/44
　　・Aの減殺後の相続分→　当初の指定相続分（1/2）－（7/176×3）
　　　　　　　　　　　　　＝67/176

⑦　以上により，遺留分減殺後における修正された指定相続分は，W＝19/44，A＝67/176，B＝1/16，C＝1/16，D＝1/16となる。

第3節　相続分の変動

　相続開始から遺産分割までの間に，当初の相続人の範囲に変動が生じた場合，この相続人の範囲の変動に伴って，相続開始時に確定した相続人の範囲や本来的相続分（法定相続分又は指定相続分）について遺産分割の時点で改めて見直しをする必要がある。ここでの見直しの対象は「相続分の変動」という事実である。

　本節ではこの変動事由として，①再転相続，②相続分の譲渡，③事実上の相続放棄を検討する。①はいったん相続人となった者を経由する相続分の承継，つまりその相続人の死亡を契機にさらに再度の承継が発生するもので，

一般的な変動事由である。これに対し，②と③はいずれも自己に確定的に帰属した相続分の処分，つまり個別的な変動事由である。前者を意思表示の介入によらないという意味で一般的な「権利の承継」とすれば，後者は相続人の意思表示によるという意味で個別的な「権利の変動」である。

なお，欠格事由又は廃除事由が相続開始後に判明したり発生したりした場合には相続人資格が剝奪されるが，これを原因に，他の相続人の相続分に影響を及ぼすこともありうるから，このような場合も稀な変動事由と見ることができよう。

1　再転相続

(1) 再転相続とは

すでに見たように（第2章第4節(3)参照），被相続人Hが死亡し，Hの相続（第1次相続）が開始した後，その遺産分割が完了する前にHの相続人であるAも死亡した場合において，Aの相続人であるaがAの相続（第2次相続）に対する選択権（承認・放棄の権利）を取得すると同時に，Hの相続に対する選択権も承継取得することを「再転相続」という。

再転相続のうち，Hの相続人であるAがHの相続の熟慮期間（3か月）内に放棄も承認もせずに死亡してAの相続が開始された場合を「狭義の再転相続」（あるいは「純再転相続」，「純粋の再転相続」）といい，これに対し，Hの相続人であるAがHの相続を承認した後に死亡してAの相続が開始された場合を「広義の再転相続」（あるいは単に「再転相続」）という。実務において再転相続というときは，広義の再転相続をさすことが多い。これらの再転相続を受けうる相続人のことは「再転相続人」とよばれるが，とくに狭義の再転相続人は「純再転相続人」ということもある。

(2) 狭義の再転相続（純再転相続）による相続分の変動

狭義の再転相続における熟慮期間は，再転相続人であるaが自己のために相続の開始があったことを知った時，すなわちaがAの相続の開始を知った時から起算される（916条。熟慮期間の特例）。よって，aのHに対する相続の承認・放棄の熟慮期間はaのAに対する相続の熟慮期間と同じになり，もともとAがHの相続に対して有していた熟慮期間（915条1項）はaのために若

干伸張されることとなる。Hの相続財産に対する調査やその承認・放棄の検討の時間をaに確保させる趣旨である。

その結果，再転相続人のaは，Hの相続（第1次相続）とAの相続（第2次相続）について別々に承認・放棄の選択の機会を有することになり，第1次相続と第2次相続のいずれを先に選択するかによって相続分の範囲に変動を来すことになる。それを以下に見ていこう。

(a) 第1次相続の承認・放棄を先にした場合

aがHの相続（第1次相続）について選択できる権利は，民法916条がとくに認めた固有の権利であるから，その選択が承認か放棄かにかかわらず，Aの相続（第2次相続）に影響は与えない。すなわち，aが第1次相続を先に承認又は放棄しても，第2次相続を承認又は放棄することができるのである。

ただし，aが第1次相続を放棄した後，第2次相続についても放棄した場合が問題となる。aが第2次相続について放棄をすると，aは初めからAの相続人ではなかったとみなされることから (939条)，aが先にした第1次相続の放棄も遡って無効となるのではないかという点が争われた。これについて判例は，第1次相続を放棄できるのはaの再転相続人としての固有の権利であり，したがってその後aが第2次相続を放棄しても，それによって再転相続人の地位に基づいてした第1次相続の放棄の効力が遡って無効となるわけではない，とした (最判昭63・6・21家月41巻9号101頁)。

(b) 第2次相続の承認・放棄を先にした場合

(イ) aがAの相続（第2次相続）を先に承認した場合は，Hの相続（第1次相続）についても個別に承認又は放棄することができる。aがHの相続（第1次相続）について有する選択権は民法916条がとくに認めた固有の権利であるからである。

(ロ) ただし，aがAの相続（第2次相続）を先に放棄した場合は，Hの相続（第1次相続）についてはもはや承認も放棄もできなくなる。aが第2次相続について放棄をすると，aは初めからAの相続人ではなかったとみなされることから (939条)，第1次相続に対するAの選択権自体も承継されないこととなるからである。純再転相続人に第1次相続に対する固有の選択権があるというものの，それはaがAの推定相続人のままであるという条件付きで認

められる権利ということができよう。

　以上のように，狭義の再転相続において第1次相続と第2次相続のどちらを先に選択するかによって相続分の範囲は変動を生ずることになるのである。

【設例4−33】狭義の再転相続で，第1次相続を先に承認し，次に第2次相続を放棄した場合

> 　被相続人Hが死亡し，推定相続人は子A，Bの2人であり，遺産は現金200万円だけである。(i)推定相続人Aは，Hの相続について相続放棄や限定承認などをしないまま熟慮期間内に死亡した。(ii)Aの純再転相続人であるaは，Aの死亡を知った日から3か月以内である熟慮期間中に，Hの相続人Bとの間で遺産である現金200万円を折半で分けて100万円を取得した。しかし，(iii)Aの遺産については債務超過の状態であったことから，Aの子aはAの相続については家庭裁判所で相続放棄の手続をしたいと考えている。Aの相続の熟慮期間内であるとして，この相続放棄は認められるか。

① Hの推定相続人Aは，Hの相続についての熟慮期間内に何の選択もしないまま死亡したので，Aについては純再転相続が開始したことになる。

② aは祖父Hの相続財産である現金について遺産分割により分配取得を受けた。すなわちこの取得は「相続財産の処分」に該当し，法定単純承認の効果が発生した（921条1号）。したがって，aは，父Aに代わってHの確定的な相続人となったものである。

③ 設例はaがHの相続（第1次相続）を先に承認したとされる場合であるが，これはaの純再転相続人としての地位に伴って発生した固有の選択権に基づく選択である。第1次相続を選択する時点においては，aは（いまだAの第2次相続の放棄をしておらず）Aの推定相続人としての立場が維持されている。そのために，Aに由来してa固有の選択権として第1次相続に対し，承認あるいは放棄ができるとされるのである。

④ 第1次相続に対する選択は固有の権利に基づくという意味は，その後における父Aの相続（第2次相続）に対する相続を放棄するか承認するかの問題とは無関係ということである。つまり，aは，第1次相続の選択の問題とは関係なく，その後に第2次の父の相続については，Aの推定相続人としての独

立の立場で，通常の承認あるいは放棄をすることができる。前述のとおり，Aの相続を放棄したとしても，当初のHの相続の承認が遡及的に無効となることはない。

⑤　以上のことから，aは，H→aの純再転相続を承認したか（放棄したか）には関係なく，それとは切り離して，Aの相続に関してA→aの承継につき相続放棄の申述をすることができる。

(3) 広義の再転相続による相続分の変動

　狭義の再転相続（純再転相続）においては，再転相続人aが直接にHを相続することとなるが，広義の再転相続では，再転相続人aは直接にHを相続するのではなく，Hを相続したA（Hから承継した相続分）を相続することになる。したがって，広義の再転相続においては，aがAの相続を承認することによってAのHに対する相続をも承継することとなり，逆に，Aの相続を放棄することによってAのHに対する相続も放棄したこととなるのである。広義の再転相続が当初の相続（Hの相続）について複数回発生した場合には，それらを承認するか放棄するかによって相続分の範囲は変動していく。

　とりわけ先代や先々代からの財産相続の処理が未放置であり，その間に複数の再転相続が発生しているようなときには，相続分の変動状況を把握することはとても重要になる。そのためには，まず当初の被相続人H（本位被相続人）の遺産を起点として，その相続人となるべき者（本位相続人）とその相続分（本位相続分）を確定する。次に，その本位相続人に発生した新たな相続（再転相続）について，その者が先代Hから承継した相続財産に対する持分の割合（再転相続分）を算定し，その持分の割合を起点とする再転相続人と再転相続分を確定する。当初の相続問題の処理から始めて再転相続が発生する都度，同様の作業を繰り返すことによって，遺産分割の時点における相続人の確定と相続分の確定がされるのである。遺産分割の当事者となる相続人の相続分の合計が当初の本位相続人の相続分の合計「1」と同じになることが確認できたとき，遺産分割の前提問題としての本来的相続分の確定となる。なお，再転相続が発生したときの相続人確定と相続分確定の基準については，その再転相続の開始時点における民法の定めが適用されることになるので，

この点注意が必要である。

*昭和22年改正前の遺産相続人の定めと昭和55年改正前の法定相続分の定め

　旧民法（明治民法）は，（家督相続人ではなく）遺産相続人となるべき者の順位について，第１順位者は直系卑属，第２順位者は配偶者，第３順位者は直系尊属，第４順位者は戸主と定めていた（旧994条・996条）。これについては，附則４条において「新法遡及効の原則」が手当てとして定められている。

　昭和55年の民法の一部改正（昭和56年１月１日施行）によって配偶者の相続分が引き上げられたが，このことに関連して，法定相続分の定めは改正前と改正後とで次のように異なる。

［改正前］
・子と配偶者が相続人のときの相続分の割合は「２：１」
・直系尊属と配偶者が相続人のときの相続分の割合は「１：１」
・兄弟姉妹と配偶者が相続人のときの相続分の割合は「１：２」

［改正後］
・子と配偶者が相続人のときの相続分の割合は「１：１」
・直系尊属と配偶者が相続人のときの相続分の割合は「１：２」
・兄弟姉妹と配偶者が相続人のときの相続分の割合は「１：３」

　なお，上記昭和55年の民法の一部改正においては，相続人の定めに関するものとして，兄弟姉妹の代襲相続について代襲相続人となるのは被相続人の甥・姪までと改正された（889条２項は887条２項だけを準用するだけで同条３項を準用していない）。したがって，昭和56年１月１日以降に開始した相続については，子の代襲相続に認められるような再代襲は，兄弟姉妹には認められないこととなった。

【設例４−34】相続開始後に再転相続が２回発生したことによる相続分の変動

> 被相続人Ｈが死亡し，相続人は配偶者Ｗと子Ａ，孫ｂ（亡子Ｂの子），子Ｃ，Ｄ，Ｅ，Ｆの７人である。家庭裁判所に遺産分割事件が係属している間に，まず妻Ｗが死亡し，その後に子Ａが死亡した。子Ａには配偶者Ａｗがいるが子はいない。再転相続が２回発生しているが，遺産分割の時点における相続人となる者の範囲とそれぞれの本来的相続分の割合はどのようになるか。

① 相続開始時における相続人は，配偶者Ｗと子Ａ，子Ｂの代襲相続人ｂ，子Ｃ，Ｄ，Ｅ，Ｆの７人である。相続分（法定相続分）はＷが1/2，子５人とＢの代

襲相続人bら6人がいずれも1/12（＝子全体の相続分1/2×1/6）である。
② 相続開始後に妻Wが死亡したため，WがHから承継した相続分（1/2）を遺産として再転相続が開始される。Wの再転相続人となるのは子A，Bの代襲相続人b，子C，D，E，Fの6人である。Wの1/2はこの6人に承継されるから，6人それぞれの再転相続分はいずれも1/12（＝W相続分の1/2×1/6）となる。
③ 次に，子Aが死亡した。Aには子がいないのでAの相続人はその妻Awと兄弟姉妹となる。兄弟姉妹の相続人は，Bの代襲相続人bのほかC，D，E，Fの5人である。Aの相続分1/6（＝①本位相続分1/12＋②Wからの再転相続分1/12）は，「配偶者：兄弟姉妹＝3：1」の割合となるから，Awが1/8（＝A相続分1/6×分配率3/4），兄弟姉妹がいずれも1/120（＝A相続分1/6×分配率1/4×1/5）となる。
④ したがって，Hの遺産分割における遺産分割時の相続人は6人で，それぞれの相続分は，Awが上述③の夫Aから受けた再転相続分の1/8，b，C，D，E，Fは各7/40（＝①本来の相続分1/12＋②Wの再転承継分1/12＋③Aの再転承継分1/120）となる。
⑤ 上述④の相続人6人の相続分を合計すると「1」になるので，④のそれぞれの割合が各相続人の相続分となる。
　　・Awの相続分（1/8）＋他の5人の相続分の合計（7/40×5＝7/8）＝1

【設例4－35】相続開始後に再転相続が3回発生したことによる相続分の変動

> 被相続人Hが死亡し，相続人は配偶者（後妻）Wのほか，血族相続人として亡先妻との間の子AとB，後妻Wとの間の子Cがいる。Hの相続が開始し遺産分割未了の間に，相続人となった者のうちBだけを除いた3人が時を違えて死亡した。まず独身で子のいないAが死亡し，次にHの後妻Wが死亡し，最後に後妻Wとの間の子Cが死亡した。Cにはその亡妻との間の子C_1が残された。Bだけは健在である。遺産分割の時点における相続人となる者の範囲とそれぞれの本来的相続分の割合はどのようになるか。

① 相続開始時の相続人グループは配偶者と血族第1順位者の子の組み合わせであるから，相続分（法定相続分）は妻Wが1/2，子全員が1/2である。子A，B，

第3節　相続分の変動　　1　再転相続　　*159*

　Cの各相続分は子全員の相続分の1/2を3等分した1/6である。よって、Hの相続開始時の遺産に対する当初相続人の相続分は、W＝1/2、A、B、C＝各1/6で確定する。

② その後、まず、先妻の子であるAが死亡した。Aは独身で子もいない。Aの両親（父亡H、母先死）を含めた直系尊属で生存する者はいないので、Aの相続人となるのは血族第3順位の兄弟姉妹（以下「弟妹」という）だけである。これらは父母の双方を同じくする全血の弟妹Bと父Hだけを同じくする半血の弟妹Cの2人であり、BとCの相続割合は2：1となる（900条4号ただし書）。よって、再転被相続人AがHの相続で承継した1/6の相続分をAの遺産として、Bは1/9（＝1/6×2/3）を、Cは1/18（＝1/6×1/3）をそれぞれ再転相続する。

③ 次に、配偶相続人Wが死亡し、同人が夫Hから相続で承継した1/2の相続分を遺産としてWについて新たな相続が開始した。Wの相続人（A、Bとの養子縁組はない）は実子Cだけであり、よって、CがWの遺産である1/2の全部を単独相続する。

④ 最後に、Cが母Wから再転相続を得た後に死亡した。Cの配偶者はすでに死亡し、その妻との間の子C_1が残された。Cの遺産は、上述①で再転被相続人CがHの相続で当初相続分として承継した1/6と、上述②で兄Aから再転相続として承継した1/18、それに上述③でその母Wから再転相続として単独承継した1/2である。

⑤ 以上により、被相続人Hの遺産分割において当事者として参加すべき相続人（遺産分割当事者としての適格者）は、B、C_1の2人であり、それぞれの相続分はBが5/18（＝①の1/6＋②の1/9）、C_1が13/18（＝①の1/6＋②の1/18＋③の1/2）ということになる。

⑥ 上述⑤の相続人2人の相続分を合計すると「1」になるので、⑤のそれぞれの割合がB、C_1の相続分となる。

　　・B（5/18）＋C_1（13/18）＝1

２　相続分の譲渡

(1) 相続分の譲渡とは

　相続人は，相続開始後であれば遺産分割が行われる前までに，自己の相続分をまとめて譲渡することができる。このように相続開始によって承継取得した自己の相続分を（消極財産をも含めて）包括的に他の者に譲渡することを「相続分の譲渡」という（905条参照）。相続分の譲渡がされることによって，共同相続人間の相続分は変動を生じることになる。この場合の相続分は「本来的相続分」であって，具体的相続分ではない。

　相続分の譲渡ができる者は，現に相続分を有する相続人は当然として，遺産の一部又は全部を包括的に遺贈された包括受遺者も，相続人と同一の権利義務を有するとされているので（990条），相続人と同様に，遺贈を受けた相続分を譲渡できる。

　相続分の譲渡の相手方は，他の相続人でもよいし，第三者でもよい。相続分は遺産全体に対する一定の割合であるが相続人の地位に等しく，その譲受人は譲渡人の相続人としての地位をそのまま承継する。ただし，相手方が相続人であるか第三者であるかによって，相続分の譲渡の効果は異なる（後述(3)参照）。

　相続分の一部譲渡が認められるか否かについては見解が分かれる。相続分は遺産全体に対する一定の割合であるから，さらなる細分化は可能であるとするのが登記実務である（平4・3・18民三1404民事局第三課長回答・先例集追Ⅷ268頁）。

(2) 相続分の譲渡の方式

　相続分の譲渡は，有償，無償を問わず，何ら特別の方式を必要としない。ただし，遺産分割事件の係属中に期日外で，相続人間において相続分譲渡の合意がされた場合には，後日の紛争を避けるために，譲渡人と譲受人の間で「相続分譲渡証書」を作成し，遺産分割係属中の家庭裁判所に提出するのが実務の扱いである。

　この相続分の譲渡によって，譲渡人は遺産分割における分割請求権ないし当事者適格を喪失するとされる。そのため事件係属後に上記の相続分譲渡が

された場合は，手続の明確性の観点から，従前は上記の「相続分譲渡証書」の提出と同時に，譲渡人から「手続脱退届」を提出させる扱いであった。これについて，家事事件手続法では，手続脱退の方法に代えて，家庭裁判所が職権により当事者である資格を喪失した者として家事審判・調停の手続から「排除」できることが明文化された（審判につき家手43条，調停につき家手258条）。手続保障を及ぼす必要性のない者が当事者の地位に残ることの弊害をなくすためのものである。その結果，譲渡人から家庭裁判所に対し，相続分譲渡証書や印鑑証明書を添付して，職権発動を促すための「排除申立書」を提出させる扱いに現在は変更されている。なお，本申立書の申立ての理由は，例えば，「相続分譲渡により相続人の地位を喪失したので遺産分割手続から脱退したいこと」などを記載する。

(3) **相続分の譲渡の効果**

相続分の譲渡が行われると，譲渡した相続分が全部譲渡の場合は消滅し，一部譲渡の場合は減少する。そして，その消滅・減少した分がそのまま譲受人に移転する。ここで移転するのは，遺産に含まれる個々の財産に対する共有持分ではなく，積極財産と消極財産を包括した遺産全体に対する相続人の割合的な持分（相続分）である。

相続分の譲渡によって，債権債務は譲渡人である相続人から譲受人に移転するものの，それはあくまでも譲渡人と譲受人の間に成り立つことであって，譲渡の対象が債務である場合には，それを債権者に対抗することはできないと解されている。すなわち，債権者に対抗するには債権者の同意を得なければならず，それがない限り，債権者は譲渡人である相続人に債務の履行を請求することができる。

民法905条は，相続分の譲渡の相手方が第三者であるか，他の相続人であるかによる効果の違いを規定している。以下，その内容を見ていこう。

(a) **第三者に対する相続分の譲渡**

相続分が第三者に譲渡されると，相続人でない者が遺産分割協議に介入することになり望ましくない。また，遺産の管理においてもトラブルのもとになるおそれがある。

そこで，民法は，他の共同相続人の一方的な意思表示によって譲渡された

相続分を取り戻す権利を認めた。すなわち、「共同相続人の一人が遺産の分割前にその相続分を第三者に譲り渡したときは、他の共同相続人は、その価額及び費用を償還して、その相続分を譲り受けることができる。」(905条1項)。これを「(相続分の)取戻権」という。この権利は、譲渡の時から1か月以内に行使しなければならない（同条2項）。取戻権の内容は、以下のとおりである。

(イ) 取戻権の要件

取戻権は、相続人以外の者が持分をもつことによる遺産の管理や遺産分割上の不便を避けるための制度であるから、他の共同相続人への相続分の譲渡には適用されない。また、第三者への譲渡の場合でも、他の共同相続人全員の同意を得て譲渡したときには取戻権は生じないと解されている。

(ロ) 取戻権の行使

譲渡された相続分を取り戻すには、相続分の価額と譲受人である第三者が支出した調査等の費用（償還金）を提供して、取戻しの意思表示をすればよい。ここにいう償還しなければならない「相続分の価額」とは、譲渡された「取戻時における相続分の価額」であって、譲渡の対価のことではない。取戻権は形成権であるから、相手方の承諾を必要とせず、相手方が反対しても取戻しの効果が生じる。取り戻された相続分は、取戻権を行使した共同相続人に属すると考えられる。なお、取戻権は相続性を有するが、代位行使をすることはできない。

(ハ) 取戻権者

取戻権をもつ者は相続分を譲渡した相続人以外の共同相続人である。包括受遺者については取戻権がないとする見解もあるが、通説は、包括受遺者は相続人と同一の権利義務を有し、遺産分割に関与することになるとして、取戻権を有するとする。

【設例4－36】相続分の譲渡(1)——第三者への相続分の譲渡と取戻し

被相続人Hが死亡し、相続人は子A、B、Cの3人である。相続財産は3000万円の甲マンションだけである。金策に困っていたAは、自己の法定相

続分である1/3の相続分を500万円で第三者Xに譲渡した。これに対して、残りの相続人がその相続分を取り戻そうとした場合、Xには取戻代金としていくらを払えばよいか。なお、Aの相続分は、取戻時の価額では1000万円の評価である。

① 結論をいえば、共同相続人B又はC（あるいはその双方）は、譲渡がされてから1か月以内であれば、Xに対して、取戻権行使時における相続分の評価額である1000万円と譲渡に要した費用を支払うことによって、AがXに譲渡した相続分を取り戻すことができる。
② 設例において、仮にAからXへの譲渡が無償であったとしても、取戻権の行使時の時価を償還することとなる。
③ 取戻権行使の結果、取り戻された相続分が誰に属するかについては争いがあるが、多数説は取戻権を行使した相続人に属するとする。例えば、B1人だけが取戻権を行使していたとすれば、取り戻された相続分はBだけに帰属し、取戻権行使後のBの相続分は2/3（＝1/3＋1/3）、Cの相続分は1/3となり、この割合で遺産分割をすることとなる。もっとも、取戻しに掛かった費用はもちろんBだけの負担ということになる。

(b) 相続人に対する相続分の譲渡

　相続人が他の共同相続人（又は包括受遺者）に相続分を譲渡したときには、民法905条の反対解釈により、取戻しは認められない。譲渡された相続分は譲受人の相続分に加えられ、逆に譲渡人の相続分からは控除される。つまり、相続人間において相続分の譲渡がされた場合には、譲渡に関係した相続人の相続分は変動するものの、その総額は変わらないのである。

　相続分の譲渡の対象が農地であるときは、農地法3条の許可を要する物権変動かが問題となる。判例は、共同相続人間で相続分の譲渡がされても、持分割合が変化するだけであり、譲受人たる相続人の地位は相続によって取得した地位と本質的に異ならないことなどから、農地法3条1項の許可を要しないとした（最判平13・7・10民集55巻5号955頁）。

【設例4－37】 相続分の譲渡(2)――他の共同相続人への相続分の譲渡

> 被相続人Hが死亡し、相続人は妻Wと子A、B、Cの4人である。Cは自己の相続分の1/6について、Wに1/12を、Aに1/12をそれぞれ譲渡した。このとき、各相続人の相続分はどのようになるか。

① Cは自己の1/6の相続分から、それぞれ1/12ずつをWとAに譲渡したので、譲渡人であるCの相続分からは譲渡した相続分が控除される。その結果、Cの相続分は「0」となる。

② 譲受人であるWの相続分は、譲渡された相続分（1/12）が増加し、7/12（＝1/2＋1/12）となり、Aの相続分も、譲渡された相続分（1/12）が増加して、3/12（＝1/6＋1/12）となる。譲受を受けないBの相続分は1/6のままで変動はない。

③ 以上により、各相続人の相続分は、W＝7/12、A＝3/12、B＝2/12、C＝0となる。

(4) 「持分権の譲渡」との異同

「持分権の譲渡」とは、遺産の中のある特定財産に対する自己の持分権を譲渡することである。ある特定の財産に占める自己の共有持分を譲渡の対象としている点で、遺産全体にかかる自己の持分を対象とする「相続分の譲渡」とは異なる。持分権の譲渡がされた場合、譲受人がその特定財産における共有関係を解消するには、遺産分割手続ではなく、共有物分割手続によらなければならない。

この持分権の譲渡は相続分の譲渡と似て非なる関係にあり、その異同には十分留意しなければならない。例えば、相続財産が甲地1筆だけであり、それについて相続人の1人が相続登記を経由して登記された自己の持分を第三者に譲渡するような場合が問題となる。紛らわしい事案であるが、この場合は甲地という特定物に着眼しての権利（共有持分）の譲渡であって、包括的な地位に着眼してのものではないから、相続分の譲渡とはならないと考えられる。したがって、相続債務がある場合は、相続分の譲渡とは異なり、その分担は譲渡相続人に残されたままとなる。

【設例4－38】持分権の譲渡(1)──取戻権の対象とはならない

> 被相続人Hが死亡し，相続人は子A，B，Cの3人である。相続財産は3000万円の甲宅地と1500万円の乙宅地である。Aは，3000万円の甲宅地について法定相続分による相続登記を経由して，自己の持分である1/3を500万円で叔父Xに譲渡した。この場合において，他の共同相続人B，Cは相続分の取戻権を行使することができるか。

① B，Cは，Aの相続分を取り戻すことはできない。理由は以下のとおりである。判例は，遺産の共有は物権法上の共有と同じであるという（最判昭30・5・31民集9巻6号793頁）。したがって，各相続人は相続開始と同時に個々の相続財産ごと，その上に物権法上の共有持分を有していることになる（共有説）。すると，相続人は，相続財産の中の特定の財産ごとに，自己の相続分に応じた共有持分を自己のものとして第三者に譲渡処分することができることになる。

② 設例におけるAからXへの譲渡は，包括的財産全般，すなわち相続分についてではなく，特定の財産である甲宅地に対する共有持分だけを対象にされたものである。よって，Aの相続分に応じた包括的な相続分の譲渡ということにはならず，共同相続人B，Cは取戻権を行使することができない（最判昭53・7・13判時908号41頁）。

③ AからXへの譲渡によって，甲宅地は，それまでの「相続人A，B，C」3人の相続法上の暫定的な共有状態から，「第三者X」と「相続人B，C」を共有者とする物権法上の確定的な共有状態へと変更されたことになる。

【設例4－39】持分権の譲渡(2)──譲渡後の共有持分の解消は共有物分割による

> 上述【設例4－38】において，Xが，他の共有者B，Cとの共有状態を解消するには，共有物分割又は遺産分割のいずれの方法を選択することになるか。

① Xが他の共有者B，Cとの共有状態を解消するには，遺産分割審判ではなく，民法258条に基づいて，B，Cを被告とする共有物分割訴訟によることになる（最判昭50・11・7民集29巻10号1525頁）。これは，相続人B，Cが原告となりX

を被告とする場合も同様に考えるべきであり，相続分の譲渡に関する規律及び遺産分割に関する規律は適用されないこととなる。なお，譲渡人Aは被告としての当事者適格を有しない（前掲最判昭53・7・13）。

② 共有物分割訴訟の対象は甲宅地であって，これを「X：(B＋C)＝1：2」の割合に分けることである。共有物分割訴訟の対象外である残余部分（Xの取得部分以外の相続人B，Cの持分である2/3）は遺産として残り，他の相続財産である乙宅地とともに遺産分割の対象（審判事項）に組み込まれることになる。

③ Aは，甲宅地に対する自己の持分を適法に処分している。これは，遺贈を受けてその分が遺産から離脱した場合と同様に考えてよいので，相続分の計算上はAに対しその分の遺贈があったものとして扱えばよい。

④ 設例では，時価1000万円の持分を500万円で譲渡しているが，これは時価相当額（1000万円）での対価として受領したものとみなすのが公平であろう。よって，1/3の持分権の譲渡の代わりに，遺贈があったものとして相続分の算定をすると，次のようになる。

　　・相続開始時の遺産総額：　 4500万円　←（甲宅地3000万円＋乙宅地1500万円）
　　・一応の相続分　　　　：　 1500万円　←（相続開始時遺産4500万円×1/3）
　　・Aへの特定遺贈　　　　：　 1000万円　←（評価3000万円の甲宅地の1/3相当額）
　　・分割対象の遺産　　　　：　 3500万円　←（相続開始時遺産4500万円－Aへの遺贈1000万円）
　　・Aの分配取得　　　　　：　　500万円　←（一応の相続分1500万円－Aへの遺贈1000万円）
　　・B，Cの分配取得　　　　：各1500万円　←（一応の相続分1500万円）

⑤ なお，設例の甲宅地について，X，B，Cの三者によって公売して売却金を分ける代価分割（258条2項）がされたとすると，甲宅地についてだけ遺産分割が終了したかのように扱われ，残りの相続財産である乙宅地だけが分割の対象となる。

③ 事実上の相続放棄

(1) 事実上の相続放棄とは

　相続人は，家庭裁判所に申述することによって相続を放棄することができるが（938条），このような正規の手続を踏まずに放棄したことと同様の結果を招来させることが現実にはしばしば行われている。その最も簡単な方法は，一部の相続人が事実上遺産を排他的に管理・保有し，他の共同相続人が何ら権利主張をしないというものである。例えば，農業経営で後継者の相続人に農地を集中させることなどがその典型例であろう。

　ただし，このような方法では，例えば，抵当権を設定する必要があるときなど遺産たる不動産の名義を特定相続人の単独所有とするような場合には十分ではない。そこで，遺産分割が相続人間の協議でされることを利用して，一部の相続人に遺産を集中するような内容の合意をすることが行われている。これには次の３つの方法がある。

　① 相続分の放棄
　② 特別受益証明書による放棄
　③ 遺産分割協議書による放棄

　これらの方法は，正規の相続放棄と同様の結果をもたらすことができるので，「事実上の相続放棄」とよばれている。これらも他の相続人の相続分を変動させうるので，相続分の変動要因の１つである。

　相続登記が必要な場合は，正規の相続放棄よりも②，③などの事実上の相続放棄のほうが利用されている。たとえこれらが事実に反するものであったとしても，相続人間の合意がある以上，それによってされた相続登記を無効とすることはできない。実質的には，いったん法定相続分により取得した特定の相続財産を一部の者だけに譲渡（贈与）するとみることもできる。

　＊**事実上の相続放棄と相続税**
　　かつては節税目的のために事実上の相続放棄が主に利用されていた。正規の相続放棄（915条１項）をした相続人は，相続税の計算上，相続人の数に算入されなかったので，累進課税（遺産の金額が多くなるに従い税率を高くする課税制度）のもとでは，残りの相続人の１人当たりの相続分の金額が大きくなり，相続放棄

がない場合に比べて支払う税額も大きくなる点に理由があった。

　しかし，現在はこうした不公平が生じないような措置がとられている。①まずは，正規の相続放棄があっても相続税の計算上は放棄がなかったものとして，相続人の全員を対象にした計算により相続税の総額を算出し，その上で，②各相続人の納付税額は，現実に取得した財産額に応じて①の総額を按分するという方法が採用されている（相続税法15条・16条・17条参照）。

　現実の遺産の行方にかかわらず，遺産額が一定である限り，国が徴収する相続税額の合計は，民法が法定する相続人数と相続分率によって画一的に定まり，現実の遺産の分配がどうであるかは，その相続税額を誰がどれだけ負担するかということに影響を与えるだけとなっている。このように相続税の計算は大きく前段と後段の2つに分けられ，前段の計算により被相続人の遺産全体を課税対象とする相続税の総額が定まり，それを前提にして，後段の計算で遺産から得た相続利益の大きさに応じた各相続人の納付税額が定まることになる。相続分の算定において相続債務がある場合の債務負担の割合について，相続開始時の遺産を「1」として，そこから得た相続利益の大きさに応じて各相続人の債務分担額を定める相続利益説（本書の立場）も，これと同様の発想に立つものである。

(2)　相続分の放棄

(a)　意　義

「相続分の放棄」とは，相続人が個々の具体的遺産に対して有する共有持分権を放棄する意思表示，あるいは遺産分割にあたって自己の相続分を「0」とする意思表示と解されている。いずれにしてもその性質は，実体法上の権利放棄である。この場合の相続分も「本来的相続分」であって，具体的相続分ではない。

　＊「相続の放棄」と「相続分の放棄」との異同

　　「相続の放棄」とは，相続が開始した後3か月以内に，相続人が相続の効果を拒否する意思表示で，家庭裁判所への申述によって成立する（938条〜940条・915条1項）。家庭裁判所を通じての手続を要することから，手続上の地位放棄ということができる。相続放棄をした者は，初めから相続人とならなかったとみなされるから，被相続人の積極財産・消極財産のいずれをも承継しないことになる。このように，相続の放棄は，相続の承認・放棄の熟慮期間中，すなわちいまだに「推定相続人」の段階にあることを前提とするものである。

これに対し,「相続分の放棄」とは,個々の具体的遺産に対して有する共有持分権の放棄を意味するから,この放棄ができる者はすでに「確定相続人」となっていることを前提とするものであり,事実上の地位放棄ということができる。

つまり,「相続の放棄」は相続分の変動の問題ではなく,相続人という地位を自らの自由意思で選択することができるとする「相続人の確定」に関わるものであり,むしろ相続の放棄は相続人という「地位」への就任を拒否することと捉えることができる。これに対し,相続分の放棄は,自己の相続分を「0」とする意思の表明であり,それにより他の相続分に変動を及ぼすからまさに「相続分の確定」に関わるものである。

＊「持分権の放棄」と「相続分の放棄」との異同
　「持分権の放棄」とは,遺産の中のある特定財産を対象に,自己の持分権を放棄することであり,目的物の滅失などと同様,目的物上に有する具体的な権利に対する(実体法上の)権利消滅事由の1つである。これに対し,「相続分の放棄」とは,包括的な相続財産の全体を対象に,自己の持分権を放棄することであり,相続分の譲渡と同様,相続財産上に有する抽象的な権利に対する(実体法上の)権利消滅事由の1つである。
　いずれも権利消滅事由という点では共通するが,放棄の対象が「特定財産」か,それを取り込んだ「包括財産」か,という点で異なる。

(b) 方　　式

相続分の放棄は,相続を承認して確定相続人となってから遺産分割までの間であれば,いつでもすることができる。その方式については特に定めはないが,遺産分割事件(調停・審判)が係属中のときには,放棄書と脱退書を裁判所に提出することとなる。協議分割の場合は,遺産分割協議書に相続分を放棄する旨を明記して行われる。

なお,登記実務では,放棄者作成の特別受益証明書(相続分なきことの証明書)を添付することにより,特定相続人に単独取得させる旨の相続登記も認められているが,これについては後述(3)を参照。

(c) 効　　果

相続分の放棄により,実体法上は,遺産分割請求権の喪失の効果が生じる。そのため,遺産分割事件が係属中であれば,放棄者は遺産分割手続における当事者適格性を喪失してその手続から脱退(職権排除)することとなる。

相続分の放棄をしても，相続人の地位は依然として放棄者に残る。したがって，積極財産に対する権利が「0」になっても，相続債務がある場合にはその負担責任を免れることはできない。この点が家庭裁判所を通じて行う正規の相続放棄と異なる。

(d) 放棄された相続分の帰属

　相続人の一部が相続分の放棄をした場合，その放棄された相続分はどうなるか。この点，民法255条は「共有者の1人が，その持分を放棄したとき，その持分は，他の共有者に帰属する。」と定める。その趣旨は，共有とはそれぞれ弾力性のある複数個の持分がその対象について互いに圧縮して存在しており，そのうちの一部の持分について主体がなくなれば，他の持分が拡張してその間隙を埋めるというような性質をもつ（共有持分の弾力性）ものであることを意味している。そして，放棄された持分が他の共有者に帰属する大きさは，他の共有者の持分割合（按分比率）に対応すると解されている。

　例えば，相続人が妻Wと子A，Bの3人で，Wの相続分が1/2，A，Bの相続分が各1/4であるとき，Bが相続分の放棄をしたとする。Bの放棄相続分の1/4は，WとAに1/2：1/4＝2：1の割合で分属されることになる（そのため，相続分「0」のBは手続を脱退（職権による排除）し，分割当事者をWとAの2人とするだけでよい）。この放棄によって，W，Aの相続分は次のように変動する。

　　・Wの相続分→　本位相続分1/2＋（Bの放棄相続分1/4×按分割合2/3）＝2/3
　　・Aの相続分→　本位相続分1/4＋（Bの放棄相続分1/4×按分割合1/3）＝1/3

【設例4－40】放棄された相続分の帰属

> 　被相続人Hが死亡し，相続人は子A，B，Cの3人である。遺言で相続分の指定があり，A＝3/5，B＝1/5，C＝1/5とされた。遺産は甲宅地だけである。相続人Cは遺産分割の段階になって，自己の相続分1/5を放棄した。放棄したCの相続分1/5は誰にどのような形で帰属するか。

> ①　遺産である甲宅地はA＝3/5，B＝1/5，C＝1/5の共有状態にある。このとき，Cが自己の相続分1/5について放棄した。すると，その1/5は，残りの相続人A，Bの持分割合，すなわち3/5：1/5＝3：1の割合でその両者に分属される。よ

って，Cの放棄相続分の1/5は，次のようにA，Bに按分帰属することになる。
- A→　1/5×3/4 ＝ 3/20
- B→　1/5×1/4 ＝ 1/20

② Cが相続分の放棄をした後のA，Bの相続分は次のようになる。
- A→　3/5＋3/20 ＝15/20 ＝ 3/4
- B→　1/5＋1/20 ＝ 5/20 ＝ 1/4

③ 以上が基本的な計算方法である。しかし，この計算方法以外に，あたかもCを除外した不完全な（1に不足の）相続分の指定がA，B，Cにあったものとして計算することもできる。これは指定相続分の割合の合計が「1」に不足している場合の計算方法であり（【設例4－11】参照），次のように計算される。
- Aの修正後の指定相続分の割合
   → 3/5÷（Aの指定相続分3/5＋Bの指定相続分1/5）＝3/4
- Bの修正後の指定相続分の割合
   → 1/5÷（Aの指定相続分3/5＋Bの指定相続分1/5）＝1/4

(3) **特別受益証明書**（相続分なきことの証明書）**による放棄**

(a) 意　義

「特別受益証明書」とは，特別受益を得ていた相続人が「自己の相続分はゼロである」旨の意思表示を書面にしたものである。それを添付した相続登記申請では，その相続人の相続分は「0」として扱われることから，結果として，相続の放棄に近い効力が得られる手続書面である。「相続分なきことの証明」のほか，「相続分皆無証明」や「相続分不存在証明」などともよばれる。

特別受益証明書は，登記実務では，相続登記をするときの原因証書（登記原因証書）として扱われている。この証明書と印鑑証明書を添付して，相続に基づく所有権移転登記の申請をすれば，受理されて登記がされる。

(b) 書　式

特別受益証明書には特別の書式はなく，申請手続もない。特別受益を得ていた相続人が作成・押印した書面に，印鑑証明書を添付すればそれでよい。

特別受益証明書は，一種の事実証明であるため，17歳の未成年者が自ら作成しても同人の印鑑証明書の添付があればよく，共同相続人の1人である親

権者母が，他の共同相続人である未成年者の子について相続分がない旨の証明書を提出しても利益相反にはならないとされる。

(c) 効　　力

登記の窓口である法務局の登記官は，書面に対する実質的審査権はなく，形式的審査権しか有していない。そのため，特別受益証明書を含めた必要書類が調っていれば，所有権移転登記申請書は受理される。

特別受益証明書は，遺産分割協議書と比べても簡易な書類であって，そのため偽造されやすく，特定の相続人に相続財産を取得させるため内容虚偽の証明書が作成されることもある。その場合，特別受益証明書の効力が問題となり，所有権移転登記抹消の訴訟が提起されることも少なくない。

(4) **遺産分割協議書による放棄**

相続人全員の協議分割による場合は，内容的にどのような分割がされてもよい。法定相続分や遺言による分割方法の指定と異なる内容の分割であってもよい。例えば，実質的に単独の相続人に遺産を集中させることも可能であり，これを利用して事実上の相続放棄が行われることは前述の特別受益証明書による場合と同じである。そのような場合には，実質的には相続人間において持分権の贈与がされたと見ることができる。

第4節　変動事由の複合

前節では，相続分の変動を生じさせる3つの変動事由を見てきた。しかし，現実の世界ではこれらの変動事由が複数かつ複雑にからんで生じることがあり，相続分の確定を困難なものにさせている。そこで本節では，これらの変動事由が複合する代表的な事案を設例として取り上げ，演習的に検討していく。なお，事案の整理上，相続人の組み合わせによって，①配偶者と子が共同相続人となる場合，②兄弟姉妹だけが共同相続人となる場合に分けて見ていこう。

1 配偶者と子が共同相続人となる場合

【設例4－41】相続人が配偶者と子の場合の変動事由の複合(1)――単独相続となる場合

> 被相続人Hは平成22年5月5日に死亡した。その相続人は，妻Wのほか，長男Aと長女Bの3人である。
>
> H死亡の1か月後である6月5日に，長男Aは父Hの相続について放棄も承認もしないままその子a_1とa_2を残して死亡した（妻とはすでに離婚）。a_1は父Aの相続について7月5日に家庭裁判所で相続放棄の申述をした。一方，a_2は，父Aの相続と祖父Hの相続の両方について，父Aの相続の熟慮期間（3か月）の最終日である9月5日までの間に相続放棄の手続など何のアクションも起こさずにその期間を徒過した。ただし，その後，a_2は祖父Hから純再転相続人として承継した相続分の全部を，祖母であるWに相続分の譲渡をした。
>
> Hの本位相続人であるもう一人の長女Bは，父Hの相続の熟慮期間の最終日である8月5日までに相続放棄の手続などをせずにその期間を徒過した。BはHの相続を単純承継した2か月後である10月5日に交通事故に遭い死亡した。Bは独身者で子もいない。
>
> 以上の事実関係において，Hの相続における遺産分割の当事者たる相続人及びその相続分はどのように確定するか。

① Hの相続人となるべき者，すなわち推定相続人は，W，A，Bの3人である。
② Hの相続が5月5日に開始し，3か月の熟慮期間中である6月5日に長男Aが死亡した。これによりいわゆる狭義の再転相続が開始することとなる。Hの長男Aの推定相続人はその子a_1とa_2の2人である。再転相続が生じた場合，もとの被相続人Hの相続について承認又は放棄をすべき熟慮期間は，Hの相続人となるべきであったAの死亡をそのAの相続人となるべき者が知った時から起算されることになる（916条）。つまり，a_1とa_2がHの相続について承認又は放棄をすべき熟慮期間は，彼らの父であるAの死亡を知った時である6月5日を起算日として開始し，そこから3か月後の9月5日に終了する。よって，再転相続人となるべき者は，（父Aの相続について相続の放棄を

していないことを条件に）その者の固有の権利として，伸長された9月5日までに，Hの相続について承認又は放棄することができることになる。
③ a_1はその3か月の熟慮期間中である7月5日に，父Aの相続（第2次相続）について家庭裁判所で相続放棄の手続をとった。これにより，a_1は当初から父Aの相続人ではなかったものとみなされ（939条），父Aが有していたHの相続に対する承認又は放棄の権利についてもa_1はAから承継しないことが確定する。つまり，a_1はAが有していたHの遺産に対する承認又は放棄の権利も行使できなくなるわけである。結果的に，Aからa_1への相続の流れが切断されたことにより，Aを経由したHからa_1への相続の流れも同時に切断されたことになる。
④ a_2はHの相続とAの相続のいずれについても熟慮期間中に何らのアクションも起こさなかった。それによって，まずAの相続人となることを承認した効果がa_2について発生し（法定単純承認。921条2号），それと同時に，Aの遺産についての熟慮期間中に，（a_2固有の権利としての）Hの遺産に対する相続放棄の手続をとらなかったことから，Hの再転相続人となることを承認した効果も発生する。
⑤ これにより，Aを経由するHの再転相続人はa_2だけとなる。その後，a_2は，この祖父Hから承継した相続分の全部を，祖母Wに譲渡した。
⑥ Hの本位相続人であるもう一人の長女Bは，父Hの相続についての熟慮期間の最終日である8月5日までに相続放棄などの手続をとらないでその期間を徒過した。その結果，8月6日をもって法定単純承認の効果が発生した（921条2号）。
⑦ Bは，Hの相続人となった後，10月5日に死亡した。これにより，いわゆる広義の再転相続が発生する。Bは独身者で子もなかったので，Bを経由するHの遺産の再転相続人は血族第2順位者であるBの母Wとなる。よって，WがBに代わる再転相続人として，（WがBの再転相続人となることを承認した上で）BがHから承継した遺産をそのまま再転承継することになる。
⑧ 以上のことから，Hの遺産の全部は，Hの妻Wだけに単独取得されることとなり，遺産分割で解消すべき共有関係はなくなる。
⑨ 設例における相続人確定と相続分確定をまとめると，次のようになる。
・W → Hの遺産に対する当初相続分1/2＋A経由のHの遺産に対するa_2

第4節　変動事由の複合　　1　配偶者と子が共同相続人となる場合　　175

　　　　　の再転相続分の譲受分1/4＋B経由のHの遺産の再転相続分1/4＝
　　　　　1
　・a₁→　父Aの相続に対して相続放棄をしたことから，Hの相続人にはな
　　　　　らないことが確定
　・a₂→　父Aを経由しての再転相続分をWに譲渡したことで分割請求権を
　　　　　喪失
　・B　→　Hから承継した遺産は，自己の死亡に伴う再転相続によりWに全
　　　　　部承継

【設例4－42】相続人が配偶者と子の場合の変動事由の複合(2)――共同相続となる場合

> 　被相続人Hの相続人は妻Wと長男A，次男B，長女Cの4人である。相続が開始した後，単純承認により相続人となった長男Aが死亡し，Aについての再転相続が開始した。Aの相続人は妻Awのほか子aである。長女Cはその相続分の全部を兄である次男Bに譲渡した。その後，Aの相続人aは，再転承継した相続分について相続分の放棄をした。
> 　以上の事実関係において，Hの相続における遺産分割の当事者たる相続人及びその相続分はどのように確定するか。

① 　Hの本来的な相続人である当初相続人は，妻W，長男A，次男B，長女Cの4人である。各人の本位相続分はWが1/2で，A，B，Cはいずれも1/6である。

② 　相続が開始した後，相続人となった長男Aが死亡し，AがHから承継した相続分1/6を対象に再転相続が開始した。再転相続人となったのは，Aの妻Awのほか，子aである。再転相続分は，Awとaのいずれも1/12（＝1/6×1/2）となる。

③ 　その後，長女Cはその本位相続分1/6を兄Bに譲渡した。これにより，Cの相続分は「0」となり，Bの相続分はBの本位相続分（1/6）＋Cからの譲受分（1/6）＝1/3に増加した。

④ 　さらに，亡Aの再転相続人aは自己の相続分の1/12について相続分の放棄をした。この放棄した1/12は，その時点における他の相続人の相続分の大きさに

応じて按分帰属することになる（255条）。つまり，放棄時点における他の相続人とその相続分は，W＝1/2，Aw＝1/12，a＝1/12，B＝1/3であるから，それぞれの持分の割合は，

・W：Aw：B＝1/2：1/12：1/3＝6：1：4

となり，aの放棄した1/12はこの割合で各人に按分帰属することになる。

⑤　以上により，Hの遺産分割時における相続人とそれぞれの相続分は，次のように確定する。

・Wの相続分　→　1/2＋（aの放棄分1/12×6/11）＝6/11
・Awの相続分→　1/12＋（aの放棄分1/12×1/11）＝1/11
・Bの相続分　→　1/3＋（aの放棄分1/12×4/11）＝4/11

２　兄弟姉妹だけが共同相続人である場合

【設例4－43】相続人が兄弟姉妹だけの場合の変動事由の複合

> 独身のままで被相続人Hは死亡した。Hには子はいなく，その直系尊属にも生存する者はいないことから，Hの相続人となるのは血族第3順位者である兄弟姉妹の3人である。この3人とは，Hと両親を共通にする弟A，父とその後妻との間の子である弟B，それに父が認知した婚外子の妹Cである。Hの相続が開始した後に，相続人となった弟Aが死亡したが，Aには死別した妻との間の子a_1のほか，Aが認知した子a_2がおり，その2人がAの相続人となった。Aは遺言により「a_1の相続分を2/3，a_2の相続分を1/3とする」旨の相続分の指定をしていた。その後，遺産分割までの間に，Hの本位相続人Cと亡Aの再転相続人a_2は，いずれもそれぞれの相続分を放棄した。
> 以上の事実関係において，Hの相続における遺産分割の当事者たる相続人及びその相続分はどのように確定するか。

①　Hの相続開始時における当初相続人は，A，B，Cの3人の弟妹である。Hと両親を共通にする弟はAだけであり，父の後妻との間の弟Bと父が認知した妹Cは，父だけを同じくする弟妹ということになる。したがって，3人の相続分の割合は「A：B：C＝2：1：1」となる（900条4号ただし書）。

第4節　変動事由の複合　**2**　兄弟姉妹だけが共同相続人である場合　*177*

② 相続が開始した後に弟Aが死亡し、その子a_1とa_2が再転相続人となった。a_1は嫡出子で、a_2は婚外子であるが、この点での法定相続分による区別はない（900条4号本文）。しかし、遺言による相続分の指定があるので、相続の割合は「$a_1 : a_2 = 2 : 1$」となる（902条1項本文）。

③ その後、本位相続人Cと本位相続人Aの再転相続人であるa_2の2人は、それぞれ自己の相続分を放棄した。放棄したそれぞれの相続分は、他の相続人に、その時点における各相続分の大きさに応じて按分帰属する（255条）。相続分が放棄された時点における他の相続人はa_1とBの2人であり、その時点における相続分はa_1が1/3で、Bが1/4である。Cとa_2の2人の相続分の放棄に伴う他の相続人（a_1とB）の拡張後の相続分を求めるには、すでに見たように、他の相続人であるa_1とBに対し不完全な（1に不足の）相続分の指定があったとみなして計算すればよい。その計算方法は次のとおりである（【設例4－11】参照）。

　　・a_1の修正後の相続分の割合
　　　　→　$1/3 ÷ （a_1の相続分1/3 ＋ Bの相続分1/4） = 4/7$
　　・Bの修正後の相続分の割合
　　　　→　$1/4 ÷ （a_1の相続分1/3 ＋ Bの相続分1/4） = 3/7$

④ 以上により、Hの遺産分割時における分割請求権を有する相続人はa_1とBの2人であり、各相続分は$a_1 = 4/7$で、$B = 3/7$となる。

■

第5章

具体的相続分の確定

前章では，本来的相続分（＝法定相続分・指定相続分）の内容について見てきた。この本来的相続分は，判例・通説によれば，実体法上の権利として形式的・画一的に定まる相続分であって，個々の相続人に特別の事情があるときには修正しなければならない。その要因となる事情が「特別受益」と「寄与分」である。

特別受益や寄与分がある場合に，本来的相続分（の割合）によって残余遺産（＝遺産分割時において分割の対象として現実に残っている遺産）を分配すると，相続人間の公平を失することになりかねない。それを回避し，遺産分割を実行するために，本来的相続分を修正した「具体的相続分」を算定するのであり，それが本章のテーマとなる。具体的相続分は「遺産分割分」ともいわれる。

第1節　相続分の修正

１　相続分の修正要素

遺産の範囲が確定すると，その価額に本来的相続分の「率」を乗じれば，各相続人の相続分が「額」として算定される。しかし，特定の相続人に特別受益や寄与分がある場合には，それを修正してより実質的で公平な相続分である「具体的相続分」を算定しなければならない。

ここに「特別受益」とは，特定の相続人が被相続人から受けていた特別の利益をいい，具体的には「贈与」（＝被相続人が生前に自らの意思で譲与した財産）と「遺贈」（＝遺言により無償又は負担付きで譲与した財産）をさす。これらは本来的相続分を修正する物的要因である。

一方，「寄与分」とは，特定の相続人が被相続人の事業や財産などの維持・増加について特別の貢献をしていながら，被相続人の生存中にその対価や補償等を得ていなかった場合に認められる相続分の増加額をいい，本来的相続分を修正する人的要因である。

これらの特別受益と寄与分を「(本来的)相続分の修正要素」などという。

本来的相続分は，特別受益や寄与分があればそれらを加味して修正されることになる。修正後の相続分を「具体的相続分」という。したがって，具体的相続分とは，本来的相続分の存在を前提として，より実質的で公平な分配

のために個々の事案の実情に応じて共同相続人の協議や家庭裁判所の審判によって修正された相続分であるということができる。

＊**本来的相続分と具体的相続分との関係**

　　特別受益や寄与分の主張に対しては，裁量判断によりそれぞれの事実認定が行われる。その認定は，訴訟によってではなく遺産分割の審判事件において判断される（審判事項）。この事実認定の結果によって，相続人間における実質的に公平な分配となる具体的相続分が形成され，それが遺産分割の際の分配率とされて各相続人の分配取得額が確定する。

　　実体法上存する権利は本来的相続分だけであり，具体的相続分はそうではない（具体的相続分はあくまで遺産分割を実行するための便宜的な概念であるともいえる）。この点をめぐる判断を明確に打ち出した対照的な2つの最高裁判決がある。

　　まず，確認訴訟の対象性が争点となった事案で，具体的相続分は，遺産分割事件や遺留分減殺事件の前提問題を離れてその確認を求める訴えは確認の利益を欠き，不適法とした（最判平7・3・7民集49巻3号893頁，最判平12・2・24民集54巻2号523頁）。すなわち，①具体的相続分は，遺産分割審判事件における遺産の分割や遺留分減殺請求訴訟事件における遺留分の確定等のための前提問題として審理判断される事項であり，②こうした事件を離れて具体的相続分のみを別個独立に判決によって確認することが紛争の直接かつ抜本的解決のため適切かつ必要であるということはできないとしたのである。

　　その上で，その後の判例は，相続が開始した後，遺産分割が未了の間に相続人が死亡した事案（再転相続）において，第2次被相続人が取得した第1次被相続人の遺産に対する相続分に応じて承継した共有持分権は実体法上の権利であり，第2次被相続人の遺産として（その相続承継の対象たる遺産となり，改めて特別受益などを考慮した具体的相続分に従って）遺産分割の対象になるとした（最決平17・10・11民集59巻8号2243頁）。

　　前者の判決では，個別具体的な事件ごとに形成・創設されるという側面から見て，具体的相続分は実体法上存在するものではない（個別的な）旨を消極的に明らかにし，後者の判決では，再転相続が発生した場合における一般的な承継対象性という側面から見て，本来的相続分は実体法上存在するものである（客観的な）旨を積極的に明らかにしたといえる。

　　特別受益や寄与分がある場合には，本来的相続分と具体的相続分の割合は形式上当然乖離が生ずる。

２ 具体的相続分算定のプロセス

　本来的相続分を修正し，具体的相続分を算定するためのプロセスは，概略，次の３つに分かれる。
① みなし相続財産の設定
② 具体的相続分の算定
③ 分配取得率（具体的相続分率）による修正
以下では，それぞれの内容について見ていこう。

(1) みなし相続財産の設定

　特定の相続人に特別受益や寄与分がある場合に，それを無視して，相続開始時の遺産をもとにして相続分を算定すると相続人間に不公平が生じてしまう。そこで，民法は，相続開始時の遺産にこれらの要素を加味した「みなし相続財産」というものを設定し，それに本来的相続分の「率」を乗じて，各相続人の相続分を一応の「額」として算定することとした。
　上述の「みなし相続財産」は，次のようにして設定される。
① 特別受益である「贈与」（遺贈は除く）を受けた相続人がいる場合には，その贈与を遺産の前渡しと捉え，相続開始時の遺産に持ち戻して加算する。その総額が「みなし相続財産」となる（903条１項）。
② 被相続人の遺産について寄与者がいる場合には，その者が行った「寄与分」をその者のもともとの固有財産と捉え，相続開始時の遺産から控除する。その控除後の総額が「みなし相続財産」となる（904条の２第１項）。

　以上のことをまとめると，特別受益や寄与分がある場合の「みなし相続財産」の額は，次の算式によって求めることができる。

みなし相続財産 ＝ 相続開始時の遺産 ＋ 贈与（遺贈は含まない）− 寄与分

＊みなし相続財産の基礎となる相続開始時の遺産(1)――第三者遺贈は含まない
　民法903条１項が規定する特別受益（＝贈与・遺贈）は相続人に対するものであるので，相続人以外の第三者に対する特別受益は除外して考えることが必要である。

したがって，第三者に対する遺贈（＝第三者遺贈）は被相続人の死亡と同時に相続開始時の遺産の中からすでに受遺者である第三者に移転されているので（離脱しているので）（物権的効力説），相続開始時の遺産には含まれないことに注意する（第3章第4節参照）。

＊**みなし相続財産の基礎となる相続開始時の遺産(2)——相続債務を控除しない積極財産の全体**

　民法903条1項は，みなし相続財産の設定の基礎として，「相続開始の時において有した財産の価額」と規定しているが，ここにいう「財産の価額」とは，相続債務を控除しない（含めない）積極財産の全体の価額を意味する。

　理由は，以下のとおりであるとされている。①民法は相続と同時の当然清算主義（積極財産から控除した財産をもって相続財産とする主義）を採用していない。②また，遺留分の基礎財産に関する民法1029条と異なり，債務の控除が民法903条の条文には書かれていない。③さらに，相続分算定の計算面で見る限りでは，相続債務の分担額の計算を積極財産からの分配取得額の計算とは切り離して別建てとしたほうが，遺産の割付けとの関係（純相続分額）あるいは遺留分侵害額の算定（純取り分額）との関係において何かと好都合である。

(2) 具体的相続分の算定

「みなし相続財産」に，各相続人の本来的相続分の「率」を乗じて得た相続分の「額」のことは「一応の相続分」などとよばれる（潮見佳男『相続法』〔第5版〕135頁の用語例。内田貴『民法Ⅳ』では「（法定）相続分額」の語が用いられている）。この一応の相続分に，①特別受益（贈与・遺贈）がある場合はその価額を控除し，②寄与分がある場合にはその価額を加算して得られた相続分が各相続人の「具体的相続分」である（903条1項・904条の2第1項）。

したがって，各相続人の具体的相続分は，次の算式で求められることになる。

具体的相続分
＝ <u>みなし相続財産×本来的相続分（率）</u> － 特別受益（贈与・遺贈）＋ 寄与分
　　　　　一応の相続分

［注］　この算式は，現在の判例・通説である「同時適用説」に基づくものである。その詳

第1節　相続分の修正　[2] 具体的相続分算定のプロセス

細については，後述第3節 [6] (1)参照。

(3) 分配取得率（具体的相続分率）による修正

このようにして求められた具体的相続分が，原則として各相続人が最終的に取得できる相続分（＝「分配取得額」などという）となる。しかし，特定の相続人に対する特別受益（贈与・遺贈）の額がその者の一応の相続分を超える場合（＝超過的贈与，超過的遺贈の場合）には，各相続人の具体的相続分の合計は残余遺産の額と一致しなくなり，そのままでは分配することができない。

そのことを次の設例で確認するとともに，その場合における修正方法について検討してみよう。

【設例5−1】分配取得率（具体的相続分率）による修正の例

> 被相続人Hの相続人が妻Wと子A，Bの3人であり，Hの遺産がマンション（評価額2400万円）と銀行預金（評価額1600万円）である場合（「序章」で見た【基本設例】の例）において，H死亡の半年前に子Aに対して生前贈与がされており，その価額が2000万円であった。各相続人の相続分はどうなるか。

① まず，各相続人の具体的相続分を算定する。
　(i) みなし相続財産
　　　→　4000万円（相続開始時遺産）＋2000万円（Aへの生前贈与）＝6000万円
　(ii) 上述(i)のみなし相続財産をもとに，各相続人の一応の相続分を出す。
　　・W→　6000万円×1/2＝3000万円
　　・A→　6000万円×1/2×1/2＝1500万円
　　・B→　6000万円×1/2×1/2＝1500万円
　(iii) 上述(ii)の一応の相続分を基礎として，各人の具体的相続分を算定する。
　　・W　→3000万円
　　　　Wには特別受益や寄与分はないので，上述(ii)の額がWの具体的相続分となる。
　　・A→　1500万円−2000万円（Aへの生前贈与）＝−500万円
　　　　Aへの生前贈与2000万円はAの一応の相続分1500万円より大き

いので，Aの具体的相続分はマイナスになる。

民法903条2項は，「遺贈又は贈与の価額が，相続分の価額に等しく，又はこれを超えるときは，受遺者又は受贈者は，その相続分を受けることができない。」と規定している。遺贈額又は贈与額が法定相続分を超えるとき，被相続人の意思は受遺者又は受贈者にはそれだけ余分に与えるということであるから，遺贈又は贈与の分だけは確保するにとどめ，残余遺産からの具体的相続分は「0」となる。いわば，遺産の先取り的な譲与があったものとしての処理となる。よって，具体的相続分がマイナスとなるときは「0」とする。

・B→　1500万円

Bには特別受益や寄与分はないので，上述(ii)の額がBの具体的相続分となる。

(iv) よって，W，A，Bの具体的相続分の合計は次のようになる。

→　3000万円＋0円＋1500万円＝4500万円（≠残余遺産4000万円）

② 以上のとおり，具体的相続分の合計4500万円は，残余遺産の4000万円と一致しないので，そのままでは各相続人に分配できないことがわかる。では，どのようにすればよいか。

③ 実務では，各相続人の具体的相続分の大きさに応じた割合（按分割合）を出し，それを残余遺産に乗じることによって，各相続人の実際の分配取得額を算定している。この按分割合のことを「分配取得率」（又は「具体的相続分率」）という。これは相続開始時の遺産と遺産分割時の遺産との評価額が異なっているときの調整にも利用されている（第3章第2節(2)(b)参照）。

④ このことから，各相続人の具体的相続分を修正すると，以下のようになる。

（i）遺産分割の対象となる残余遺産は相続開始時の遺産（4000万円）である。Aへの生前贈与（2000万円）がA自身の一応の相続分（1500万円）を超過しているので，上述①(iv)の合計（3000万円＋0円＋1500万円＝4500万円）が残余遺産（4000万円）と一致しなくなる。そこで，これを是正するために，各相続人の分配取得率（具体的相続分率）を出さなければならない。

・Wの分配取得率（具体的相続分率）→　3000万円÷4500万円＝2/3

・Aの分配取得率（具体的相続分率）→　　0円÷4500万円＝0

・Bの分配取得率（具体的相続分率）→　1500万円÷4500万円＝1/3
(ii) 残余遺産の4000万円に上述(i)の分配取得率（具体的相続分率）を乗じて，各相続人の最終的な分配取得額を確定させる。
・Wの分配取得額→　4000万円×2/3≒2666.7万円
・Aの分配取得額→　4000万円×0＝0円
・Bの分配取得額→　4000万円×1/3≒1333.3万円
(iii) 上述(ii)の合計（2666.7万円＋0円＋1333.3万円）が残余遺産の4000万円と一致するので，(ii)の金額が各相続人の最終的な分配取得額となる。

(4) まとめ

以上見てきたことから，最終的な分配取得額を確定する手順をまとめてみよう。

(a) 特別受益や寄与分がない場合

この場合は，みなし相続財産（＝相続開始時の遺産＋贈与－寄与分）を設定する必要はない。したがって，相続開始時の遺産に本来的相続分の「率」を乗じて得たものが（本来的）相続分の「額」となり，それがそのまま実際の分配取得額となる。ただし，相続開始時の遺産の評価額と遺産分割時の遺産の評価額が異なるときには，遺産分割時の評価額によって算定することに注意する（第3章第2節(2)(a)参照）。

(b) 特別受益や寄与分がある場合

ある特定の相続人に贈与や寄与分があるときは，みなし相続財産（＝相続開始時の遺産＋贈与－寄与分）を設定し，それに本来的相続分率を乗じて，各相続人の一応の相続分を出す。この一応の相続分をもとに，一方では（遺産の前渡しとされる）遺贈と贈与の価額を控除し，他方では（その者の特有財産とでもいうべき）寄与分の価額を加算したものが個々の具体的相続分であって，原則としてそれが最終的な分配取得額となる。

ただし，特別受益（遺贈・贈与）が一応の相続分を超えるときには，各相続人の具体的相続分の合計と残余遺産の価額とが一致しなくなる（超過分が捨象されて「0」となり，それによって各相続人の具体的相続分の合計が残余遺産の価額より超過分だけ多くなるために生じる）ので，各相続人の具体的相続分の大きさに応

じた按分割合（＝分配取得率）を出し，それを残余遺産の価額に乗じることによって，実際の分配取得額を算定することになる。これは見方を変えれば，超過受益者を除外した他の相続人の本来的相続分の大きさに応じた按分割合によって，残余遺産を分配することでもある。

遺贈・贈与・寄与分は，いずれも本来的相続分の修正要素と位置づけられるので，いずれかが1つでも含まれる事案においては，本来的相続分は必ず修正されることになる。

第2節　特別受益

特定の相続人に特別受益がある場合の相続分（具体的相続分）の算定は，①まず，相続開始時の遺産に特別受益である贈与を持ち戻して加算して「みなし相続財産」とし，それに各相続人の本来的相続分率を乗じて各々の「一応の相続分」を出す，②その上で，特別受益を受けた者（特別受益者）はそこから贈与や遺贈の額を控除して自己の相続分を確定する，というプロセスを経ることになる。このように特別受益を遺産の前渡しとみなして相続分算定の基礎に組み入れる計算上の扱いを「特別受益の持戻し」という。

特別受益の持戻しによる具体的相続分の算定において重要となるポイントを以下に見ていこう。

1　特別受益とみなし相続財産

被相続人から「贈与」を受けた相続人がいる場合には，相続開始時の遺産の額（第三者遺贈があるときはその分を控除した額）に，その「贈与」の額を加えて「みなし相続財産」とする（903条1項）。ここにいう「贈与」とは，遺産の前渡しと評価される，婚姻・養子縁組のため又は生計の資本として提供された贈与をさす。

これに対して，同じ特別受益である「遺贈」は，民法903条1項に規定がないことから，相続開始時の遺産に加算する必要はないとされる。その理由は以下のとおりである。遺贈は，被相続人の死亡と同時に相続開始時において現存する遺産の中から譲与される財産であり，その受遺財産の所有権は相

続開始と同時に被相続人から受遺相続人に移転し，相続開始時の遺産からはすでに離脱している（物権的効力説）。このことからすると，遺贈も，贈与と同様，遺産の前渡しの性質を有することとなり，相続開始時の遺産に持ち戻して加算してみなし相続財産を設定するのが本来ではないかとも考えられる。

しかし，譲与の効果発生時期の点から見ると，贈与は被相続人の生前に与えられた財産であるから，相続開始時の遺産には当然含まれておらず，そのためそこに持ち戻して加算する必要があるといえる。他方，遺贈は被相続人の死亡時においてその現有する財産の中から与えられるものであるから，相続分の算定では相続開始時の遺産の中に含まれているとみなすことができる。そこで，遺贈については，贈与とは異なり，それを相続開始時の遺産に持ち戻して加算するという迂遠な方法は避け，端的に遺贈を含む相続開始時の遺産をみなし相続財産として設定するのである。

以下の設例で見てみよう。

【設例5－2】遺贈とみなし相続財産

> 被相続人Hの相続人が子A，Bの2人であり，相続開始時の遺産が4000万円であった。Hが死亡する直前に子Aに2000万円の生前贈与をし，遺言で子Bに1000万円を遺贈していた場合，みなし相続財産はどうなるか。

① A，Bの具体的相続分を算定するために中間的に設定されるみなし相続財産は，遺贈分が相続開始時の遺産から完全に離脱していると捉えると，相続開始時の遺産にそれを持ち戻して加算して設定することが必要になる。

・みなし相続財産＝相続開始時の遺産（4000万円－1000万円）＋遺贈分（1000万円）＋生前贈与分（2000万円）
　　　　　　　＝6000万円

② 他方，遺贈分が相続開始時の遺産に含まれているとみなすと，みなし相続財産は，相続開始時の遺産に遺贈分を持ち戻して加算して設定する必要はなくなる。

・みなし相続財産＝相続開始時の遺産（4000万円）＋生前贈与分（2000万円）
　　　　　　　＝6000万円

③　結局，両者は同じ結果となるから，後者の計算方法で設定してもよい。遺贈は持戻しの対象となるが，みなし相続財産の設定においては相続開始時の遺産に含まれているとして持戻し加算はしないことになる。

　遺贈は，相続開始時においては，遺産の前渡しと捉え，本来的相続分の修正要素として機能するが，遺産分割時においては，遺産からの離脱効（権利移転効）により遺産分割の対象には含まれないことになる。したがって，各相続人の最終的な分配取得額を算定する段階では，相続開始時の遺産から遺贈分を控除した残余財産によって遺産分割が行われることに注意を要する。

２　特別受益の種類

Ⅰ　生前贈与

(1)　特別受益として持戻しの対象となる生前贈与

　民法549条は，「贈与は，当事者の一方が自己の財産を無償で相手方に与える意思を表示し，相手方が受諾をすることによって，その効力を生ずる。」としている。ここに規定する贈与は，契約をすると同時に物の所有権が受贈者に移転するものであり，これがいわゆる「生前贈与」である。このうち特別受益として持戻しの対象となる「生前贈与」は，「婚姻若しくは養子縁組のため若しくは生計の資本として」された財産上の給付である（903条１項参照）。婚姻・養子縁組のための贈与とは，持参金，嫁入り道具，支度金などが典型であり，生計の資本としての贈与とは，例えば，農家の次男が独立するために田畑の一部をもらうことや，営業資金を受けること，所帯をもつために住居を建ててもらうことなど，広く生計の基礎として有用となる財産上の給付を得ることを意味する。したがって，親の扶養義務の範囲に属する給付（小遣いや御祝いなど）はここにいう贈与にはあたらない。

(2)　生前贈与の類型

　民法903条１項は，特別受益となる生前贈与として，①婚姻・養子縁組のための贈与と，②生計の資本としてなされた贈与を規定している。その具体的な類型をまとめると，以下のとおりである。

(a) 婚資・縁資

相続人となるべき者（推定相続人）が，婚姻又は養子縁組に際し，持参金やその他の支度品の贈与を受けていた場合には，それらの給付は特別受益に該当する。ただし，その価額が少額で，被相続人の生前の資産及び生活状況に照らして扶養の一部と見られるような場合には，特別受益とはならない。

紛らわしいのは，結納金や挙式費用である。結納金はふつう親の社交上の儀礼としての出費と見られ，挙式費用も遺産の前渡しとはいえないから，特別受益に該当しないことが多いであろう。ただし，社交上の儀礼を超えるような多額の場合には，特別受益に該当することもありえよう。

(b) 学　資

生計の資本としての贈与の1つである。専門学校・大学・大学院などの高等教育のために被相続人の支出した費用又は被相続人から贈与された金銭は，原則として特別受益にあたる。ただし，被相続人の生前の資産及び生活状況に照らして扶養の一部と認められる場合は該当しない。留学の費用，留学に準じるような海外旅行の費用なども同様である。かつて大学に進学するための学資はふつう特別受益とされたが，兄弟姉妹がすべて大学に進学するような環境の下では，特別な受益とされないこともありえよう。

(c) 不動産

生計の資本として贈与と認められる場合が大半であり，原則として特別受益に該当する。

(d) 動産，金銭

相当額の贈与は，原則として特別受益に該当する。相当額とは，被相続人及び相続人の資産や生活状況からして，小遣い，慰労金，礼金の範囲を超え，相続分の前渡しと認められる程度の高額を意味する。親としての通常の援助（扶養義務）の範囲内でされた御祝いの趣旨であれば，特別受益にはならない。

子が精神的要因あるいは病弱等の身体的要因により働くことができず，ある程度の年齢になっても親が扶養することがあるが，そういう場合の扶養義務に基づく援助であれば，特別受益にはならないと解される。

問題は，子が自力で生活できる能力がないわけではないのに親が援助する場合である。客観的に見て必ずしも要扶養状態にあるわけではないという場

合は，特別受益に該当するであろう。ただし，親の主観的意図として扶養の趣旨で援助していたのであれば，金額や援助の事情にもよるが，後述の持戻し免除の黙示の意思表示（後述(5)(c)(ロ)参照）が認められる場合があろう。

(e) 借地権の承継

被相続人名義の借地権を，被相続人の生前に，相続人の1人の名義に書き換えることがある。通常は被相続人名義のときは被相続人が借地料を支払い，相続人名義となった後はその相続人が借地料を支払う。そうであるならば，その相続人は借地権の対価を支払っているので何らの利益も得ていないかのように見える。しかし，借地権が更地の一定割合で評価され，独自の経済的価値を有している現状では，借地料の支払は使用の対価であって取得の対価ではない。したがって，借地権の名義を書き換えた場合は，原則として借地権相当額の利益を得たことになる。

名義の書換えにあたり，その相続人が借地権取得の対価と認められる程度の名義書換料を支払っていた場合には，相続開始時の借地権価額から名義書換料支払当時の借地権価額に対する金額を差し引くべきであろう。

被相続人との賃貸借契約が解除，解約又は合意解除され，新たに相続人の1人と契約を締結することがある。形式上，借地権の承継とはいえなくとも，その実態において被相続人の借地権の取得と認められる場合には，特別受益があるものと認めてよい。

ちなみに，借家権の場合は，通常，家賃の支払があれば対価を支払っているものと認められるので，原則として承継・設定ともに特別受益の問題は生じないと解されている。

(f) 借地権の設定

被相続人の土地の上に相続人が建物を建築するにあたってその土地に借地権を設定した場合，上述(e)の場合と同様，借地権の設定によりその相続人は借地権相当額の利益を得ることになり，その一方で被相続人の土地は借地権相当分の価値が減少していることとなる。したがって，借地権の設定は贈与と同視することができ，借地権相当額の特別受益に該当する。

ただし，借地権取得の対価，すなわち世間相場の権利金を支払っている場合は，贈与と同視できないので特別受益にあたらない。事情によっては，後

述の持戻し免除の意思表示が認められる場合もあろう。

　(g)　不動産の無償使用

　遺産である土地の上に相続人の1人が建物を建て、その土地を無償で使用している場合と、遺産である建物に相続人の1人が居住している場合がある。

　土地の無償使用では、通常、被相続人と建物を建築した相続人との間に使用貸借契約があるものと認められるが、それは換価されにくいので、その相続人は事実上占有できることになり、一方、他の相続人には主張することのできる占有権原があるので、この利益は特別受益となる。評価はなかなか難しいが、通常、更地価額の1割から3割の間で事情によって決定されているようである。持戻し免除が認められる場合のあることは前述(f)と同様である。

　建物の無償使用の場合、その形態は大きく分けて2つの類型がある。すなわち、①相続人の1人が被相続人と同居していたが、単なる占有補助者であって独立の占有権原があるとは認められない場合、②被相続人と同居していない場合である。

　①の使用貸借契約の存在が認められず相続人に独立の占有権原がない場合は、当該相続人には同居したことにより家賃の支払を免れた利益はあるが、被相続人の財産には何らの価値減少もなく遺産の前渡しという性格がないので、特別受益には該当しない。②の被相続人と同居していない場合は、通常、使用貸借契約があるものと認められる。この独立の占有権原がある場合には、土地の無償使用の場合と同様、使用貸借権相当額の特別受益となる。

　(h)　借金の肩代わり弁済

　被相続人が相続人の連帯保証人や身元保証人になり、多額の債務を支払ったものの求償していない場合は、その債務負担分が相続分の前渡しとして生前贈与にあたるといえる。相続人（長女）の夫Yの身元保証債務300万円（相続開始時における評価では997万円）について、被相続人が家族の協力を得ながら支払い、夫Yに対して求償しなかったことを、長女に対する特別受益と認定した事例がある（高松家丸亀支審平3・11・19家月44巻8号40頁）。

　(3)　持ち戻す「贈与」の評価

　民法904条は、「前条に規定する贈与の価額は、受贈者の行為によって、その目的である財産が滅失し、又はその価格の増減があったときであっても、

相続開始の時においてなお原状のままであるものとみなしてこれを定める。」と規定している。したがって，相続開始時の遺産に持ち戻す（加算する）贈与の価額は，原則として，相続開始時点の現状で評価することになる。相続開始時の評価額が算定基準となるのである（なお，特別受益（贈与・遺贈）の評価の時期については，後述 3 で詳述するのでそちらを参照）。

持ち戻す「贈与」の評価に関しては，次のような問題がある。

(a) 金　銭

贈与が金銭であった場合は，贈与を受けた時の金額を相続開始時の貨幣価値に換算した価額で評価すればよい（最判昭51・3・18民集30巻2号111頁）。贈与時が相続開始時に近ければ多少の変動があっても換算しないことが多いと思われるが，何十年も前の金銭贈与の場合には，基本的に貨幣価値が異なるので換算が必要となろう。換算の方法としては，総務省統計局が公表している「消費者物価指数」（ＣＰＩ）を用いるのが一般的である（http://www.stat.go.jp/data/cpi/index.htm）。

ＣＰＩによると，例えば平成22年度を100とした場合における，過去の年度ごとの消費者物価（総合）指数が報告されている。ちなみに，昭和45（1970）年度の消費者物価指数（全国総合）は33.4であり，平成10（1998）年度は104.4である。

例えば，昭和45年に被相続人から100万円の贈与を受けており，平成10年に被相続人が死亡したとすると，贈与時の100万円は，上記消費者物価指数によれば，相続開始時には3倍強の価値を有することが推測できる。具体的には「100万円×（104.4÷33.4）＝312万5749円」となる。

なお，子が家を建てて独立するような場合，親が不動産を買って贈与するのではなく，その資金を贈与したというときは，原則的には金銭の贈与になる。しかし，その不動産の購入資金をすべて贈与し，それがなければ不動産が買えなかったという事情があるときには，不動産自体の贈与とみなされることもあると考えられる。

(b) 不動産・動産

居宅にしている不動産，有価証券やゴルフ会員権など経済情勢によって価格変動が生じるものについても，原則として相続開始時における時価によっ

て評価される。ただし，相続人間では評価時をいつにするかが問題となることが少なくない。

【設例5－3】持戻し贈与の評価(1)——一般的な場合

> 被相続人Hが死亡し，相続人は子A，Bの2人である。相続開始時の遺産は2000万円である。被相続人Hはその死亡の10年前に，長男Aに金銭で1500万円を贈与し，同時期に，次男Bに対して当時2000万円相当の土地を贈与していた。Aは金銭を消費し，Bもその土地を売却している。相続開始時において，金銭の貨幣価値は2000万円に換算され，土地は4000万円と換算された。A，Bの相続分算定はどうなるか。

① 贈与を受けた金銭と土地は，いずれも相続開始時点においてなおそのままの状態であるものと仮定して相続分の算定を行うことになる。よって，贈与を受けたこれらの財産も相続開始時の価額に換算しなければならない。
② 相続開始時の価額に換算した贈与（金銭＝2000万円，土地＝4000万円）を相続開始時の遺産（2000万円）に持ち戻して加算して，みなし相続財産（8000万円）を設定する。
③ このみなし相続財産8000万円にA，Bの本来的相続分率（1/2）を乗じる。A，Bの一応の相続分はそれぞれ4000万円ずつとなる。
④ A，Bの一応の相続分から，各人の贈与の相続開始時の評価額を控除すると，Aの具体的相続分は4000万円－2000万円＝2000万円となり，Bの具体的相続分は4000万円－4000万円＝0円となる。これらの合計は残余遺産の2000万円と一致しているので，各人の最終的な分配取得額となる。
⑤ ちなみに，贈与された各財産を贈与時における価額で算定すると，次のようになる。
　(i) みなし相続財産
　　・相続開始時の遺産2000万円＋金銭1500万円＋土地2000万円＝5500万円
　(ii) 一応の相続分
　　・A→　5500万円×1/2＝2750万円
　　・B→　5500万円×1/2＝2750万円
　(iii) 具体的相続分

・A→　2750万円−1500万円＝1250万円
・B→　2750万円−2000万円＝750万円

(iv) 遺産分割の対象となる残余遺産は相続開始時の遺産（2000万円）である。上述(iii)の合計（1250万円＋750万円）が残余遺産の2000万円と一致するので，(iii)の金額がA，Bの最終的な分配取得額となる。

(v) 贈与時の価額で計算すると，物価の上昇率が無視された分だけAは損をし，逆にBは得をする結果になる。

(c) 毀損・売却された「贈与」

　贈与された財産が受贈者の行為によって滅失したり，又はその価格の増減があった場合（転売や毀損など）であっても，相続開始の時点においてなお原状のままあるものとみなして，その価額を評価する（904条）。

　民法904条にいう「受贈者の行為」とは，故意行為のほか，過失による場合も含まれる（通説）。「贈与の目的物の滅失」とは，焼失，破壊などの事実行為による物理的滅失のほか，贈与や売買などの法律行為による経済的滅失も含む。「価格の増減」とは，物価の変動を意味するのではなく，使用，修繕，改良，損傷などによりその価値に増減を生ずることを意味する。

【設例5−4】持戻し贈与の評価(2)──受贈農地を宅地化した場合

> 　相続開始の10年前にAは被相続人Hから当時500万円相当の農地の贈与を受けていた。Aは贈与された農地を，その後宅地に造成した。相続開始時点において，その土地は農地のままだと1000万円であるが，宅地化された後の価額は2000万円と換算された。この場合の生前贈与の価額はいずれの価額によるべきか。

① 上述のとおり，民法904条にいう目的物の「価格の増減」とは，物価の変動を意味するのではなく，使用，修繕，改良，損傷などによってその価値に増減を生ずることを意味する。

② 贈与を受けた農地はその後，Aの改良行為，すなわち造成によって宅地化されたのであるが，持戻しの対象となる遺産は相続開始時においてもなお原

状のまま存在するものとみなすので，造成しない農地のままで存在するものと仮定し，それを相続開始時の価格である1000万円で評価することになる。

(d) 不可抗力によって減価・滅失した「贈与」

不可抗力による減価・滅失は，民法904条の反対解釈として，特別受益者にとってあまり酷にならないよう，算定の際に配慮すべきものと解するのが一般である。

【設例５－５】持戻し贈与の評価(3)──不可抗力による減価・滅失の場合

> 被相続人Hが死亡し，相続人は子A，Bの２人である。Aは，Hから10年前に建物を贈与されていたが，その後，地震により倒壊消失してしまった（地震保険はかけていなかった）。この場合の贈与の価額はどうか。

① 家屋などの不動産は，現存する限りは，相続開始時の時価に換算することになるが，天災や類焼など不可抗力によって滅失した場合は，加算を認めないのが公平である。
② ただし，受贈者が，例えばそれに代わるものとして何らかの補償（保険金など）を受けているようなときは，その限度で特別受益があると解される。
③ したがって，設例の場合は代替補償となる保険金など何も受け取っていないので，贈与はなかったものとして扱われる。

(4) 生前贈与の持戻しの計算例

生前贈与がある場合の持戻し計算はどのように行うのかを，以下の設例によって見ていこう。

【設例５－６】生前贈与の持戻し(1)──相続分を超過しない生前贈与の場合

> 被相続人Hが死亡し，相続人は妻Wとその間の子A，B，Cの４人である。Hの遺産は7000万円である。Aには営業の資金として1200万円を，Bには結婚の際に持参金として800万円をそれぞれ生前に与えていた。この場合におけ

る各相続人の相続分算定はどのようになるか。

① 相続開始時の遺産への持戻し（加算）の対象となるのは，婚姻・養子縁組のための贈与又は生計の資本としての贈与であるから，Aへの営業資金とBへの婚姻のための持参金がそれに該当する。よって，Aへの生前贈与1200万円とBへの生前贈与800万円を相続開始時の遺産に持ち戻して加算してみなし相続財産とする。

・みなし相続財産
→ 7000万円（相続開始時遺産）＋1200万円（Aへの生前贈与）＋800万円（Bへの生前贈与）＝9000万円

② 上述①のみなし相続財産をもとに，各相続人の一応の相続分を出す。
・W→　9000万円×1/2＝4500万円
・A→　9000万円×1/2×1/3＝1500万円
・B→　9000万円×1/2×1/3＝1500万円
・C→　9000万円×1/2×1/3＝1500万円

③ 上述②の一応の相続分を基礎として，各人の具体的相続分を算定する。
・W→　4500万円
・A→　1500万円－1200万円（Aへの生前贈与）＝300万円
・B→　1500万円－　800万円（Bへの生前贈与）＝700万円
・C→　1500万円

④ 遺産分割の対象となる残余遺産は相続開始時の遺産（7000万円）である。各相続人が受けた生前贈与の額が一応の相続分を超過していないので，上述③の各相続人の具体的相続分の合計（4500万円＋300万円＋700万円＋1500万円）は残余遺産の7000万円と等しくなる。よって，分配取得率（具体的相続分率）による修正は不要であり，③の金額が各相続人の最終的な分配取得額となる。

【設例5－7】生前贈与の持戻し(2)――――相続分を超過する生前贈与の場合

被相続人Hが死亡し，相続人は妻Wとその間の子A，B，Cの4人である。Hの遺産は1200万円である。Hはその生前にAに600万円を贈与していた。この場合における各相続人の相続分算定はどのようになるか。

① まず、Aに対する生前贈与600万円を相続開始時の遺産に持ち戻して加算して、みなし相続財産を設定する。
　　・みなし相続財産
　　　　→　1200万円（相続開始時遺産）＋600万円（Aへの生前贈与）＝1800万円
② 上述①のみなし相続財産をもとに、各相続人の一応の相続分を出す。
　　・W→　1800万円×1/2＝900万円
　　・A→　1800万円×1/2×1/3＝300万円
　　・B→　1800万円×1/2×1/3＝300万円
　　・C→　1800万円×1/2×1/3＝300万円
③ 上述②の一応の相続分を基礎として、各人の具体的相続分を算定する。
　　・W→　900万円
　　・A→　300万円－600万円（Aへの生前贈与）＝－300万円
　　　　　具体的相続分がマイナスとなるときは「0」とする。
　　・B→　300万円
　　・C→　300万円
④ 遺産分割の対象となる残余遺産は相続開始時の遺産（1200万円）である。Aへの生前贈与（600万円）がA自身の一応の相続分（300万円）を超過しているので、上述③の合計（900万円＋0円＋300万円＋300万円＝1500万円）が残余遺産（1200万円）と一致しなくなる。そこで、これを是正するために、各相続人の分配取得率（具体的相続分率）を出さなければならない。
　　・Wの分配取得率（具体的相続分率）→　900万円÷1500万円＝3/5
　　・Aの分配取得率（具体的相続分率）→　　0円÷1500万円＝0
　　・Bの分配取得率（具体的相続分率）→　300万円÷1500万円＝1/5
　　・Cの分配取得率（具体的相続分率）→　300万円÷1500万円＝1/5
⑤ 残余遺産の1200万円に上述④の分配取得率（具体的相続分率）を乗じて、各相続人の最終的な分配取得額を確定させる。
　　・Wの分配取得額→　1200万円×3/5＝720万円
　　・Aの分配取得額→　1200万円×0＝0円
　　・Bの分配取得額→　1200万円×1/5＝240万円
　　・Cの分配取得額→　1200万円×1/5＝240万円
⑥ 上述⑤の合計（720万円＋0円＋240万円＋240万円）が残余遺産の1200万円と

一致するので，⑤の金額が各相続人の最終的な分配取得額となる。

(5) 持戻し免除の意思表示
(a) 意　義
　被相続人は，意思表示によって特別受益者（生前贈与の場合だけではなく遺贈の場合も含む）の持戻しを免除することができる（903条3項）。生前贈与や遺贈をその者の特別な取り分として与えようとする被相続人の意思を尊重して，持戻しの免除（もともと計算上持戻し不要の遺贈も含めてこう呼ぶ）が認められるのである。
　被相続人に持戻し免除の意思が認められるときには，特別受益たる生前贈与は相続開始時の遺産に加算しない処理となる。その意味で，民法903条1項及び2項は，当事者の自由処分が可能で，一種の任意規定ということができる。
(b) 持戻し免除の意思表示の方式
　持戻し免除の意思表示については，その方式に制限はなく，明示であると黙示であるとを問わない。生前にされる場合もあれば，遺言による場合もある。贈与をした経緯，趣旨などを総合的に考慮して，被相続人が相続分のほかに特に与えたいという趣旨に基づくものであり，またそのことに合理的な事情があれば，黙示の意思表示でも認められることになる。ただし，相続人間の公平に影響を及ぼすから，その認定には慎重な対処が必要とされよう。なお，遺贈についての持戻し免除の意思表示は，遺贈が要式行為である関係から遺言によって行われる必要があるとする見解もあるが，民法903条3項はそのような制限的規定とはなっていない。
(c) 持戻し免除の意思表示が認定される場合
(イ) 家業承継の必要がある場合
　特定の相続人に対し生前贈与をした後，遺言でその贈与に言及せずに相続分の指定を行ったときには，持戻し免除の意思が推認される場合があると考えられる。福岡高決昭45・7・31（判タ260号339頁）では，相続人である三男に相続分をはるかに超える農地等を贈与し，家業の農業を自己と同居のその三男に継がせる意思であったこと，日付の記載を欠くために遺言書としては

効力のない書面ではあるが，全財産を三男に譲渡する旨の記載があったことなどの事情を認定し，持戻し免除の意思が表示されていたと認められた。

　(ロ)　相続分以上の財産を必要とする特別な事情がある場合

　例えば，身体的・精神的障害などの理由から経済的に恵まれていない相続人に対する将来の扶養のために，相続分以上の財産を生前贈与や遺贈する場合がある。このような場合において，「強度の神経症のため独立した生計を営むことが期待できない相続人長女に，他の相続人と区別して特に宅地を贈与したことは，その贈与にあたり，持戻免除の意思を少なくとも黙示的に表示したものと推認できる」とした裁判例がある（東京高決昭51・4・16判タ347号207頁）。

　(ハ)　被相続人が利益を得たことの見返りとして生前贈与がされた場合

　推定相続人の1人に対して被相続人の介護をしたなどの特別の寄与に報いるために，被相続人が贈与又は遺贈をしたような場合には，これらの贈与・遺贈については，寄与分を認めないこととの引換えに持戻しの免除がされているものと評価される余地がある。

　例えば，被相続人が妻に土地の共有持分を贈与した事例において，これは長年にわたる妻としての貢献に報い，その老後の生活の安定をはかるためであって，妻には他に老後の生活を支えるに足る資産も住居もない事情のもとでは，黙示の意思表示をしたものと解されるとした裁判例がある（東京高決平8・8・26家月49巻4号52頁）。

　被相続人が自己所有の土地に相続人の建物を建てさせることはしばしば見られる。このような場合は，当該相続人が土地に対する使用貸借権を取得すると考えられるので，特別受益に該当することになろう。しかし，被相続人にはそもそも相続人に使用貸借権という法的利益を与えたという意識がない場合も少なくないと思われるので，問題となる。これに関する審判例では，被相続人の所有地に長男が家屋を新築するに際して，被相続人と同居しその面倒をみることが前提とされ，また新築家屋の一部の使用収益を被相続人に委ねていた事情のもとでは，長男の土地使用の権原は一種の負担付使用貸借上の権利に基づくものであり，持戻し免除の意思を表示したものと認められるとされた（東京家審昭49・3・25家月27巻2号72頁）。

(d) 持戻し免除の意思表示が遺留分規定に反する場合の扱い

相続人の1人に対して持戻し免除付きで特別受益が与えられた結果，他の共同相続人の遺留分権が侵害され減殺請求権が行使されると，遺留分の計算においては，当該遺留分の侵害を生じさせている限度で持戻し免除は働かなくなる (1044条による903条3項準用)。つまり，特別受益の持戻し計算は，遺留分侵害を阻止しうる限度において機能を回復し，その結果，遺留分減殺請求権の範囲で相続分権が保障されることになるわけである。

裁判例（大阪高判平11・6・8判時1704号80頁）は，遺留分算定の基礎財産の確定方法に関して，「被相続人が，共同相続人に対する贈与（特別受益）につき，持戻し免除の意思表示をしている場合であっても，これを無視し，民法903条1項に定める贈与の価額は民法1030条に定める制限なしに遺留分算定の基礎財産に算入すべきである」と判示した。このことから，持戻し免除の意思表示があったと認定されても，遺留分侵害が発生して減殺請求がされた場合には，遺留分算定との関係では，持戻し免除の意思表示は無効ということになる。

また，最高裁は，この場合における遺留分侵害額の回復の方法を明確に示した（最決平24・1・26裁時1548号1頁・家月64巻7号100頁）。すなわち，減殺される対象を持戻し免除の意思表示とした上で，「遺留分減殺請求により特別受益に当たる贈与についてされた持戻し免除の意思表示が減殺された場合，持戻し免除の意思表示は，遺留分を侵害する限度で失効し，当該贈与に係る財産の価額は，上記の限度で，遺留分権利者である相続人の相続分に加算され，当該贈与を受けた相続人の相続分から控除されるものとするのが相当である」と判示した。

【設例5－8】贈与に対する持戻し免除の意思表示の減殺方法(1)

被相続人Hの相続人は，妻Wとその間の子A，B，そして先妻の子としてC₁，C₂，C₃である。法定相続分は妻Wが1/2で，5人の子はいずれも1/10である（簡素化のため先妻の子は3人まとめてCとし，その相続分はまとめて3/10とする）。Hは遺言を残しており，「Wの相続分は1/2，AとBの相続分は各1/4，C

第2節　特別受益　2　特別受益の種類　Ⅰ　生前贈与　203

> の相続分は0」とする内容の指定相続分であった。相続開始時の遺産は5200万円であるが，Hは死亡する直前に，子Bに5000万円の贈与をしていた。この贈与については同じ遺言において，相続分算定では相続財産に持ち戻さない旨の持戻し免除の意思表示がされていた。指定相続分が「0」とされたCがW，A，Bの3人に対して遺留分減殺請求をした場合，各相続人の相続分はどのようになるか。
>
> （【設例4－27】と同じ最決平24・1・26の事案をベースにする）

① 第4章【設例4－27】により，指定相続分「0」のCが遺留分減殺請求をしたことによって，減殺後の各相続人の修正相続分は，W＝23/52，A＝53/260，B＝53/260，C＝3/20となる。

② 被相続人Hが子Bにした贈与については持戻し免除がされているので，特別受益としての持戻しはされず（903条3項），みなし相続財産を設定することも不要となり，上述①の修正相続分がそのまま分配取得率となる。よって，各相続人の残余遺産（5200万円）からの分配取得額は，次のようになる。

・Wの分配取得額→　5200万円×23/52＝2300万円
・Aの分配取得額→　5200万円×53/260＝1060万円
・Bの分配取得額→　5200万円×53/260＝1060万円
・Cの分配取得額→　5200万円×3/20＝780万円

③ 強行規定が適用される遺留分制度の趣旨に鑑みれば，特別受益にあたる贈与につき持戻し免除の意思表示がされていた場合であっても，遺留分侵害額の算定に関しては，その贈与を相続開始時の遺産に持ち戻して加算して，遺留分算定の基礎となる財産にしなければならない。よって，遺留分権利者Cの個別的遺留分は次のようにして算定される。

・遺留分算定の基礎となる財産の額
　→　5200万円（相続開始時遺産）＋5000万円＝1億200万円
・遺留分権利者Cの個別的遺留分率
　→　1/2（総体的遺留分率）×3/10（法定相続分率）＝3/20
・遺留分権利者Cの個別的遺留分の額
　→　1億200万円×3/20＝1530万円

④ 上述②により，遺留分権利者Cが相続で得た利益（分配取得額）は780万円

であるが、これは上述③のＣの個別的遺留分の額（1530万円）よりも750万円不足している。よって、この差額の750万円がＣの遺留分の侵害額となる。
⑤　裁判では、このＣの遺留分侵害額（750万円）をどのようにして取り戻すかという、減殺回復の方法が問題となった。原審（大阪高決平23・2・21）は、Ｃの遺留分侵害額の750万円をＢの特別受益として相続開始時の遺産に持ち戻し、相続人全員の具体的相続分を算定して遺産分割をするという方法をとった。この方法によってＣの具体的相続分を算定すると、次のようになる。

　　・みなし相続財産　→　5200万円（相続開始時遺産）＋750万円＝5950万円
　　・Ｃの具体的相続分→　5950万円×3/20（本来的相続分率）＝892万円5000円

⑥　しかし、最高裁はこの方法を否定し、原審を破棄した。その方法によれば、持ち戻した750万円が遺留分権利者のＣだけでなく、他の相続人であるＷやＡにも応分に分配されることとなり、結局Ｃは自己の遺留分相当額（1530万円）を確保することができなくなってしまうからである。
⑦　そこで、最高裁は次のように判示し、遺留分権利者の遺留分を保護した（上述本文(d)参照）。すなわち、遺留分減殺請求により、遺留分を侵害する持戻し免除の意思表示は、その遺留分を侵害する限度で失効し、当該贈与に係る財産の価額は、上述の限度で、遺留分権利者である相続人の相続分に加算され、当該贈与を受けた相続人の相続分から控除されるものと解するのが相当である、としたのである。
⑧　最高裁が示した方法によると、各相続人の具体的相続分は次のようにして算定される。

　　・Ｗ→　2300万円（上述②と同じ）
　　・Ａ→　1060万円（上述②と同じ）
　　・Ｂ→　1060万円（上述②）－750万円（Ｃの遺留分侵害額）＝310万円
　　・Ｃ→　1530万円（Ｃの個別的遺留分）

⑨　上述⑧の合計（2300万円＋1060万円＋310万円＋1530万円）が残余遺産の5200万円と一致するので、⑧の金額が各相続人の最終的な分配取得額となる。

【設例５－９】贈与に対する持戻し免除の意思表示の減殺方法(2)

　　被相続人Ｈの相続人は長女Ａと次女Ｂの２人、相続開始時の遺産は銀行預

金2000万円で相続債務が400万円ある。被相続人は死亡する1年前に，生来の難病がある次女Bの自己亡き後の先々のことを憂慮して，その次女Bに4000万円の自宅マンションを贈与していた。そして，「その余の相続開始時の遺産は2人で平等に分けよ」とする遺言をしていた。この場合における2人の相続分算定はどのようになるか。

① 被相続人Hが相続開始時の遺産である残余遺産を子2人で平等に分けよとする遺言の趣旨は，生前に行った次女Bに対する贈与の持戻し免除の意思表示と解することができる。よって，残余遺産2000万円と相続債務400万円は，法定相続分どおり1/2ずつの分配・分担となる。

② 長女Aが受贈者である次女Bに対して遺留分減殺の請求をすると，強行規定が適用される遺留分回復の手続においては持戻し免除は機能しなくなり，相続開始時に存在した財産として持戻しとなる。このことから，遺留分算定の基礎となる財産額は，
  ・相続開始時遺産2000万円＋贈与4000万円－相続債務400万円＝5600万円
となり，遺留分権利者Aの個別的遺留分は，
  ・遺留分算定の基礎財産5600万円×Aの個別的遺留分率1/4＝1400万円
となる。

③ 一方，遺言の趣旨どおりに相続分算定をすると，残余遺産からA，Bが得る純取り分額は，
  ・指定相続分1000万円（＝預金2000万円×1/2）－債務分担額200万円（＝相続債務400万円×1/2）＝各800万円
であるから，Aのそれと上述②のAの個別的遺留分との差額，すなわち，
  ・Aの個別的遺留分1400万円－Aの純取り分額800万円＝600万円
が，Aの遺留分の侵害額となる。

④ Aの遺留分侵害額の600万円について，誰からどれだけ取り戻す（＝減殺する）かが問題となる。被相続人Hが生前に行ったBへの贈与（4000万円の自宅マンション）を減殺対象とする方法があるが，その方法では適法な贈与契約によりBの完全な所有となっているマンションの所有権が減殺されることになり，Bの期待，ひいては取引の安全にも影響を与えることになりかねない。そして何よりも，被相続人の持戻し免除の意思に真っ向から反することとな

り妥当ではない。
⑤　そこで，残存する2000万円の預金の中からBが得る指定相続分を減殺対象にして，そこからAの遺留分侵害額を取り戻すことが考えられる。それが可能であるならば，すでにマンションに住んでいるBに与える法的影響を少なくするためにも，その方法が選択されるべきである（受益者に与える影響を少なくするために，過去の贈与よりもまずは直近の遺贈から減殺せよとする民法1033条と同趣旨である）。この方法によれば，Aの遺留分侵害額を保全する限度で，持戻し免除の意思表示が減殺され（遺留分侵害分が持ち戻され），持戻し免除を受けたBの指定相続分（1000万円＝預金2000万円×1/2）と遺留分権利者Aの指定相続分（1000万円）との間で，Aの遺留分侵害分の回復のための収支決済が行われることになる。
⑥　以上により，A，Bが残余遺産（2000万円）から得る最終的な分配取得額は，
　　・A→　Aの指定相続分1000万円＋Aの遺留分侵害額600万円＝1600万円
　　・B→　Bの指定相続分1000万円－Aの遺留分侵害額600万円＝400万円
である。他方，相続債務の400万円は，被相続人の意思に従って均等に分割することになるから，A，Bそれぞれ200万円の債務負担となる。よって，A，Bの最終的な純相続分額は次のとおりとなる。
　　・A→　Aの分配取得額1600万円－債務負担200万円＝1400万円
　　・B→　Bの分配取得額400万円－債務負担200万円＝200万円
⑦　上述⑥の最終純相続分額の合計（1400万円＋200万円）が相続債務控除後の残余遺産の1600万円と一致するので，⑥の金額がA，Bの最終的な純相続分額となる。
⑧　ちなみに，設例において，自宅マンションを（贈与の代わりに）遺贈によってBに譲与した場合も同様の処理となる。遺言の内容が，例えば「自宅マンションは次女Bに遺贈するが，その余の遺産は長女と次女で平等に分けること」であったような場合である。このようなときには，マンションの遺贈は持戻し免除であるから，相続人に残された（相続開始時の）遺産は残余の2000万円だけであるとして相続分算定をすることとなり，贈与について算定した上述①～⑦と同じプロセスを経ることになる。
⑨　また，設例において，被相続人Hの死亡時に残っていた遺産が「0」であった場合には，残余遺産の分配方法について定める持戻し免除の規定（903条

3項)は機能しなくなる。持戻し免除の意思表示も無意味となるから，譲与財産である自宅マンション（4000万円）を相続開始時に存した遺産として持ち戻しして，遺留分算定の基礎となる財産3600万円（＝積極財産4000万円－相続債務400万円）を設定し，そこからAの遺留分（1/4）の900万円分を減殺して，Aの遺留分侵害分を解消することになる。

II　遺　　　贈（特定遺贈）

(1)　特別受益として持戻しの対象となる「遺贈」──「特定遺贈」のみ

実務上，特別受益として問題となるのは圧倒的に「遺贈」である。

すでに見てきたように（第4章第2節 4 (1)参照），「遺贈」とは，遺言によって，自らの財産の一部又は全部を無償で他人に与える単独行為（964条）であるが，大別すると，次のようなものに分けられる。

① 包括遺贈

与える対象が遺産全体に対する一定の持分割合（例えば3分の1など）によって示される遺贈で，「割合的包括遺贈」ともいう。

② 特定遺贈

与える対象が特定物としての財産（例えば甲土地，乙建物など）である遺贈で，「特定物遺贈」ともいう。

③ 全部遺贈

与える対象が特定財産の集合体としての遺産全体に及ぶ場合の遺贈で，「全部包括遺贈」ともいう。

「包括遺贈」は，遺産全部の割合を「1」と見て，そのうちの一定割合（例えば3分の1など）を特定の相続人に包括的に譲与することであるが，これは実質的には，「相続分の指定」と解することができる。したがって，遺贈の中身が包括遺贈である場合には，本来的相続分の算定（第4章）において処理されるべきものとなる。

「全部遺贈」は，特定の相続人だけに遺産の全部を譲与することであるから，あたかも単独相続のような態様を示す。これは遺産を構成しているすべての特定物を与えることと捉えることもできるので，特定遺贈の一種である。

全部遺贈がされると，分割すべき残余遺産は「0」になることから，特別受益として持戻しを考慮する余地はなくなる。

　以上のことから，特別受益として持戻しの対象となりうる遺贈は，残余遺産が「0」となる全部遺贈の場合を除いた「特定遺贈」だけということになる。

(2) 特定遺贈がある場合の計算例

　特定の相続人に対する特定遺贈は，生前贈与の場合と同様，遺産の先渡しとして，相続開始時の遺産への持戻し対象になるが，みなし相続財産の設定においては，相続開始時の遺産に含まれているとして持戻し加算はしない。一方，遺産分割時においては，遺産からの離脱効（権利移転効）によってすでに受遺者に帰属していることになり，残余財産には含まれていないので，相続開始時の遺産からその遺贈分を控除した残余遺産によって遺産分割が行われる。

　以下では，遺贈がある場合の持戻し計算はどのように行うのかを，設例によって見ていこう。

【設例5-10】特定遺贈の計算(1)——相続分を超過しない遺贈の場合

> 　被相続人Hが死亡し，相続人は妻Wと子A，B，Cの4人である。Hの遺産総額は3000万円であり，そのうちの400万円相当の車を，Hは遺言でAに遺贈するとしていた。この場合における各相続人の相続分算定はどのようになるか。

① 遺贈（特定遺贈）は持戻しの対象になるが，みなし相続財産の設定においては相続開始時の遺産に含まれているとして持戻し加算はしない。よって，設例のみなし相続財産は次のとおりである。

　　・みなし相続財産→　相続開始時の遺産＝3000万円

② 上述①のみなし相続財産をもとに，各相続人の一応の相続分を出す。

　　・W→　3000万円×1/2＝1500万円

　　・A→　3000万円×1/2×1/3＝500万円

　　・B→　3000万円×1/2×1/3＝500万円

第2節　特別受益　[2]　特別受益の種類　Ⅱ　遺贈（特定遺贈）　209

・C→　3000万円×1/2×1/3＝500万円
③　上述②の一応の相続分を基礎として，各人の具体的相続分を算定する。
・W→　1500万円
・A→　500万円－400万円（Aへの遺贈）＝100万円
・B→　500万円
・C→　500万円
④　遺産分割の対象となる残余遺産は相続開始時の遺産（3000万円）からAへの遺贈分の400万円を控除した2600万円である。Aが受けた遺贈の額が一応の相続分を超過していないので，上述③の各相続人の具体的相続分の合計（1500万円＋100万円＋500万円＋500万円）は残余遺産の2600万円と等しくなる。よって，分配取得率（具体的相続分率）による修正は不要であり，③の金額が各相続人の最終的な分配取得額となる。

【設例5－11】特定遺贈の計算(2)――相続分を超過する遺贈の場合

> 上述【設例5－10】で，被相続人HがAに遺贈した車が1000万円であった場合は，どうなるか。

①　Aへの遺贈分（1000万円）がA自身の一応の相続分（500万円）を超える場合の問題である。
②　上述【設例5－10】の②をもとに，各相続人の具体的相続分を算定すると，次のとおりである。
・W→　1500万円
・A→　500万円－1000万円（Aへの遺贈）＝－500万円
　　　　具体的相続分がマイナスとなるときは「0」とする。
・B→　500万円
・C→　500万円
③　遺産分割の対象となる残余遺産は相続開始時の遺産（3000万円）からAへの遺贈分の1000万円を控除した2000万円である。Aへの遺贈（1000万円）がA自身の一応の相続分（500万円）を超過しているので，上述②の合計（1500万円＋0円＋500万円＋500万円＝2500万円）は残余遺産の2000万円と一致しなくなる。そこで，これを是正するために，各相続人の分配取得率（具体的相続分率）を

出さなければならない。

- Wの分配取得率（具体的相続分率）→　1500万円÷2500万円＝3/5
- Aの分配取得率（具体的相続分率）→　0円÷2500万円＝0
- Bの分配取得率（具体的相続分率）→　500万円÷2500万円＝1/5
- Cの分配取得率（具体的相続分率）→　500万円÷2500万円＝1/5

④　残余遺産の2000万円に上述③の分配取得率（具体的相続分率）を乗じて，各相続人の最終的な分配取得額を確定させる。

- Wの分配取得額→　2000万円×3/5＝1200万円
- Aの分配取得額→　2000万円×0＝0円
- Bの分配取得額→　2000万円×1/5＝400万円
- Cの分配取得額→　2000万円×1/5＝400万円

⑤　上述④の合計（1200万円＋0円＋400万円＋400万円）が残余遺産の2000万円と一致するので，④の金額が各相続人の最終的な分配取得額となる。

【設例5－12】特定遺贈の計算(3)――第三者遺贈が含まれる場合

> 被相続人Hが死亡し，相続人は妻Wとその間の子A，Bの3人である。Hの遺産は甲マンション（評価3000万円），預金1000万円と自宅不動産（評価2000万円）である。Hは遺言により第三者Xに甲マンションを遺贈し，預金の全部を子Bに遺贈した。その死亡の直前に子Aに対して現金1000万円を生前贈与していた。この場合における各相続人の相続分算定はどのようになるか。

① 　すでに述べたとおり，第三者遺贈は相続開始時の遺産には含まれないので（相続人でない第三者Xへの遺贈は権利移転効によって相続開始時の遺産から完全に離脱している），初めから除外して考える。これに対して，Bへの（特定）遺贈は持戻しの対象になるが，みなし相続財産の設定においては相続開始時の遺産に含まれていると見るので，相続開始時の遺産は預金1000万円と自宅不動産2000万円の計3000万円となる。これをもとにみなし相続財産を設定すると，次のとおりである。

- みなし相続財産→　3000万円（相続開始時遺産）＋1000万円（Aへの生前贈与）＝4000万円

② 　上述①のみなし相続財産をもとに，各相続人の一応の相続分を出す。

- W→　4000万円×1/2＝2000万円
- A→　4000万円×1/2×1/2＝1000万円
- B→　4000万円×1/2×1/2＝1000万円

③　上述②の一応の相続分を基礎として，各人の具体的相続分を算定する。
- W→　2000万円
- A→　1000万円－1000万円（Aへの生前贈与）＝0円
- B→　1000万円－1000万円（Bへの遺贈）＝0円

④　遺産分割の対象となる残余遺産は相続開始時の遺産（3000万円）からBへの遺贈分の1000万円を控除した2000万円である。Aが受けた生前贈与とBが受けた遺贈のそれぞれの額が一応の相続分を超過していないので，上述③の各相続人の具体的相続分の合計（2000万円＋0円＋0円）は残余遺産の2000万円と等しくなる。よって，分配取得率（具体的相続分率）による修正は不要であり，③の金額が各相続人の最終的な分配取得額となる。

(3)　遺贈に似て非なるもの——特別受益性が問題となるもの

　第3章第1節 **4** 「被相続人の死亡によって生ずる権利で被相続人に属さないもの」において取り扱った「生命保険金」と「死亡退職金・遺族給付金」は，遺贈（特定遺贈）であるか否かという点からも問題となる。

(a)　生命保険金

　共同相続人の1人が受取人とされる生命保険金請求権は，保険契約の効力発生と同時に受取人自身の固有財産となり，被相続人の相続財産からの受領ではない（最判昭40・2・2民集19巻1号1頁）。つまり，生命保険金は相続財産を構成しない（第2章【設例2－7】参照）。保険金請求権は保険契約に基づき発生するものであって，被相続人が保険料を支払っていたとしても，保険料の支払は贈与でもないし，給付される保険金は遺贈でもない。しかし，被相続人が支払っていた保険料の結果として，相続人の1人だけが高額な保険金請求権を取得するのでは，相続人間の公平を失する印象を受けるので，問題となることがある。

【設例5－13】遺贈に似て非なるもの(1)——生命保険金

> 被相続人Hの相続人は妻Wと子A，Bの3人であり，子Bが1億円の生命保険金の受取人に指定されていた。Hには郵便貯金が400万円程度あるだけである。Hが死亡したとき，遺産である郵便貯金は法定相続分どおりに分配しなければならないか。

① 1億円の生命保険金請求権は，Hの死亡と同時に，受取人Bに帰属する。これは，相続の効果によるのではなく，第三者（保険金受取人）に直接に権利を取得させる趣旨の保険契約（第三者のためにする契約）の効果によるものである。

② そのため，生命保険金は相続財産ではないとされる。しかし，高額の生命保険金をまったく度外視して少額の郵便貯金だけを遺産として，それを法定相続分の割合で分割するというのでは，公平さを欠く遺産分割であるとの印象を拭いきれない。

③ 仮に，BがHから1億円の遺贈を受けていたとか，H死亡の直前に1億円の贈与を受けていたとすると，いずれも相続人の1人であるBだけが被相続人に帰属する財産から特別の利益を受けていたことになる。このような場合は，Bの利益は相続分算定において遺産の前渡し，すなわち持戻し対象の特別受益として扱われ，遺留分算定においてもこの財産を基礎財産に含めて遺留分侵害額が算定され，かつ，減殺の対象財産とされることになる。

④ 生命保険金は，被相続人と保険会社が契約し，被相続人が保険料を支払い，死亡を保険事故として被相続人の死亡により保険金受取人が保険金を取得するものである。共同相続人の1人が保険金受取人に指定されていると，その相続人が保険金を取得し，保険金相当額の利益を受けることは間違いない。しかし，保険金を支払うのは，保険会社であって被相続人ではなく，被相続人の財産から支払われているのは保険料のみである。ここに保険金全額を特別受益と扱うことに対する理論的な難点がある。

⑤ 最近は，保険契約にも，（自分自身のための）貯蓄的要素の強い一時払型の養老保険から，（残された者のための）生活保障的要素の強い掛け捨ての型の生命保険まで各種存在する。貯蓄的要素の強い保険については特別受益に該当すると認めることが肯定されやすいが，生活保障的要素の強い保険金について

は特別受益とすることが被相続人の意思に反するのではないかと考えられる場合がある。そのような場合は，持戻し免除の意思表示があるものとして処理することが適切であるなどといわれていた。学説の多くは，被相続人（保険契約者）がその財産の中から保険料を支払ってきたことの対価という点を根拠にこれを肯定していた。そして，「保険金額を一定の割合（被相続人が死亡時までに払い込んだ保険料の全額を本来支払うべきであった保険料の全額で除して得た割合）に乗じて算出された金額」を特別受益とする考え方が有力になりつつあった。

⑥　その説によれば，例えば，保険金が1億円で，本来支払うべきだった保険料全額は「月額5万円，40歳から60歳までの20年間で1200万円」であったとする。実際には50歳で亡くなり，10年分の保険料を支払って1億円の保険金を受けた場合，相続財産の中に計算上持ち戻すべき金額は次のようになるとする。

・1億円（保険金額）×{600万円（支払われた保険料）÷1200万円（保険料全額）}
＝5000万円（特別受益として持ち戻す金額）

⑦　この問題について下級審の裁判例は対立していたが，最高裁は，原則として保険金受取人とされた相続人が取得した死亡保険金は特別受益にはあたらないとした（最判平16・10・29民集58巻7号1979頁）。つまり，みなし相続財産として相続開始時の遺産に持ち戻す必要はないとして否定説に立った。もっとも，同判決は一定の事情がある場合には，例外として特別受益に準じて持戻しの対象となりうると，次のように判示した。

⑧　「共同相続人間に生じる不公平が民法903条の趣旨に照らして到底是認することができないほどに著しいものであると評価すべき特段の事情がある場合には，同条の類推適用により，死亡保険金は，特別受益に準じて持戻しの対象となりうる。そして，この特段の事情の有無については，保険金の額，この額の遺産の総額に対する比率のほか，同居の有無，被相続人の介護等に対する貢献の度合いなどの保険金受取人である相続人及び他の共同相続人と被相続人との関係，各相続人の生活実態等の諸般の事情を総合考慮して判断すべきである。」

⑨　設例のように，被相続人が巨額の生命保険を掛け，こつこつと多額の保険料を払い込んでいた場合，Bだけが受取人と指定されると，他の相続人との

間で甚だしい不公平が生じかねない。このような場合，上記最高裁判決に従って，保険金全額とはいわないまでも，ある一定の部分（例えば死亡時点での解約返戻金の額）は被相続人からの遺贈があったものとみなして，特別受益や遺留分において考慮されるべきことになろう。ではどの程度の金額を考慮するかの問題については，裁判例の集積を待つこととなるが，上記最高裁判決の趣旨を受け，持戻しを肯定した例と否定した例が，以下のように相次いで対照的に出されている。

⑩ 肯定例
■ 抗告人は，被相続人が契約した生命保険の受取人になり，その保険金を受領したことによって遺産の総額に匹敵する巨額の利益を得ており，受取人が変更された時期やその当時抗告人が被相続人と同居しておらず，被相続人夫婦の扶養や療養介護を託するといった明確な意図のもとに上記変更がされたと認めることも困難であることなどからすると，保険金受取人である相続人とその他の共同相続人との間に生ずる不公平が，民法903条の趣旨に照らし到底是認することができないほどに著しいものであると評価すべき特段の事情が存するとして，同条の類推適用により死亡保険金を持戻しの対象とした事例（東京高決平17・10・27家月58巻5号94頁）
■ 保険金受取人と指定された妻が取得する死亡保険金等の合計額は約5200万円とかなり高額で，相続開始時の遺産価額の61％を占めること，被相続人と妻との婚姻期間が3年5ヵ月程度であることなどを総合的に考慮して，持戻しの対象とした事例（名古屋高決平18・3・27家月58巻10号66頁）

⑪ 否定例
■ 保険金受取人とされた次男が取得した死亡保険金の合計額は約430万円で，相続財産合計額の6％余りにすぎないこと，次男は被相続人と長年生活を共にし，被相続人の入通院時の世話をしたことなどの事情にかんがみると，保険金受取人である次男と他の相続人との間に生ずる不公平が，民法903条の趣旨に照らして到底是認することができないほどに著しいものであると評価すべき特段の事情が存在するとは認めがたいとして，同条の類推適用により死亡保険金を持戻しの対象とすべきであるとはいえないとした事例（大阪家堺支審平18・3・22家月58巻10号84頁）

⑫ なお，掛け捨て型よりも貯蓄型の生命保険のほうが，特別受益性が高いこ

とから，持ち戻される傾向は強いといえよう。

(b) 死亡退職金・遺族給付金

被相続人の死亡によって，相続人の誰かが死亡退職金や遺族扶助料を取得したときは，上述の生命保険料の場合と本質的に別異に捉える理由はない。死亡退職金，遺族給付金のいずれも受給権者の生活保障を目的とした制度に依拠して支出されるものである点を考慮すれば，制度趣旨を損なわないためにも，原則として持戻しの対象とすべきではないと解すべきであろう。また，被相続人の意思が入り込む余地のない点も特別受益に該当しない理由の1つとなりうる。ただし，裁判例には肯定例と否定例がある。肯定するにしろその全額を認めるのか困難な問題も多い。

【設例5－14】遺贈に似て非なるもの(2)――死亡退職金・遺族給付金

> 県立高校の教師であった被相続人Hは，「自分の母親Mと兄姉のXとYに自分の死亡退職金を遺贈する」旨の遺言書を作成した後に死亡した。Hの相続人は妻Wと母Mの2人である。Hの遺言執行者であるZは，遺言の執行として支給者である○○県に支給を求めたが，県は，死亡退職金はHの遺族であってその遺族の第1順位者である妻であるWに支給すべきものであって，Hの相続財産には属さないという理由で遺言執行者Zの請求に応じなかった。そこで，Zは県を被告として訴訟を提起した。なお，遺言作成当時，HとWは別居中であり，離婚調停が係属していた。この場合，死亡退職金は遺贈の対象となりうるのだろうか。
>
> （最判昭58・10・14判時1124号186頁の事案をベースにする）

① 死亡退職金は，賃金の後払いという性質と遺族の生活保障という性質を兼ね備えている。前者を強調すれば本来的に被相続人に与えるべき財産であったとして持ち戻すべきことになるし，後者を強調すれば本来的に特定の遺族にあてられた財産であるから持ち戻すべきではないということになろう。一義的には決められない。その相続性を論じる場合には，その支給根拠となる規定の内容がまず検討されることになり，本件の判例では，国家公務員退職

手当法の定め（同法2条・11条）に準じて定めている県条例の内容が検討対象とされた。

② 同条例の定める受給権者の範囲及び順位について，第1順位者は配偶者（内縁の配偶者を含む）であって，配偶者があるときは他の遺族はまったく給付を受けないことなど，民法の定める相続人の順位決定の原則とは著しく異なった定め方がされていた。そのため，以前の判決（最判昭55・11・27民集34巻6号815頁）を引用した上で，死亡退職金の受給権は配偶者Wが遺族の第1順位者として固有の権利として取得したものであって，被相続人Hの財産には属さないものとし，したがって，遺贈の対象とすることもできないとした。つまり，死亡退職金について，それが遺贈の対象財産になるかどうかという観点からから見た場合であっても，それは遺族（第1順位者W）の生活を保障するためのものであって，相続財産には含まれないとする通説の立場に立つことを改めて明確にした。

③ これによると，法律，条例又は労働協約若しくは就業規則その他により，死亡退職金についての定めがあり，取得すべき者の範囲が相続人の範囲と異なっていること，その取得すべき者の定め方から遺族の生活保障という趣旨が明らかであること，金額の算出方法が定まっていることなどにより，その趣旨が遺族の生活保障であることが明らかで，かつ，その取得について被相続人の意思の入り込む余地のない場合は，これを遺贈と同視することはできず，したがって，特別受益には該当しない。

③ しかし，個人企業の役員が死亡した後，取締役会の決議等により支給及び支給額が決定される場合のように，その趣旨に論功行賞的な色彩が強い場合は，本来は被相続人に与えられるべきものが相続人の1人に与えられただけであるから，遺贈と同視し，特別受益として持ち戻す扱いとすべきである。

④ 遺族給付金も，死亡退職金と同様であるが，その内容からしてほとんどの場合法令等により遺族の生活保障のために支払われるものであるから，特別受益に該当しない場合が多いであろう。

Ⅲ　相続させる遺言

(1) 特別受益の対象となる「相続させる遺言」――「特定遺贈」と同様に扱う

　民法903条は，持戻しの対象となる特別受益として「遺贈」と「贈与」を規定している。しかし，「相続させる遺言」も，その対象となる財産が，遺産の前渡しの性質を有する特別受益にあたる場合には，持戻しを行うことができる。

　遺言では「相続させる」という文言が用いられるのが一般的であり，その意味について近時の判例は，特定の遺産を特定の相続人に「相続させる」旨の遺言があった場合には，その遺言において遺産の承継を相続人の意思表示にかからせるなどの特段の事情がない限りは何らの行為を要せず，その遺産は被相続人の死亡の時に直ちに相続により承継されるとした（最判平3・4・19民集45巻4号477頁）。つまり，「相続させる遺言」は「遺産分割方法の指定」の性質を有するものであるが（第4章第2節 6 参照），それは単なる分割方法の準則にとどまるものではなく，遺産分割手続を経ずに特定の遺産が特定の相続人に当然に移転する効果（物権的な権利移転効）を伴うものであるとしたのである。

　相続させる遺言と遺贈（特定遺贈）については，法的効果上の差異（例えば登記原因の違いなど）が数多くあるものの（第4章第2節 6 (3)参照），相続分の算定においては，相続させる遺言は遺贈とみなして取り扱うことは不都合でないと考える。なぜなら，同じく権利移転効を伴う遺贈として算定したとしても，各相続人が取得する相続利益に差異は生じないからである。また，遺贈と同様の算定方法（903条1項・2項）に従うほうが，計算手順も統一的で単純化する分だけ優れているというメリットもある。

　このことから「相続させる遺言」は，その対象となる財産が特別受益になる場合には，相続分の算定においては遺贈（特定遺贈）と同様に扱えばよいといえよう。

(2) 相続させる遺言がある場合の計算例

　上述のとおり，特別受益を相続させる遺言は，遺贈（特定遺贈）と同様に

扱えばよい。したがって、相続させる遺言に係る特別受益は相続開始時の遺産への持戻しの対象になるが、みなし相続財産の設定においては相続開始時の遺産に含まれているとして持戻し加算はしない。一方、遺産分割時においては、遺産からの離脱効（権利移転効）により、当該特別受益は遺産分割の対象財産には含まれていないので、相続開始時の遺産からその分を控除した残余財産によって遺産分割が行われることになる。

以下では、相続させる遺言がある場合の持戻し計算はどのように行うのかを、設例によって見ていこう。

【設例5-15】相続させる遺言の計算(1)――相続分を超過しない相続させる遺言

> 被相続人Hは甲土地3000万円と乙土地7000万円を残して死亡した。相続人は子A、Bの2人であり、甲土地3000万円をAに相続させる旨の遺言があった。相続人兼受遺者のAは遺産分割方法の指定により甲土地の所有権を直接取得したと主張したのに対し、Bは遺産分割方法の指定であるならば遺産分割手続の経由がない限りAの具体的な権利取得はありえないとして争っている。A、Bのどちらの主張が認められるか。また、その場合におけるA、Bの相続分はどのようになるか。
>
> ① 「甲土地をAに相続させる」というような形の遺産分割方法の指定がされた場合について、最高裁は、相続開始と同時に甲土地はAに帰属し、もはや遺産分割の手続を要しないという解釈を示した（前掲最判平3・4・19）。このような形の遺産分割方法の指定は、分割協議を不要にするという意味で遺産分割の手続として機能しており、「指定分割」ともよばれる。この考え方に従えば、受遺相続人であるAの主張が認められることになる。
>
> ② 上述のとおり「相続させる遺言」は、相続分の算定においては特別受益たる「特定遺贈」と同様に扱えばよいことから、相続させる遺言に係る特別受益は持戻しの対象になるが、みなし相続財産の設定においては相続開始時の遺産に含まれているとして持戻し加算はしない。よって、設例のみなし相続財産は次のとおりとなる。
>
> ・みなし相続財産→　3000万円（甲土地）＋7000万円（乙土地）＝1億円

第2節　特別受益　　2　特別受益の種類　　Ⅲ　相続させる遺言　　219

③　上述②のみなし相続財産をもとに，各相続人の一応の相続分を出す。
・A→　1億円×1/2＝5000万円
・B→　1億円×1/2＝5000万円
④　上述③の一応の相続分を基礎として，各人の具体的相続分を算定する。
・A→　5000万円－3000万円（Aへの相続させる遺言）＝2000万円
・B→　5000万円
⑤　遺産分割の対象となる残余遺産は相続開始時の遺産（1億円）からAへの相続させる遺言分の3000万円を控除した7000万円である。Aが受けた遺言分の額が一応の相続分を超過していないので，上述④の各相続人の具体的相続分の合計（2000万円＋5000万円）は残余遺産の7000万円と等しくなる。よって，分配取得率（具体的相続分率）による修正は不要であり，④の金額が各相続人の最終的な分配取得額となる。

【設例5－16】相続させる遺言の計算(2)――相続分を超過する相続させる遺言

> 上述【設例5－15】において，遺言の内容が，乙土地7000万円をAに相続させる旨の遺言であったとする。この場合のA，Bの相続分はどのようになるか。

①　上述のとおり「相続させる遺言」は，相続分の算定においては特別受益たる「特定遺贈」と同様に扱えばよいことから，相続させる遺言に係る特別受益は持戻しの対象になるが，みなし相続財産の設定においては相続開始時の遺産に含まれているとして持戻し加算はしない。よって，設例のみなし相続財産は次のとおりとなる。
・みなし相続財産→　3000万円（甲土地）＋7000万円（乙土地）＝1億円
②　上述①のみなし相続財産をもとに，各相続人の一応の相続分を出す。
・A→　1億円×1/2＝5000万円
・B→　1億円×1/2＝5000万円
③　上述②の一応の相続分を基礎として，各人の具体的相続分を算定する。
・A→　5000万円－7000万円（Aへの相続させる遺言）＝－2000万円
　　　　具体的相続分がマイナスとなるときは「0」とする。
・B→　5000万円

④　遺産分割の対象となる残余遺産は相続開始時の遺産（1億円）からAへの相続させる遺言分の7000万円を控除した3000万円である。Aが受けた遺言分の額が一応の相続分を超過しているので，上述③の各相続人の具体的相続分の合計（0円＋5000万円）は残余遺産の3000万円と一致しなくなる。本来であればこれを是正するために各相続人の分配取得率（具体的相続分率）を出すことになるが，設例の相続人はA，Bの2人なので，残余遺産の最終的な分配取得額は，単純に次のようになる。

　　・Aの分配取得額→　0円
　　・Bの分配取得額→　3000万円

⑤　上述④の合計（0円＋3000万円）が残余遺産の3000万円と一致するので，④の金額が各相続人の最終的な分配取得額となる。

Ⅳ　死因贈与

(1)　特別受益の対象となる死因贈与

「死因贈与」とは，贈与者が死亡した時に物の所有権が受贈者に移転するとされた贈与をいい（554条），贈与契約の一種である。前述の「生前贈与」が契約をすると同時に物の所有権が移転するのに対し，死因贈与は贈与者の死亡を停止条件とする贈与である点が異なる。

死因贈与は，贈与者の死亡によって効力が生じる点で，遺贈（特定遺贈）とよく似ている。両者とも被相続人の生前中には，その物を被相続人の財産として確保しておき，その死亡の時点で譲与されるから，経済的には差異はない。そこで，死因贈与が特別受益となって持戻しを行う場合，それを贈与として扱うか遺贈として扱うかが問題となる。

死因贈与は，その用語自体からは贈与のカテゴリーに含まれそうであるが，相続開始と同時に被相続人の遺産から離脱する点で遺贈と共通であり，両者はともに相続分算定では遺産の前渡しとされて，一応の相続分からその分が控除されて具体的相続分となるので，算定結果に違いは生じない。

なお，死因贈与は生前贈与と遺贈の中間に位置することから，通常の生前贈与よりも遺贈に近い贈与として，遺贈に次いで，生前贈与より先に減殺の対象とすべきであると判示した裁判例がある（東京高判平12・3・8高民集53巻

1号93頁)。

(2) 死因贈与の撤回

上で述べたように，死因贈与と遺贈（特定遺贈）はよく似ているが，遺贈が与える者の一方的な意思表示（具体的には遺言）だけで成立する相手方のない単独行為であるのに対し，死因贈与は与える者と受ける者との意思表示の合致によって成立する契約である。この意思表示の合致によって成立する契約は一方の都合だけで勝手に撤回できないのが原則であるが，遺言は受遺者が知らなくても効力を有し，いつでも撤回できる（1022条）という点で，両者は異なる。この点に関して，死因贈与を自由に撤回することができないかどうかが争われた。

最高裁は，死因贈与の取消しについては，遺贈と同じように，贈与者の最終意思を尊重して，その意思によって撤回できるとした（最判昭47・5・25民集26巻4号805頁）。すなわち，死因贈与の取消しについては，民法1022条のその方式に関する部分を除いた部分が準用されるとした。方式に関する部分を除いて準用されるというのは，撤回（の文言）が遺言の方式によってされる必要はないということであり，つまりは死者の最終意思尊重の要請が契約法の原則より重視されたことになるといってよいであろう。

【設例5－17】死因贈与と内容が抵触する遺贈（遺言）がある場合

> 夫Hが，後妻Wに「オレが死んだら家と土地はお前にやる」と言い，Wもこれを受けて2人で契約書を作った。ところがその後，Hが病気になったのに，WはHの看病もせずに別居してしまった。怒ったHは，Wには家と土地はやらない，それらは先妻との間の子Aに与えるという内容の遺言書を作成して，その直後に死亡した。被相続人Hの家と土地は，WとAのどちらのものとなるのだろうか。

① 設例では，H・W間における贈与契約の内容と抵触する遺言（Aへの遺贈）がされている。
② 上述最判昭47・5・25によれば，死因贈与は遺言（遺贈）によって撤回されたものと扱われ，遺贈の権利移転効により家と土地はAに帰属することになる。

3　特別受益の評価の時期

(1)　はじめに

　民法903条は，「共同相続人中に，被相続人から，遺贈を受け，又は婚姻若しくは養子縁組のため若しくは生計の資本として贈与を受けた者があるときは，被相続人が相続開始の時において有した財産の価額にその贈与の価額を加えたものを相続財産とみなし，前3条の規定により算定した相続分の中からその遺贈又は贈与の価額を控除した残額をもってその者の相続分とする。」と規定する。この遺贈（特定遺贈）又は贈与の価額，すなわち特別受益の価額をいつの時点で評価するかがここでのテーマである。

　生前贈与では，贈与がされた時点から相続開始の時点まで，さらには遺産分割の時点まで相当の期間が経過することがあり，その間，贈与された財産の価額が大きく変動することが少なくない。また，遺贈についても，相続開始時から遺産分割時までに相当の期間が経過することがあり，同様の問題が生じる。

　特別受益の価額は具体的相続分を算定する際の基礎資料となるので，この評価基準時をいつにするかによって，各相続人の最終的な分配取得額は大きく影響を受ける。実務では深刻で重要な問題となるのである。

　特別受益の評価時については，次の2つの説の対立がある（詳しくは後述(2)参照）。

　(i)　相続開始時説（判例・通説）

　贈与も遺贈も相続開始時点における価額で評価する。

　(ii)　遺産分割時説

　贈与も遺贈も遺産分割時点における価額で評価する。

　ところで，遺産を現実に分割する際の残余遺産の評価基準時は，多くの裁判例及び通説によれば「遺産分割時」とされている。したがって，特別受益を相続開始時の価額で評価するとなると，残余遺産については結果的に相続開始時と遺産分割時の2時点で評価することが必要になる。すなわち，具体的相続分を算定するために，相続開始時の遺産と特別受益について相続開始時における価額を評価し，さらに現実に遺産分割をする際に，残余遺産につ

いて遺産分割時における価額を評価するという2段階の手続を踏むこととなる。このように，同一の遺産を対象に，相続開始時の価額と遺産分割時の価額という2時点の評価をすることになるのである。

この2時点での評価については，複雑で，当事者にわかりにくいことや，不公平な結果になることがあるなどの批判がされており，後述するとおり遺産分割時説の論拠の1つになっている。

家庭裁判所の実務では，調停はもちろんのこと審判においても基準時をめぐって評価がいたずらに煩瑣にならないよう，相続人全員の間で，評価の基準時あるいは評価の仕方について一定の合意が得られるよう働きかけることが多いようである。

(2) **特別受益の評価基準時に関する学説**

(a) 相続開始時説

特別受益の評価基準時は，「相続開始時」とするのが判例（最判昭51・3・18民集30巻2号111頁）・通説である。主たる理由は以下のとおりである。

① 民法903条，904条の文言により忠実であること。とくに寄与分制度が立法化され，相続開始時の価額によることが規定されたこと

② 生前贈与が遺産の前渡しである性質から考えると，受贈財産による相続開始までの利益と損失は相続人（よって共同相続人全員）が取得し，相続開始後の利益と損失は受贈者の取得とすることが公平であること

③ 相続開始時の評価で具体的相続分を確定することができるので安定性があり，かつ一部分割や遺留分算定とも統一的に解することができて好都合であること

(b) 遺産分割時説

特別受益の評価基準時は，「遺産分割時」とする説である。この論拠とする点は，以下のとおりである。

① 民法903条及び904条が相続開始時を評価時としたのは相続開始と遺産分割が常に接近して行われることを想定していたためであり，その間に遺産の価額が変動することなどは予想もしていなかったこと

② 各共同相続人が単独で個別的に具体的相続分を確定することは不可能であって，通常，持戻しは遺産分割の前提として遺産分割と同時に，な

いしはそれと密接な時点で行われるのであり，相続開始後から遺産分割までかなりの時間的間隔があるときには具体的相続分を相続開始時に評価したとしても，そのような具体的相続分が相続開始時に遡及して存在したと観念上分割時に考えられるにすぎないこと
③　手続上，遺産について，遺産分割時の評価額とは別個に相続開始時の評価額を算定しなければならず，このような複雑な作業をしてまで具体的相続分を確定しなければならない必要性は乏しいこと
④　民法909条ただし書の遺産に対する個々の財産に対する持分は具体的相続分が決定されなければ確定されえないし，905条の相続分は各共同相続人の遺産全体に対する包括的持分の意味であることを考慮すれば，受贈財産の評価時は遺産分割時と解しても差し支えないこと

(3)　「贈与」についての3時点評価例

　生前贈与について相続開始時から遺産分割時までの期間が長い場合には，すでに触れたように，①生前の受贈当時，②相続開始時，③遺産分割時，の3時点での価額が変動していることもありうる。
　このような場合に，贈与の対象となる財産を「相続開始時説」又は「遺産分割時説」によって評価したとき，どのような違いが生じるのかを具体例で見ていこう。

【設例5－18】贈与の対象となる財産価額の評価例

　被相続人Hが死亡し，その相続人は子A，Bの2人である。Hの遺産は甲土地，乙土地，株券2万株である。相続開始時から長い年月が経過し，遺産の評価が次のように相続開始時と異なってきた。
・甲　土　地：　相続開始時の価額4000万円→　分割時の価額8000万円
・乙　土　地：　相続開始時の価額2000万円→　分割時の価額3000万円
・株券2万株：　相続開始時の価額1000万円→　分割時の価額1500万円
　Hは生前，Aに対して株券1万株（受贈当時の価額400万円）を，Bに対して丙土地（受贈当時の価額250万円）をそれぞれ贈与していた。それらの評価額は以下のとおりそれぞれ変動があった。
・株券1万株：　相続開始時の価額500万円　→　分割時の価額750万円

・丙　土　地：　相続開始時の価額2000万円→　分割時の価額4000万円
このような場合，A，Bの分配取得額はそれぞれいくらになるか。

① 相続開始時説による算定

贈与の対象となる財産の評価基準を「相続開始時」として算定した結果は，以下のとおりである。

・相続開始時の遺産（＝相続開始時の価額）
　　→　4000万円（甲土地）＋2000万円（乙土地）＋1000万円（株券2万枚）＝7000万円

・みなし相続財産
　　→　7000万円（相続開始時の遺産）＋500万円（Aへの生前贈与）＋2000万円（Bへの生前贈与）＝9500万円

・一応の相続分
　　A→　9500万円×1/2＝4750万円
　　B→　9500万円×1/2＝4750万円

・具体的相続分
　　A→　4750万円－500万円（Aへの生前贈与）＝4250万円
　　B→　4750万円－2000万円（Bへの生前贈与）＝2750万円

・残余遺産
　　→　8000万円（甲土地）＋3000万円（乙土地）＋1500万円（株券2万枚）＝1億2500万円

残余遺産（1億2500万円）と具体的相続分の合計（4250万円＋2750万円＝7000万円）が一致しないので，分配取得率（具体的相続分率）を立てる必要がある。

・分配取得率（具体的相続分率）
　　A→　4250万円÷7000万円＝0.607≒6/10
　　B→　2750万円÷7000万円＝0.392≒4/10

・分配取得額
　　A→　1億2500万円×6/10＝7500万円
　　B→　1億2500万円×4/10＝5000万円

以上のことから，A＝7500万円，B＝5000万円（各概算）をそれぞれ取得することができる。

② 遺産分割時説による算定

贈与の対象となる財産の評価基準を「遺産分割時」として算定した結果は，以下のとおりである。

・相続開始時の遺産（＝遺産分割時の価額）
　　→　8000万円（甲土地）＋3000万円（乙土地）＋1500万円（株券2万枚）＝1億2500万円

・みなし相続財産
　　→　1億2500万円（相続開始時の遺産）＋750万円（Aへの生前贈与）＋4000万円（Bへの生前贈与）＝1億7250万円

・一応の相続分
　　A→　1億7250万円×1/2＝8625万円
　　B→　1億7250万円×1/2＝8625万円

・具体的相続分
　　A→　8625万円－750万円（生前贈与分）＝7875万円
　　B→　8625万円－4000万円（生前贈与分）＝4625万円

・残余遺産
　　→　8000万円（甲土地）＋3000万円（乙土地）＋1500万円（株券2万枚）＝1億2500万円

残余遺産（1億2500万円）と具体的相続分の合計（7875万円＋4625万円＝1億2500万円）が一致するので，分配取得率（具体的相続分率）を立てる必要はなく，具体的相続分がそのまま分配取得額となる。

・分配取得額
　　A→　7875万円
　　B→　4625万円

以上のことから，A＝7875万円，B＝4625万円をそれぞれ取得することができる。

(4) 「遺贈」についての2時点評価例

遺贈（特定遺贈）が実施される相続開始時から遺産分割時までの期間が長い場合にも，遺贈の対象となる財産の評価が変動することがある。このような場合にも，遺贈対象財産を「相続開始時説」又は「遺産分割時説」によっ

第2節　特別受益　**3**　特別受益の評価の時期

て評価したときどのような違いが生じるかについて，具体例で見ていこう。

【設例5-19】遺贈の対象となる財産価額の評価例

> 被相続人Hが死亡し，その相続人は子A，B，Cの3人である。遺産は，相続開始時で1000万円と評価される甲土地と2000万円の預金の合計3000万円であった。子Aに対して甲土地の遺贈があったが，相続開始から15年経過した遺産分割時においては，甲土地の評価は400万円に値下がりしていた。残余遺産の2000万円の預金はどのように分配されるか。

① 相続開始時説による算定

　遺贈の対象となる財産の評価基準を「相続開始時」として算定した結果は，以下のとおりである。

　・相続開始時の遺産
　　　→　1000万円（甲土地）＋2000万円（預金）＝3000万円
　・一応の相続分
　　　A→　3000万円×1/3＝1000万円
　　　B→　3000万円×1/3＝1000万円
　　　C→　3000万円×1/3＝1000万円
　・具体的相続分
　　　A→　1000万円－1000万円（Aへの遺贈）＝0円
　　　B→　1000万円
　　　C→　1000万円
　・残余遺産
　　　→　3000万円（相続開始時の遺産）－1000万円（Aへの遺贈）＝2000万円

　残余遺産（2000万円）と具体的相続分の合計（2000万円）が一致するので，分配取得率（具体的相続分率）を立てる必要はなく，具体的相続分がそのまま分配取得額となる。

　・分配取得額
　　　A→　0円
　　　B→　1000万円

C→　1000万円

以上のことから，残余の預金について，A＝0円，B＝1000万円，C＝1000万円をそれぞれ取得することができる。

② 遺産分割時説による算定

遺贈の対象となる財産の評価基準を「遺産分割時」として算定した結果は，以下のとおりである。

・相続開始時の遺産
　　→　400万円（甲土地）＋2000万円（預金）＝2400万円
　　　遺産分割の時点で，遺贈の対象であった甲土地は400万円に値下がりした。よって，相続開始時の遺産としては甲土地400万円と預金2000万円の合計2400万円となる。

・一応の相続分
　　A→　2400万円×1/3＝800万円
　　B→　2400万円×1/3＝800万円
　　C→　2400万円×1/3＝800万円

・具体的相続分
　　A→　800万円－400万円（Aへの遺贈）＝400万円
　　B→　800万円
　　C→　800万円

・残余遺産
　　→　2400万円（相続開始時の遺産）－400万円（Aへの遺贈分）＝2000万円

残余遺産（2000万円）と具体的相続分の合計（2000万円）が一致するので，分配取得率（具体的相続分率）を立てる必要はなく，具体的相続分がそのまま分配取得額となる。

・分配取得額
　　A→　400万円
　　B→　800万円
　　C→　800万円

以上のことから，残余の預金について，A＝400万円，B＝800万円，C＝800万円をそれぞれ取得することができる。

④ 特別受益者

　これまで見てきたように，特別受益者として持戻しの義務を負う者は被相続人から一定の遺贈（特定遺贈）や贈与を受けた相続人であり，相続人以外の第三者が受益を得た場合には持戻しは問題とならない。したがって，持戻し義務を負う特別受益者は相続人であることが必要となるが，この点に関して以下のような場合が問題となる。

(1) 代襲相続の場合

　例えば，被相続人Hがその子Aに生前贈与をしていたが，H死亡の前にAが先に死亡し，Aの子aが代襲相続したような場合である。このときAが被代襲者，aが代襲者あるいは代襲相続人となる。代襲相続で問題となる受益はふつう生前贈与であり，遺贈はほとんどない。

(a) 「被代襲者」に贈与があった場合

　被代襲者は，相続開始時には相続人の地位を失っているが，生前贈与を受けた時点では推定相続人であったのであるから，他の共同相続人の地位と何ら変わりがない。代襲者は，そのような被代襲者の地位を代襲して取得するだけであって，被代襲者が受けるべき相続利益にとどめるべきである。したがって，被代襲者に対する贈与は代襲相続人の特別受益として持戻しをすることになる（ただし否定説あり）。

(b) 「代襲者」に贈与があった場合

　代襲者に対する生前贈与は，代襲者が推定相続人となった後，すなわち代襲原因（被代襲者の死亡等）が発生した後のものだけが特別受益となる（ただし否定説あり）。そもそも，代襲原因発生前の贈与は，推定相続人に対するものではないから，相続人以外の第三者に対する贈与の性質しかない。この点，代襲原因発生後の贈与は，推定相続人に対するものであるから，遺産の前渡しという性格が明らかである。

(2) 再転相続の場合

　被相続人Hが死亡し，Hの相続（第1次相続）が開始した後，その遺産分割が完了する前に，Hの相続人であるAも死亡して，Aの相続（第2次相続）も開始したという再転相続において，贈与や遺贈（特定遺贈）があった場合の

問題である。

　ここにいう再転相続は，相続人Aが被相続人Hの相続を承認した後（熟慮期間経過後）に死亡し，Aの相続人たる地位をAの相続人らが承継した場合の，いわゆる「広義の再転相続」のことである（「狭義の再転相続」は，第1次相続の熟慮期間内に第2次相続が開始した場合をいうが，ここでいう再転相続のことではない）。以下では，第1次相続が「本位相続」であり，その相続関係の当事者を「本位被相続人」，「本位相続人」とよび，第2次相続が「再転相続」であり，その相続の関係当事者を「再転被相続人」，「再転相続人」とよぶことにする。

　このように再転相続とは，再転被相続人（A）が本位被相続人（H）から承継した相続分（ないし地位）を再転相続人（Aの子であるa）がさらに承継するものである。したがって，再転被相続人が本位被相続人から特別受益を受けていたのであれば，持戻しを考慮することは当然である。ただし，特別受益を得ている者があるときの再転相続は，上述の例だけではなく，次の3つの場合が考えられる。

① 本位相続の関係で，本位相続人（再転被相続人）（A）が本位被相続人（H）から特別受益を得ていた場合

② 再転相続の関係で，再転相続人（a）が再転被相続人（A）から特別受益を得ていた場合

③ 本位相続の関係及び再転相続の関係で，本位相続人（再転被相続人）（A）が本位被相続人（H）から特別受益を得ており，かつ，再転相続人（a）が再転被相続人（A）から特別受益を得ていた場合

　特別受益がある再転相続の問題としては，当初の本位相続の開始時から遺産分割までの期間が長く，その間に遺産や特別受益の価額に変動が生じる場合がある。このほか，再転相続に遺留分の請求が絡む場合，すなわち再転被相続人から特定の再転相続人に全部相続させる遺言があって，これに他の再転相続人から遺留分減殺請求があった場合に，一連の相続分算定をどうするかの問題などもある。

【設例5－20】特別受益と再転相続(1)——本位相続人（再転被相続人）が本位被相続人から特別受益を得ていた場合

> 被相続人Hが死亡し，相続人は妻Wとその間の子A，Bの3人である。遺産は1100万円である。Hの遺産分割が未了の間に，子Aがその妻Awとその間の子aを残して死亡した。亡AはHから100万円の生前贈与を受けていた。亡Aには固有財産は何もない。この場合，再転被相続人亡AがHから受けた生前贈与の100万円の特別受益は，相続人をW，Aw，a，Bの4人とするHの遺産分割において，その具体的相続分の算定の際に考慮されるのであろうか。（大阪高決平15・3・11家月55巻8号66頁参照。なお，この原審は，生前贈与を受けていた子Aは，Hの遺産分割の時点では生存していないのであるから，もはやHからの特別受益を考慮する必要はないと判断した）

① 設例において，Aの特別受益がなかったとしたら，実体法上の法定相続分の変動だけの確定の問題であり，再転相続を含む現時点における相続人の相続分算定は比較的単純である。Aの法定相続分は1/4であり，それをその妻Awと子aが相続するから，Awとaはいずれも1/8ずつとなる。原審は，受益の事実に争いはないものの，すでに受益者死亡により相続人ではないから，本来的相続分レベルだけの上記相続分でよいとした。しかし，この判断は抗告審で否定された。

② 相続の流れに従い時系列で見た場合を前提とする抗告審の判断は，以下のとおりである（後述の最高裁で肯定された「遺産説」と同じ）。
  (i) 子AがHから特別受益を受けていたのは事実である。すると，子Aの本来的相続分は特別受益によって修正されることになる。
  (ii) この修正されたAの具体的相続分（すなわちAの特別受益を控除した相続分）を対象として，亡Aの再転相続が開始した。
  (iii) 本位相続に法定相続分の修正要素がある場合であるから，まず本位相続におけるAの具体的相続分を確定する。
  (iv) その上で，再転被相続人AがHから承継したその相続分について，それを再転相続の対象財産として，Awとaの間において改めて各相続分の確定となる。

③ このような二重の算定方法の結果，各相続人の具体的相続分は，W＝600万

円，Ｗとａ＝各100万円，Ｂ＝300万円となる。算定のプロセスは次のとおりである。
(i) 本位被相続人Ｈの遺産分割
　相続開始時の遺産（1100万円）に贈与（100万円）を加算して，みなし相続財産を設定する（1200万円）。これに各相続人の本来的相続分率を乗じて，一応の相続分はＷ＝600万円（1200万円×1/2），ＡとＢ＝各300万円（1200万円×1/2×1/2）となる。
　具体的相続分は，Ａについては贈与を控除するから300万円－100万円＝200万円となり，Ｗ，Ｂについては一応の相続分のままである。
　よって，再転被相続人Ａの具体的相続分は200万円である。
(ii) 再転被相続人Ａの遺産分割
　Ａの死亡により，ＡがＨから相続した具体的相続分200万円が，（Ａを被相続人とする）再転相続における相続開始時の遺産ということになる。この財産を対象にその相続人であるＷとａが相続したことになり，結局，1/2である100万円ずつの分配取得となる。

【設例５－21】 特別受益と再転相続(2)——再転相続人が再転被相続人から特別受益を得ていた場合

> 被相続人Ｈが死亡し，相続人は妻Ｗとその間の子Ａ，Ｂの３人である。遺産は甲土地（評価4000万円）である。次いで，その遺産分割未了の間に，Ｈの相続人である子Ａが死亡した。Ａの相続人はa_1とa_2の２人（再転相続人）である。Ａには固有財産はなく，Ｈから相続承継した甲土地の持分だけである。Ｈの遺産分割をすることとなったが，a_1はＡから500万円の贈与を受けていた。a_2にはＡからの特別受益はない。Ｈの甲土地を分割するにあたり，共同相続人Ｗ，a_1，a_2，Ｂの各相続分の算定方法はどうあるべきか。

① Ｈの遺産である甲土地の遺産分割事件において，再転相続人a_1とa_2の両名が，共同相続人Ｗ，Ｂとの関係で，亡Ａの取得分だけを希望するときは，事件は１件である（被相続人Ｈが遺産分割事件の立件基準）。しかし，Ａの取得分を定めるだけでなく，a_1とa_2間での具体的な分割をも希望するときには，理論上は，Ｈの遺産分割事件とＡの遺産分割事件の２件になると解される。

この点について，実務ではHの遺産分割事件1件として処理されることも多いようである。

② 以下では，再転相続人a_1，a_2が，亡Aの取得分だけでなく，自分たちの具体的な分割をもあわせて希望した場合の算定を検討する。Hの遺産分割とAの遺産分割の併合調停である。

③ Hの遺産分割について

(i) Hの本位相続人は妻Wと子A，Bである。甲土地に対する相続分，すなわち共有持分は，特別受益等の修正要素がないから，法定相続分がそのまま具体的相続分となる。よって，Hの遺産分割における相続人の分配取得分は，次のとおりである。

- W→　4000万円×1/2＝2000万円
- A→　4000万円×1/4＝1000万円
- B→　4000万円×1/4＝1000万円

(ii) したがって，Aの相続分（取得分）は1000万円であることが確定した。

④ Aの遺産分割について

(i) Aの遺産は，AがHから承継した上記の1000万円だけである。これを分割の対象として，Aの相続人であるa_1とa_2に分属させるには，この両者の間で再転被相続人Aの遺産分割手続を経る必要がある。

(ii) a_1はAから500万円の生前贈与を受けていたから，持戻しによる相続分の修正をして具体的相続分を算定しなければならない。その計算は次のとおりである。

1．みなし相続財産
- Aの相続分（取得分）1000万円＋a_1への生前贈与分500万円＝1500万円

2．一応の相続分
- a_1→　1500万円×1/2＝750万円
- a_2→　1500万円×1/2＝750万円

3．具体的相続分

a_1は特別受益たる生前贈与の500万円を受けていたので，これを一応の相続分から控除する。a_2には特別受益はないから一応の相続分がそのまま具体的相続分となる。

- a_1→　750万円－500万円（a_1への生前贈与）＝250万円

・$a_2 \rightarrow$　750万円
　　4.　上述3の合計は残余遺産たるAの相続分（取得分）の1000万円と一致するので、3の金額がa_1、a_2の最終的な分配取得額となる。
⑤　Hの遺産分割とAの遺産分割が事件の併合処理によってされると、Hの残余遺産である甲土地（4000万円）は、最終的には、各相続人に次のように分配されることとなる。
・W　＝　2000万円　（←上述③(i)）
・a_1　＝　250万円　（←上述④(ii)3）
・a_2　＝　750万円　（←上述④(ii)3）
・B　＝　1000万円　（←上述③(i)）

【設例5－22】特別受益と再転相続(3)──本位相続人（再転被相続人）が本位被相続人から特別受益を得ており、かつ、再転相続人が再転被相続人から特別受益を得ていた場合

> 被相続人Hが死亡し、相続人は妻Wとその間の子A、Bの3人である。Hの遺産は1100万円である。Hの遺産分割が未了の間に妻Wが死亡した。本位被相続人Hの相続人と再転被相続人Wの相続人は、結果的にいずれも子A、Bとなった。当初のHの本位相続に関しては、WはHから100万円の生前贈与を受けており、第2のWの再転相続に関しては、BがWから300万円の生前贈与を受けていた。Wは自己の固有財産として不動産を有しているが、これについては第三者Xに遺贈する旨の遺言をしている。他に未分割のWの固有財産はない。
> 本位被相続人Hと再転被相続人Wの各遺産の分割審判が申し立てられ、両事件は併合審理されることとなった場合、各相続人の相続分はどのようになるか。
> 　　　　　　　（最決平17・10・11民集59巻8号2243頁の事案をベースにする）

①　裁判では、再転被相続人Wが取得したHからの相続分が分割対象遺産となるか否かが争点となった。
②　第1審は、それまでの実務の大勢であった考え方（いわゆる「遺産説」）に従って、分割対象となることを肯定した。これに対して抗告審は、Wが取得し

たHの相続分は分割対象となりうる具体的な財産権ではなく，遺産分割によらずその相続人に当然に（法定相続分により）承継されるものであるとして遺産性を否定した（いわゆる「非遺産説」）。その上で，分割すべき遺産はないものとしてWを被相続人とする遺産分割の申立てを却下した。
③　最高裁（最決平17・10・11民集59巻8号2243頁）は，次のとおり「遺産説」をとることを明らかにして，この問題に決着をつけた。

「甲が死亡してその相続が開始し，次いで，甲の遺産分割が未了の間に甲の相続人でもある乙が死亡してその相続が開始した場合，乙は，甲の相続開始と同時に，甲の遺産について相続分に応じた共有持分権を取得しており，これは乙の遺産を構成するものであるから，これを乙の共同相続人に分属させるためには，遺産分割手続を経る必要があり，共同相続人の中に乙から特別受益に当たる贈与を受けた者があるときは，その持戻しをして各共同相続人の具体的相続分を算定しなければならない。」

④　「遺産説」によれば，前述【設例5-20】，【設例5-21】で検討したとおり，本位相続と再転相続の共同相続人が異なる場合と別の扱いをすべき理由はないことになる。したがって，再転相続人が再転被相続人の取得分について個別に承継するためには，本位被相続人の遺産分割手続（相続分算定）とは別に，再転被相続人の遺産分割手続（相続分算定）をも要することになる。

⑤　よって，「遺産説」に基づく遺産分割は，次のように，本位被相続人に係るものと，再転被相続人に係るものの2つを行うことになる。

(i) 本位被相続人Hの遺産分割

1．みなし相続財産
   ・Hの相続開始時の遺産1100万円＋Wへの生前贈与分100万円＝1200万円

2．一応の相続分
   ・W→　1200万円×1/2＝600万円
   ・A→　1200万円×1/2×1/2＝300万円
   ・B→　1200万円×1/2×1/2＝300万円

3．具体的相続分
   Wは特別受益たる生前贈与の100万円を受けていたので，これを一応の相続分から控除する。A，Bには特別受益はないから一応の相続分がそ

のまま具体的相続分となる。
- W→　600万円－100万円（Wへの生前贈与）＝500万円
- A→　300万円
- B→　300万円

4．上述3の合計はHの残余遺産の1100万円と一致するので，3の金額がW及びA，Bの最終的な分配取得額となる。

(ii) 再転被相続人Wの遺産分割

Wの死亡により，Wの相続開始時の遺産は上述(i)の500万円である。これを遺産分割の対象として，Wの相続人である子A，Bに分属させるには，この両者間で被相続人Wの遺産分割手続を経る必要がある。具体的には次のとおりである。

1．みなし相続財産
- Wの相続開始時の遺産500万円＋Bへの生前贈与分300万円＝800万円

2．一応の相続分
- A→　800万円×1/2＝400万円
- B→　800万円×1/2＝400万円

3．具体的相続分

Bは特別受益たる生前贈与の300万円を受けていたので，これを一応の相続分から控除する。Aには特別受益はないから一応の相続分がそのまま具体的相続分となる。
- A→　400万円
- B→　400万円－300万円（Bへの生前贈与）＝100万円

4．上述3の合計はWの残余遺産の500万円と一致するので，3の金額がA，Bの最終的な分配取得額となる。

(iii) まとめ

以上の2つの遺産分割手続（相続分算定）を経た結果，Hの残余遺産1100万円について，A，Bはそれぞれ次の相続分を取得することになる。
- A→　300万円（Hからの相続分）＋400万円（Wからの相続分）＝700万円
- B→　300万円（Hからの相続分）＋100万円（Wからの相続分）＝400万円

⑥　なお，設例において，再転相続人A，Bが再転被相続人Wから特別受益を得ていなかった場合には，以下のような計算が行われる。
　(i)　本位被相続人Hの遺産分割
　　　上述⑤(i)と同じ。
　　　　・W→　600万円－100万円（Wへの生前贈与）＝500万円
　　　　・A→　300万円
　　　　・B→　300万円
　(ii)　再転被相続人Wの遺産分割
　　　Wの死亡により，Wの相続開始時の遺産は上述(i)の500万円である。Wの遺産について特別受益がなかったと考えると，この500万円はWの相続人である子A，Bに法定相続分率によって均等に分属される。よって，次のとおりとなる。
　　　　・A→　500万円×1/2＝250万円
　　　　・B→　500万円×1/2＝250万円
　(iii)　まとめ
　　　以上の2つの遺産分割手続（相続分算定）を経た結果，Hの残余遺産1100万円について，A，Bはそれぞれ次の相続分を取得することになる。
　　　　・A→　300万円（Hからの相続分）＋250万円（Wからの相続分）＝550万円
　　　　・B→　300万円（Hからの相続分）＋250万円（Wからの相続分）＝550万円
　　　このことから，本位相続と再転相続の相続人の範囲が完全に一致し，かつ，再転相続において特別受益がない場合には，当該相続人の具体的相続分は単に法定相続分率によって決まるということができ，次のように一度の計算で算定されることとなる。
　　　　・A→　1100万円（Hの相続開始時遺産）×1/2＝550万円
　　　　・B→　1100万円（Hの相続開始時遺産）×1/2＝550万円
　　　この計算は，結果として，最高裁で否定された「非遺産説」の算定方法と同じであることに留意したい。

(3) 親族関係に入る前の者に対する受益の場合

例えば、養子縁組前の養子となるべき者や婚姻前の妻となるべき者に与えた金銭などである。これらの者への贈与は、代襲者に対する贈与と同様、推定相続人となる前の贈与であるから原則として特別受益に該当しない。しかし、贈与が養子縁組（婚姻）をするために、あるいは養子縁組（婚姻）することが調ったことによりされたものである場合には、推定相続人となった後の贈与と考えられるから特別受益に該当し、持戻しの対象となる。

(4) 相続人の親族に対する贈与の場合

持戻しの対象となるのは、相続人に対する贈与である。その親族に対して贈与があったことにより相続人が間接的に利益を得ていたとしても、それは特別受益には該当しない。ただし、事実認定の問題として、真実は相続人に対する贈与であるのに名義のみをその配偶者としたというような場合は、相続人に対する贈与として特別受益に該当することもありえよう。

第3節　寄　与　分

例えば、被相続人（父）の子A、Bのうち、Aは飲食店を経営している父を助けてその営業に従事し、大いに繁盛させて財産の維持増加に多大の貢献をしたが、一方のBは早くから親元を離れて独立して生活し、財産の維持増加に何らの貢献をしていないということがある。このような場合に、父の相続について定型的な法定相続分による遺産分割をしたとすると、Aの貢献は財産として評価されずBと同じ相続分となってしまい、相続人間の公平を損ねかねない。そこで、これを回避し実質的な公平を担保するために、Aの貢献を相続において考慮しようとして創設されたのが「寄与分（制度）」であり、昭和55年の民法改正によって実現した。

第1節で見たように、寄与分がある場合の相続分（具体的相続分）の算定は、次のようにして行う。すなわち、①まず相続開始時の遺産から寄与分の額を控除して「みなし相続財産」とし、それに各相続人の本来的相続分率を乗じて各々の「一応の相続分」を出す、②その上で、寄与分を受ける者（寄与者）はそれに寄与分の額を加算して自己の（具体的）相続分を確定することとな

る（904条の2第1項）。被相続人の財産に対して寄与者がいる場合は，寄与分をその寄与者のもともとの固有財産と捉えることから，このような操作が必要になるのである。

寄与分が認められた場合における具体的相続分算定のポイントを以下に見ていこう。

【設例5－23】寄与分が認められた場合の相続分算定

> 被相続人Hが死亡し，相続人は子A，Bの2人である。Hの遺産は1200万円であった。Aは長年にわたり年老いた父Hの事業（飲食店経営）を無償で手伝ってきたが，Aの寄与分の申立てに対して，その貢献度は500万円と評価された。A，Bの各相続分はどのようになるか。

① Aは被相続人Hの遺産について500万円の寄与分が認められたことから，民法904条の2第1項により，以下のような手順で相続分の算定を行うことになる。

② まず，Aの寄与分の500万円を相続開始時の遺産1200万円から控除して「みなし相続財産」を設定する。
　　・みなし相続財産→　1200万円（相続開始時遺産）－500万円（Aについての寄与分）＝700万円

③ 上述②のみなし相続財産をもとに，A，Bの一応の相続分を出す。
　　・A→　700万円×1/2＝350万円
　　・B→　700万円×1/2＝350万円

④ 上述③の一応の相続分を基礎として，A，Bの具体的相続分を算定する。Aの寄与分の500万円がここで加算される。
　　・A→　350万円＋500万円（Aについての寄与分）＝850万円
　　・B→　350万円

⑤ 遺産分割の対象となる残余遺産は相続開始時の遺産（1200万円）である。上述④の各相続人の具体的相続分の合計（850万円＋350万円）は残余遺産の1200万円と一致するので，④の金額がA，Bそれぞれの最終的な分配取得額となる。結果として，寄与のあったAの取得額は寄与のなかったBよりも多くなる。

１　寄与分とみなし相続財産

　寄与分が認められた場合の具体的相続分の算定は，上に述べたように，被相続人が相続開始時において有した財産の価額から寄与分を控除したものを「みなし相続財産」と設定することから始められる（904条の2第1項）。寄与分は，特別受益と同様，当初の本来的相続分の修正要素として位置づけられているのである。ただし，みなし相続財産の設定においては，特別受益の贈与が相続開始時の遺産に持ち戻して加算される（903条1項）のに対し，寄与分は相続開始時の遺産から控除されるという違いがある。特別受益が相続開始時の遺産に加算されるのはそれが遺産の前渡しとしての性質を有するからであり，他方，寄与分が控除されるのはそれが寄与者の特有財産に属するという前提判断からである。

　寄与分算定の基礎となる相続開始時の遺産は，特別受益の場合と同様，積極財産のみであり，債務などの消極財産を含まないことに注意する。

２　寄与分の要件

　寄与分が認められるためには，寄与行為が，①特別の寄与であって，さらに，②遺産の維持又は増加について貢献したことが必要である。

　寄与分の対象となる寄与（行為）は，相続開始時までのものと解されている。仮に相続開始後の遺産の維持管理のために支出した費用が寄与に相当するものであったとしても，それを寄与分として主張することはできない（東京高決昭57・3・16家月35巻7号55頁）。また，寄与と遺産の維持又は増加との間に因果関係があることも必要であるから，寄与の時期が古く，相続開始時と離れている場合には因果関係は認めにくくなるであろう。

(1)　特別の寄与であること

　寄与行為があれば常に寄与分が認められるわけではなく，それが「顕著な貢献」であり，かつ「無償の貢献」であることが要件である。

　特別の寄与とは遺産の維持・増加に関係するものであるから，被相続人との身分関係において通常期待される程度の貢献では足りず，それを超える顕著な貢献であることが積極的要件となる。もともと通常の寄与は，被相続人

の意思を推測した権利みなし規定として法定相続分の割合の中にすでに組み入れられている。だから，通常の寄与をしても相続分の修正要素とはならない。とくに配偶者については，寄与分制度が創設された昭和55年の民法改正時に相続分が引き上げられた。その関係から見ても，夫婦として通常期待される程度の寄与では，その法定相続分の中で解消されてしまうものと考えられる。

通常期待される寄与の程度というのは，被相続人との身分関係によって異なってくる。最も程度が高いのは配偶者であり，その他の親族では子，親，兄弟姉妹の順で低くなる。夫婦には互いに同居・協力・扶助義務（752条）や婚姻費用の分担義務（760条）があり，直系血族と兄弟姉妹については相互扶養義務（877条）や同居の親族の互助義務（730条）などがあるので，寄与がそれらの義務の範囲内のものであれば，特別の寄与とは認められないことになる。

また，寄与行為があっても，それが無償でなければ特別の寄与とはならない。無報酬で又はそれに近い形で寄与行為をしたことが消極的要件として必要となる。

【設例5-24】寄与分の消極的要件——無償の寄与行為

> 被相続人Hが死亡し，相続人は妻Wと子A，Bの3人である。Wは，長年にわたり病気で寝たきりのHの介護を献身的に行ってきた。Hは生前に自分の亡き後の老妻を案じて自宅の土地・建物をWに贈与していた。Hの遺産分割事件において，子A，BはWの特別受益の持戻しを主張し，Wは自己には寄与分がある旨を主張した場合，どのようになるか。

① Wは，被相続人Hへの寄与行為に対する対価の趣旨で，Hからすでに生前贈与を受けていた。この場合，当該寄与行為は，贈与により得た利益に対応する限りで，寄与分としての評価から外される。

② これによる不都合は，生前贈与につき持戻し免除（黙示の意思表示）を認めることで対応することができる。これについての裁判例（東京高決平8・8・26家月49巻4号52頁）では，被相続人からの生前贈与により得た利益を超える

特別の寄与があったとはいえないとした上で，あわせて，妻には他に老後を支えるのに足りる資産も住居もない事情のもとでは，贈与につき黙示の持戻し免除があったものとされた。

(2) 遺産の維持・増加に貢献したこと

　特別の寄与，すなわち顕著でかつ無償の貢献があったとしても，被相続人の財産の維持又は増加がなければ寄与分は認められない。ただし，その維持・増加は現存していなくてもよい。相続人の労に報いるものであるから，一時的なものであってもよいとされる。

　遺産の維持とは，例えば，被相続人の生活費を子の１人が長期間に亘って支出したため，被相続人が財産を処分しないですんだ場合，相続人である子の１人が病弱の母に代わって家事や介護に尽くし，被相続人である父がヘルパーの費用などを免れた場合など，財産の減少を最小限に食い止めたことも含む。

　被相続人が遺産不動産の帰属について訴訟で敗訴した後に，その相続人の１人が証拠の収集に奔走し，控訴審で逆転勝訴を得た場合，顕著な貢献があったとして１割の寄与分が認められた事例がある（大阪家審平６・11・２家月48巻５号75頁）。

③ 寄与分の受給資格者

(1) 共同相続人

　民法は，寄与分を請求することができる者，すなわち寄与分を受ける資格を有する者を共同相続人に限定している（904条の２第１項）。寄与分は遺産分割における相続分の修正要素であり，具体的相続分算定の前提として位置づけられていることから，寄与分を求めることのできる者を，現実に遺産分割手続に参加できる共同相続人だけとしたわけである。

　その結果，被相続人の内縁の妻や愛人，相続人の配偶者などは，いくら寄与を行っても寄与分を認められない。これらの者にまで寄与分を認めると，遺産分割の際にそのような寄与者がいないかを調べる必要が生じ，寄与者の範囲が確定するまで遺産分割ができなくなる。また，それらの寄与者を含ま

ない遺産分割はやり直しをしなければならないとすると，あまりにも相続人の利益を害することになってしまうからである。

(2) その他の受給資格者

(a) 寄与分は財産権そのものではないので，それ自体を譲渡の対象とすることはできないが，財産権的な性格を有しているので，相続分の譲渡とともにするのであれば，譲渡の対象となる。

相続人が自己の相続分を譲渡した場合，譲渡人であるその相続人に寄与分が認められるときは，相続分の譲渡に伴って，寄与分を主張しうる地位も譲受人に移転する。ただし，相続分と離れて寄与分だけを譲渡することは認められない。

また，被相続人Hの相続人であるAが死亡し，再転相続が開始した場合，AがHの相続人としてHに対する療養看護の寄与分が主張できたときには，Aの再転相続人であるその妻Awや子a_1もAの寄与分を相続したものとして主張できる。

(b) 受給資格の関係で，包括受遺者，被代襲者，相続人の履行補助者たる配偶者がした寄与について，寄与分を主張できるかが問題となる。

(イ) 包括受遺者の寄与がある場合

民法990条は「包括受遺者は，相続人と同一の権利義務を有する」と規定しているので，包括受遺者が被相続人に対して寄与をした場合，寄与分を受ける資格があるとする見解がある。しかし，包括受遺者は相続人ではないので，消極に解するのが通説である。

(ロ) 被代襲者の寄与がある場合

被代襲者が被相続人に対して行った寄与について，代襲相続人が寄与分を主張できるかが問題となる。例えば，被相続人より先に亡くなった子が被相続人の家業に従事し，特別の寄与があったというような場合である。代襲相続人は，被代襲者の地位・相続分をそのまま引き継ぐから，その子の子が，被代襲者がした寄与について寄与分を主張できるのは当然である（東京高決平元・12・28家月42巻8号45頁，横浜家審平6・7・27家月47巻8号72頁）。また，代襲相続人も相続人であるから，代襲相続人となった後に自分が行った寄与についてもあわせて寄与分を主張できると考えられる。

ちなみに，再転相続が発生した場合，再転相続人には特別受益による再転相続分の修正がされるが，この修正と同様に，再転被相続人に対する寄与分も考慮されることになる。

(ハ) 相続人の補助者の寄与がある場合

相続人の配偶者や子などが寄与をしても，彼らは相続人でないので，寄与分を主張することはできない。ただし，相続人（夫）の配偶者である妻が夫の親である被相続人の介護をしたというような場合には，妻を相続人自身のいわば手足，つまり履行補助者のように捉え，相続人の寄与分を評価する際にあわせて考慮することを認めるべきであり（通説），また，実際にそのような主張がされることもある（東京高決平元・12・28家月42巻8号45頁）。

【設例5－25】亡長男の妻が被相続人である義父にした寄与の扱い

> 被相続人Hは10年間の闘病生活の末に死亡した。相続人は亡長男Aの代襲相続人a_1と次男Bの2人である。長男の妻Awは，幼少のa_1の子育てをする一方，パートで収入を得て家計・医療費を助け，10年間義父Hと同居してその療養看護に努めた。Hの遺産は年金の蓄えによる預金の1000万円だけである。次男Bは父の面倒を一切見なかった。義父HはAwに感謝しつつも遺言を書くことなく死亡した。相続人はa_1とBの2人である。Hの遺産分割に際して，献身的に介護したAwに何らかの権利はあるか。

① 亡長男A（被代襲者）の妻AwはHの相続人ではないので，固有の寄与分は認められない。ただし，亡Aには代襲相続人a_1がいるので，その子を通じて被代襲者亡Aの寄与，すなわちa_1の寄与分としてAwの寄与行為が評価される余地はある。前掲東京高決平元・12・28は，代襲相続人である被相続人の孫の寄与分として，母親（被代襲者の配偶者）の寄与も考慮できるとした。

② しかし，Awに子がないときには，Awのした寄与は対価のない無償の労働ということにならざるを得ない。その場合は，財産法上の（雇用・組合）契約や不当利得に基づく権利を（相続人に対して）別途に主張するほかない。

4 寄与分の決定

(1) 寄与分を定める手続

　寄与分は，遺言で定めることを認める規定はないので，①共同相続人の協議，②調停，③審判によって決定する（904条の2第1項・2項，家手191条2項・192条・193条・245条3項）。これらの手続は，相続開始後，遺産分割が終了するまでの間に行うことができる。ただし，相続開始後認知によって相続人となった者（いわゆる死後認知者）からの価額の支払請求権（910条）については，遺産分割の終了後においてもできる。

(a) 共同相続人の協議

　寄与分は，相続人全員（包括受遺者も含む）による協議で定めることができる（904条の2第1項）。寄与分の協議は，遺産の範囲や評価が明らかとなった以降に，遺産分割の協議にあわせて行われるのが通例である。それらが明らかでないのに寄与分についてのみ合意しても，後に争いが再燃するおそれがあるからである。

(b) 調　　停

　共同相続人の協議が調わないとき又は協議ができないときには，寄与者の請求（申立て）により，家庭裁判所の調停で定めることができる（904条の2第2項，家手244条・245条3項）。

　寄与分を定める処分の調停は，遺産分割の調停（若しくは審判）事件が係属していなくても申し立てることができる。すなわち，寄与分だけの調停を申し立てることができる（梶村太市＝石田賢一＝石井久美子編『家事事件手続法書式体系Ⅱ』301頁参照）。ただし，すでに遺産分割の調停が係属しているときには，その係属している家庭裁判所に申立てをする。寄与分はあくまでも遺産分割のためのものであるので，当該遺産分割事件と併合し，同時に審理される。この点，民法904条の2第4項の規定を根拠に，寄与分の申立てができるのは，遺産分割の申立て及び被認知者の価額支払請求の場合に限られるとする審判例もあるが（浦和家飯能支審昭62・12・4家月40巻6号60頁），寄与分の紛争が解決すれば，あとは遺産分割の協議ができるような場合にも活用できないことになり，妥当ではない。後述する審判の申立てはともかく，調停の申立

てはできると解すべきである。すなわち，寄与分だけの調停が成立すれば調停としての効力が生ずる。

　寄与分の調停では，当事者双方から事情を聴き，必要に応じて資料等を提出し，合意に向けて話し合いが進められるが，寄与分の額をいくらにするというような形の条項にまとめられるわけではない。遺産分割をする際に，寄与分の額を考慮した割合で分配取得額を確定し，その上で具体的な遺産の割付けを行うのが通例である。

　なお，話し合いがまとまらず調停が不成立になった場合には，審判手続に移行されるが（家手272条4項），遺産分割の審判の申立てをしないと不適法として却下されることになる。

　(c) 審　　判

　共同相続人の協議が調わないとき又は協議ができないときには，寄与者の請求（申立て）により，家庭裁判所の審判で定めることもできる（904条の2第2項，家手39条・244条）。先述のとおり，調停が不調に終わった場合には，審判手続が開始される。

　寄与分を定める処分の審判の申立てには，遺産分割の審判（あるいは相続開始後の死後認知者の分割請求（910条））が係属していることが必要であり（904条の2第4項），その係属している家庭裁判所に申し立てなければならない（家手245条3項，191条2項準用）。寄与分のような微妙な判断を要するものは，それだけを独立して審判するより遺産分割の中で柔軟に考慮するほうが適当だからである。

　家庭裁判所は，遺産分割の審判の手続において，1か月を下らない範囲内で，当事者が寄与分を定める処分の審判の申立てをすべき期間を定めることができ（家手193条1項），定められた期間経過後に申立てがされた場合にはこれを却下することができる（同条2項）。その期間は1か月以上であるので，審判手続の早い段階で次回期日を1か月以上後の日に定め，その審判申立ての期間を同日までと定めて当事者に告知することもある。

　遺産分割の審判は調停を経ていることが多く，その中で寄与分の申立てが必要な主張があるか否かは大体わかるので，寄与分の申立ての意向を早い段階で当事者に確認し，その意向がないときはあえて申立期間を定めないこと

もある。

　上記の申立期間を定めなかった場合でも，当事者が時機に後れて寄与分を定める処分の申立てをしたことにつき，申立人の責めに帰すべき事由があり，かつ，申立てに係る寄与分を定める処分の審判の手続を併合することにより，遺産分割の審判の手続が著しく遅滞することとなるときには，その申立てを却下することができる（同条3項）。

(2) **寄与分額の確定**

(a) 寄与分額の評価基準時

　寄与分の額の算定評価の基準時は，相続開始時である（松原正明『全訂判例先例相続法II』157頁は，特別受益の場合と同様に解すべきとして，寄与分決定時すなわち遺産分割時であるとする。寄与分は相続開始時に客観的に定まっているのではなく，協議，調停，審判により事後的に定まるから，寄与分決定時までは具体的相続分は算定不可能であり確定しないとする）。したがって，寄与時における評価をした上で，相続開始時の評価に評価替えをする必要がある。

(b) 寄与分額を確定する際の考慮事項

　寄与分の具体的な額は，寄与の時期，方法及び程度，相続財産の額その他一切の事情を考慮して確定される（904条の2第2項）。この寄与分額の算定は，その算定方法の選択や算定の前提事実の認定，程度等について，遺産分割事件の解決方針や法律の解釈ともかかわり，裁量性がかなり高いものであるといえる。

(c) 家庭裁判所調査官による事実調査

　寄与分の有無及びその価額の争いは，実に鮮烈なものである。例えば，相続人の1人が被相続人と同居してその看病をした場合，その労苦を縷々述べられることが多い。これに対して，他の相続人は，看病の仕方が悪いとか，同居して家賃などの生活費が浮いたはずだ，被相続人から生活費や財産をたくさんもらっているから，寄与どころではなく，逆に贈与があったと見るべきだなどと反論する。被相続人が高齢で認知症があった場合には，財産の使い込みがあったからその分は不法行為として返還すべきだなどという争いにまで発展することもある。

　事実の真相は当事者にしかわからず，寄与の事実認定には多くの困難が伴

う。そこで，家庭裁判所調査官による事実調査とその結果が大いに活用されることとなる。実務でも調査官の調査がよく利用されているようである。

［5］ 寄与行為の態様と寄与分額の算定

　民法904条の2第1項は，「被相続人の事業に関する労務の提供又は財産上の給付，被相続人の療養看護その他の方法により被相続人の財産の維持又は増加について特別の寄与をした者があるとき」に，寄与分が認められるとする。多種多様な事案に即応して具体的かつ妥当な裁量判断による解決が図られるよう，基本的な考慮事項だけが定められている。

　寄与分といっても時価があるわけではなく，その算定には苦慮することが多い。寄与分の額は，原則として共同相続人間の協議で定め，協議が成立しないときは家庭裁判所の調停又は審判によって定められるが，家庭裁判所が寄与分を定める場合には，寄与分の額は，「寄与の時期，方法及び程度，相続財産の額その他一切の事情を考慮して」定めることとされる（904条の2第2項）。寄与の時期については，最近の寄与であれば，その結果の残存が歴然としているが，昔の寄与の結果だと現存財産にどれだけ影響しているか認定が困難な場合が多い。また，寄与分の額は，相続開始時に現存する全体の遺産額から遺贈の額を控除した額を超えることはできないとされるので（同条3項），相続人あての残存財産の多寡が寄与分の額に影響を及ぼすことになる。とりわけ，寄与分が相続人間の公平を図るための相続分の修正要素であるという観点からは，各相続人の特別受益（遺贈，贈与）の存否をも考慮に入れて，他の相続人の遺留分侵害が発生しないように寄与分の評価を考慮する必要がある（東京高決平3・12・24判夕794号215頁）。

　寄与の方法及び程度に関連して，特別の寄与の評価対象となる行為，すなわち寄与分が認められる行為（寄与行為）を類型化すると，次のような態様に分類することができる。

① 家業従事型
② 財産給付型
③ 療養看護型
④ 扶養型

⑤ 財産管理型
⑥ 複数競合型

これらについては，司法研修所編『遺産分割事件の処理をめぐる諸問題』285頁以下において一定の算定方法の提案が示された。次いで，これをベースに実務の立場からは寄与行為の類型と寄与分の算定についての詳細な解説として，松津節子「特別受益と寄与分」東京弁護士会編『家族法』(平成17年度専門弁護士養成連続講座)458頁以下があり，さらに，最近までの寄与分の審判例を紹介したものとして，第一東京弁護士会司法研究委員会編『裁判例に見る特別受益・寄与分の実務』がある。以下はこれらを参考に記述している。

(1) 家業従事型——被相続人の事業に関する労務の提供

無報酬で又はそれに近い状況で家業(被相続人が営む農業や自営業等)に従事することによって遺産の増加に貢献し遺産の減少を防止した場合には，特別の寄与があるとされることが多い。具体的には，家業従事の期間・態様(対価の有無や家業に専従的に従事したか，季節的に従事したかなど)を認定して，それが親族間の協力義務の範囲を超えるものであるか否かを判断する必要がある。

被相続人の営んでいた家事事業に対する労務の提供や財産上の給付は，農業や小規模の商工業が典型である。審判例では，①長期間被相続人の事業に関与してきた相続人の寄与を認め，贈与財産で賄えない部分について寄与を認めたもの(高松家丸亀支審平3・11・19家月44巻8号40頁)，②薬局経営を手伝い，有償だが特別に経営規模を拡大したとして3000万円(32%)の寄与分を認めたもの(福岡家久留米支審平4・9・28家月45巻12号74頁)，③農業従事者の寄与分について農作業分は平均賃金を，家事労働分は家政婦基本賃金を，療養看護分は家政婦基本賃金に超過料金・深夜料金を付加した額をそれぞれ基礎として算定したもの(盛岡家一関支審平4・10・6家月46巻1号123頁)，④被相続人の農業に従事してきた長男の長男である代襲相続人について「5割」の寄与を認めたもの(横浜家審平6・7・27家月47巻8号72頁)などがある。

(2) 財産給付型——事業に関する金銭等の提供

例えば，被相続人の事業に相続人が資金を貸し付けた場合，その貸付資金は法律上返済を請求することによって十分保護されるから，当然には寄与とはいえない。しかし，その貸付のおかげで倒産を免れただけではなく，さら

に事業が発展し，相続開始時にその効果が残存しているという場合には，寄与があるといえる。

　共働き夫婦の場合には，夫（被相続人）名義の財産であっても，その取得について妻が貢献している場合が少なくない。妻の貢献の時期・態様などによっては，夫婦の共有関係にあると見て，その共有持分を遺産の範囲から除外するのが適当な場合（遺産は被相続人単独名義であるが，実際は妻との共有であると認定する例）もあるが，そうでなくとも，妻の貢献を寄与分として認める場合（寄与分を遺産である不動産全体の価額の43％とするなど）が多い。

　財産給付型の寄与分として審判で認められたものには，①被相続人に対する扶養を寄与分として認めたもの（山口家萩支審平6・3・28家月47巻4号50頁），②被相続人と会社が経済的に極めて密着した関係にある場合に会社への資金援助を被相続人への寄与と認めたもの（高松高決平8・10・4家月49巻8号53頁）などがある。

(3) 療養看護型——介護労働による費用支出分の維持

　実務上よく主張されるのがこの療養看護型の寄与分である。被相続人の療養看護とは，病気等の被相続人の世話をすることであるが，単に一所懸命に世話をしたというだけでは特別の寄与とはいえない。それによって被相続人の財産が増加することはありえないからである。本来なら被相続人の費用によって職業付添人を雇わなければならなかったはずのところを，相続人の世話によってその費用の支出を免れたという事情が必要になる。数人の子のうち長女だけが貴重な青春の時代を犠牲にし，結婚もしないで長期間にわたって父の療養看護にあった場合などが典型例である。

　被相続人の療養看護を寄与と認める審判例としては，①相続人の妻の看護を寄与と評価し，昭和51年当時の価額で重篤時の6か月を月9万円程度，その余の22か月を月3万円程度の合計120万円を認めたもの（神戸家豊岡支審平4・12・28家月46巻7号57頁），②約1年半ほどの療養看護について300万円の寄与分を認めたもの（広島高決平6・3・8家月47巻2号151頁），③社団法人日本臨床看護家政協会作成「看護補助者による看護一覧表普通病（2人付）による平均賃金×介護時間×0.7」という計算式で寄与分を算定したもの（東京家審平12・3・8家月52巻8号35頁），④介護を理由としての寄与分を認めた事例（大

阪家審平19・2・26家月59巻8号47頁）などがある。
(4) 扶養型
　扶養型の寄与とは，被相続人を扶養してその生活費を賄い，相続財産の維持に貢献することをいうが，①相続人やその親族が現実に引き取って扶養する場合（引取り扶養）と，②家屋に住まわせ，あるいは施設に収容するなどして扶養料のみを負担する場合（扶養料負担）がある。民法904条の2第1項の「その他の方法」に該当する類型である。

　もっとも，夫婦は互いに協力扶助義務を負っており（752条），直系血族及び兄弟姉妹にも互いに扶養義務があるから（877条1項），被相続人を引き取って扶養し，扶養料を負担したとしても，それが協力扶助ないし扶養義務の履行の範囲内と評価されるならば，特別の寄与とは認められない。ただし，扶養義務者が複数いるのに，実際に扶養したのはそのうちの1人であるような場合には，相続人間の実質的公平を図るため，その分担義務を超える部分については例外的に特別の寄与が認められることになろう。

　ちなみに，親族としての身分関係から当然行われる行為の範疇にあるとして寄与分を定める処分の申立てが却下された審判に関連して，その後に改めて当該扶養料の求償を求めた別件の扶養審判の申立てについて，紛争の蒸し返しにあたるものとして当該申立てを却下した審判について，これを取り消し，差し戻した事例がある（大阪高決平15・5・22判タ1150号109頁）。遺産分割における寄与分の有無の判断と過去の扶養料についての他の扶養義務者に対する求償権の有無の判断とは別個の問題であるとするものである。

(5) 財産管理型──事業に関する管理の代行
　相続人が被相続人の財産管理を行い，維持管理費用を負担することにより，被相続人が管理費用の負担を免れることにより，遺産の維持管理に寄与した場合である。被相続人の建物の修繕費用を出したとか，固定資産税を負担したなどと主張されることがよくある。しかし，相続人が被相続人の建物に無償で居住している場合には，むしろ負担するのが当然のこともあり，必ずしもその全額が寄与分になるわけではなく，居住利益分は減算されるべきである。被相続人の財産管理のための支出であったかどうかの検討が必要である。

　財産管理型には，①建物の火災保険料，修繕費，固定資産税の負担，②不

動産の賃貸管理，占有者の排除，売買契約の締結への関与など多様な形態がある。このうち，①の態様にあっては，反復的行為であるが，前述の財産給付型と基本的には異ならないので，(相続人の無償使用による居住利益を控除して)現実に負担した額をそのまま寄与と認めて差し支えない。②の態様についての寄与分額の算定方法については，第三者委任の場合の標準報酬額が1つの目安になるものと考えられる。

(6) 複数競合型——療養看護＋財産の提供

　寄与は，以上のほかにどのような態様のものであってもかまわないが，あくまでも被相続人の財産の維持・増加に貢献することが必要で，財産上の効果を伴わないものはここにいう寄与とはならない。寄与行為の複数競合型の例としては，妻と兄弟姉妹が共同相続人のケースで，妻が病弱の夫を37年にわたり扶養看護し，夫名義の不動産も専ら自己の収入によって購入した場合に，妻の寄与が認められた事例（山形家審昭56・3・30家月34巻5号70頁），また，遺産不動産を係争物件とする民事訴訟の追行において証拠の収集や立証に協力して勝訴判決に貢献した寄与として遺産の1割を認めたものなどがある（大阪家審平6・11・2家月48巻5号75頁）。

6　寄与分と特別受益がある場合の適用問題

　被相続人の遺産に対して，特別受益である贈与又は遺贈（特定遺贈）と寄与分がある場合，すなわち相続人の中に特別受益者と寄与者が同時に存在する場合には，相続分の算定にあたって，これらの適用関係が問題となる。

(1) 同時適用説

　この問題について，現在の判例・通説は民法903条と904条の2を同時に適用するという「同時適用説」に立っている。この説によると，①特別受益たる贈与（遺贈は除く）があればその贈与額を相続開始時の遺産（特定の相続人に対する遺贈（特定遺贈）分を含む）に持ち戻して加算するとともに，寄与分の額を控除して「みなし相続財産」を設定し，②それに各相続人の本来的相続分率を乗じて「一応の相続分」を出し，③特別受益（贈与・遺贈）を得た者はこの一応の相続分から特別受益の額を控除した額をもって自己の具体的相続分とし，寄与分を認められた者は「一応の相続分」に寄与分の額を加算した額

第3節　寄 与 分　　**6**　寄与分と特別受益がある場合の適用問題

をもって具体的相続分とすることになる。
　具体的な計算方法を，次の設例によって見てみよう。

【設例5－26】寄与分と特別受益がある場合の計算——同時適用説による算定例(1)

> 被相続人Hが死亡し，相続人は妻Wとその間の子A，B，Cの4人である。Hの相続開始時の遺産は1900万円である。Hは生前Bに100万円の贈与をしており（相続開始時には200万円と評価），またCには100万円の遺贈をしていた。Aの寄与分が300万円と定められた。各相続人の相続分はどのようになるか。

① 　HはBに対して相続開始時の評価額で200万円の生前贈与を行い，Cには100万円の遺贈をしていた。前者の生前贈与は特別受益として相続開始時の遺産に持ち戻して加算するが，後者の遺贈は持戻しの対象となるもののみなし相続財産の設定においては相続開始時の遺産に含まれているとして加算はしない。一方，Aについては300万円の寄与分が認められており，これは相続開始時の遺産から控除されることになる。「同時適用説」では，この加算と控除を同時に行うから，みなし相続財産は次のように設定される。
　　・みなし相続財産
　　　→　1900万円（相続開始時遺産）＋200万円（Bへの生前贈与）－300万円（Aについての寄与分）＝1800万円

② 　上述①のみなし相続財産をもとに，各相続人の一応の相続分を出す。
　　・W→　1800万円×1/2＝900万円
　　・A→　1800万円×1/2×1/3＝300万円
　　・B→　1800万円×1/2×1/3＝300万円
　　・C→　1800万円×1/2×1/3＝300万円

③ 　上述②の一応の相続分を基礎として，各人の具体的相続分を算定する。
　　・W→　900万円
　　・A→　300万円＋300万円（Aについての寄与分）＝600万円
　　・B→　300万円－200万円（Bへの生前贈与）＝100万円
　　・C→　300万円－100万円（Cへの遺贈）＝200万円

④ 　遺産分割の対象となる残余遺産は相続開始時の遺産（1900万円）からCへの遺贈分の100万円を控除した1800万円である。上述③の各相続人の具体的相続

分の合計（900万円＋600万円＋100万円＋200万円）は残余遺産の1800万円と一致するので、③の金額が各相続人の最終的な分配取得額となる。

【設例５−27】寄与分と特別受益がある場合の計算──同時適用説による算定例(2)

> 被相続人Ｈが死亡し、相続人は妻Ｗとその間の子Ａ、Ｂ、Ｃの４人である。Ｈは生前Ｂに1500万円を贈与しており、またＣには1000万円の遺贈をしていた。Ａの寄与分が500万円と定められた。Ｈの相続開始時の遺産は１億1000万円である（遺贈の遺産離脱効をも考慮した上で、遺産分割時における残余遺産の評価額は8000万円）とき、各相続人の相続分はどのようになるか。

① ＨはＢに対して1500万円の生前贈与を行い、Ｃには1000万円の遺贈をしていた。前者の生前贈与は特別受益として相続開始時の遺産に持ち戻して加算するが、後者の遺贈は持戻しの対象となるもののみなし相続財産の設定においては相続開始時の遺産に含まれているとして加算はしない。一方、Ａについては500万円の寄与分が認められており、これは相続開始時の遺産から控除されることになる。「同時適用説」では、この加算と控除を同時に行うから、みなし相続財産は次のように設定される。

　　・みなし相続財産
　　　→　１億1000万円（相続開始時遺産）＋1500万円（Ｂへの生前贈与）－500万円（Ａについての寄与分）＝１億2000万円

② 上述①のみなし相続財産をもとに、各相続人の一応の相続分を出す。
　　・Ｗ→　１億2000万円×1/2＝6000万円
　　・Ａ→　１億2000万円×1/2×1/3＝2000万円
　　・Ｂ→　１億2000万円×1/2×1/3＝2000万円
　　・Ｃ→　１億2000万円×1/2×1/3＝2000万円

③ 上述②の一応の相続分を基礎として、各人の具体的相続分を算定する。
　　・Ｗ→　6000万円
　　・Ａ→　2000万円＋500万円（Ａについての寄与分）＝2500万円
　　・Ｂ→　2000万円－1500万円（Ｂへの生前贈与）＝500万円
　　・Ｃ→　2000万円－1000万円（Ｃへの遺贈）＝1000万円

④ 遺産分割の対象となる残余遺産の評価額は8000万円である。上述③の各相

続人の具体的相続分の合計（6000万円＋2500万円＋500万円＋1000万円＝1億円）は，遺産分割時の残余遺産である8000万円と一致しない。そこで，これを是正するために，各相続人の分配取得率（具体的相続分率）を出さなければならない。

- Wの分配取得率（具体的相続分率）→　6000万円÷1億円＝3/5
- Aの分配取得率（具体的相続分率）→　2500万円÷1億円＝1/4
- Bの分配取得率（具体的相続分率）→　500万円÷1億円＝1/20
- Cの分配取得率（具体的相続分率）→　1000万円÷1億円＝1/10

⑤　残余遺産の8000万円に上述④の分配取得率（具体的相続分率）を乗じて，各相続人の最終的な分配取得額を確定させる。

- Wの分配取得額→　8000万円×3/5＝4800万円
- Aの分配取得額→　8000万円×1/4＝2000万円
- Bの分配取得額→　8000万円×1/20＝400万円
- Cの分配取得額→　8000万円×1/10＝800万円

⑥　上述⑤の合計（4800万円＋2000万円＋400万円＋800万円）は残余遺産の8000万円と一致するので，⑤の金額が各相続人の最終的な分配取得額となる。

(2) 他説との比較

この同時適用説に対しては，特別受益を優先適用する説（903条優先適用説），寄与分を優先適用する説（904条の2優先適用説）なども主張される。

「903条優先適用説」は，まず903条を適用して各相続人の具体的相続分を算定し，次にその具体的相続分の割合に基づき，904条の2を適用した寄与分の計算を行って，最終的な分配取得額を算定するものである。「904条の2優先適用説」は，903条優先適用説の逆で，まず904条の2を適用し寄与分の計算を行って各相続人の具体的相続分を算定し，次にその具体的相続分の割合（＝分配取得率）に基づいて903条を適用した特別受益の持戻しを行い，最終的な分配取得額を算定する。

次の設例では「903条優先適用説」，「904条の2優先適用説」による具体的な算定方法を見るとともに，「同時適用説」の場合との違いについても確認しておこう。

【設例 5－28】寄与分と特別受益がある場合の計算──各説の比較

> 被相続人Hが死亡し，相続人は妻Wとその間の子A，Bの3人である。Hの相続開始時の遺産は1000万円である。HはAに対して200万円の生前贈与をしており，Bについては100万円の寄与分が認められた。各相続人の相続分はどのようになるか。

① 同時適用説による算定例

(i) HはAに対して200万円の生前贈与を行っているが，これは相続開始時の遺産への持戻し加算の対象となる。一方，Bについては100万円の寄与分が認められており，これは相続開始時の遺産から控除されることになる。「同時適用説」では，この加算と控除を同時に行うから，みなし相続財産は次のように設定される。

・みなし相続財産
→ 1000万円（相続開始時遺産）＋200万円（Aへの生前贈与）－100万円（Bについての寄与分）＝1100万円

(ii) 上述(i)のみなし相続財産をもとに，各相続人の一応の相続分を出す。

・W→ 1100万円×1/2＝550万円
・A→ 1100万円×1/2×1/2＝275万円
・B→ 1100万円×1/2×1/2＝275万円

(iii) 上述(ii)の一応の相続分を基礎として，各人の具体的相続分を算定する。

・W→ 550万円
・A→ 275万円－200万円（Aへの生前贈与）＝75万円
・B→ 275万円＋100万円（Bについての寄与分）＝375万円

(iv) 遺産分割の対象となる残余遺産は相続開始時の遺産の1000万円である。上述(iii)の各相続人の具体的相続分の合計（550万円＋75万円＋375万円）は残余遺産の1000万円と一致するので，(iii)の金額が各相続人の最終的な分配取得額となる。

② 903条優先適用説による算定例

(i) 「903条優先適用説」では，特別受益の持戻し（加算）を最初に行って各相続人の具体的相続分を算定し，その後，その具体的相続分の割合（＝分配取得率）に基づいて寄与分の計算を行うことになる。以下，その計算手順をま

第3節　寄　与　分　　6　寄与分と特別受益がある場合の適用問題　　257

とめる。
(ii) 903条適用——特別受益の計算
　1．みなし相続財産
　　・1000万円（相続開始時遺産）＋200万円（Aへの生前贈与）＝1200万円
　2．一応の相続分
　　・W→　1200万円×1/2＝600万円
　　・A→　1200万円×1/2×1/2＝300万円
　　・B→　1200万円×1/2×1/2＝300万円
　3．具体的相続分
　　・W→　600万円
　　・A→　300万円－200万円（Aへの生前贈与）＝100万円
　　・B→　300万円
　　遺産分割の対象となる残余遺産は相続開始時の遺産の1000万円である。上述金額の合計（600万円＋100万円＋300万円）は残余遺産の1000万円と一致するので，特別受益の持戻し後の具体的相続分となる。
(iii) 904条の2適用——寄与分の計算
　1．みなし相続財産
　　・1000万円（相続開始時遺産）－100万円（Bについての寄与分）＝900万円
　2．一応の相続分
　　先に述べたように，上述(ii)で算定した具体的相続分に基づいて分配取得率を出すことになるから，各相続人の一応の相続分は次のようにして求める。
　　・W→　900万円×600/1000＝540万円
　　・A→　900万円×100/1000＝90万円
　　・B→　900万円×300/1000＝270万円
　3．具体的相続分
　　・W→　540万円
　　・A→　90万円
　　・B→　270万円＋100万円（Bについての寄与分）＝370万円
(iv) 上述(iii)3の金額の合計（540万円＋90万円＋370万円）は残余遺産の1000万円

と一致するので，それぞれの金額が各相続人の最終的な分配取得額となる。
③ 904条の2優先適用説による算定例
　(ⅰ)「904条の2優先適用説」では，寄与分の計算を最初に行って各相続人の具体的相続分を算定し，その後，その具体的相続分の割合（＝分配取得率）に基づいて特別受益の持戻し計算を行うことになる。以下，その計算手順をまとめる。
　(ⅱ) 904条の2適用――寄与分の計算
　　1．みなし相続財産
　　　・1000万円（相続開始時遺産）－100万円（Bについての寄与分）＝900万円
　　2．一応の相続分
　　　・W→　900万円×1/2＝450万円
　　　・A→　900万円×1/2×1/2＝225万円
　　　・B→　900万円×1/2×1/2＝225万円
　　3．具体的相続分
　　　・W→　450万円
　　　・A→　225万円
　　　・B→　225万円＋100万円（Bについての寄与分）＝325万円
　　　遺産分割の対象となる残余遺産は相続開始時の遺産の1000万円である。上述金額の合計（450万円＋225万円＋325万円）は残余遺産の1000万円と一致するので，寄与分の計算後の具体的相続分となる。
　(ⅲ) 903条適用――特別受益の計算
　　1．みなし相続財産
　　　・1000万円（相続開始時遺産）＋200万円（Aへの生前贈与）＝1200万円
　　2．一応の相続分
　　　先に述べたように，上述(ⅱ)で算定した具体的相続分に基づいて分配取得率を出すことになるから，各相続人の一応の相続分は次のようにして求める。
　　　・W→　1200万円×450/1000＝540万円
　　　・A→　1200万円×225/1000＝270万円
　　　・B→　1200万円×325/1000＝390万円

3．具体的相続分
　・W→　540万円
　・A→　270万円－200万円（Aへの生前贈与）＝70万円
　・B→　390万円
(iv)　上述(iii) 3の金額の合計（540万円＋70万円＋390万円）は残余遺産の1000万円と一致するので，それぞれの金額が各相続人の最終的な分配取得額となる。

　「同時適用説」では，みなし相続財産の設定から分配取得額の算定までの計算は1回ですむものの，「903条優先適用説」，「904条の2優先適用説」では2回の計算が必要となり，煩瑣である。計算方法自体も同時適用説のほうがはるかに容易である。
　算定結果についても，上述のとおり，各相続人の分配取得額はそれぞれ異なってくる。特別受益者A及び寄与者Bについてそれを見ると，次のとおりである。
　・A→　90万円（903条優先適用説）＞75万円（同時適用説）＞70万円（904条の2優先適用説）
　・B→　370万円（903条優先適用説）＜375万円（同時適用説）＜390万円（904条の2優先適用説）

特別受益者Aにとっては903条優先適用説，寄与者Bにとっては904条の2優先適用説によったほうが有利になる。同時適用説に従えば，特別受益者・寄与者のどちらにとっても他の優先適用説の中間にあって，それらの平均値に近似した金額となる。
　以上の結果を見る限り，いずれの方法が適当であるかについては特に決め手となるものはなく，各説ともに文理解釈上の難点があり，長短があるといえる。いずれの算定方法を採用するかは，まさに裁判所の裁量権の範囲内の問題であろう。
　しかし，903条優先適用説，904条の2優先適用説では，寄与者と特別受益者がそれぞれ別々の相続人にある場合や，特別受益が一応の相続分を超過している場合などでは計算が複雑になってしまう。優先順位についての規定がないことや計算方法が比較的簡便であることなどから，同時適用説を採用す

べきであるとする説が有力である。

(3) 特別受益が一応の相続分を超過している場合の同時適用

特別受益が一応の相続分を超過している場合に、寄与分の算定を同時適用するときにはどのようになるか。具体的な計算方法を次の設例で見ていこう。

【設例5－29】超過受益と寄与分がある場合の同時適用

> 被相続人Hが死亡し、相続人は妻Wとその間の子A、B、Cの4人である。Hの相続開始時の遺産は1100万円である。Hは生前Bに対し200万円の贈与をしており（相続開始時には300万円と評価）、Cに対しては遺言で200万円を遺贈した。また、Aについては200万円の寄与分が認められた。各相続人の相続分はどのようになるか。

① HはBに対して相続開始時の評価額で300万円の生前贈与を行い、Cには200万円の遺贈（特定遺贈）をしていた。前者の生前贈与は特別受益として相続開始時の遺産に持ち戻して加算するが、後者の遺贈は持戻しの対象となるものの、みなし相続財産の設定においては相続開始時の遺産に含まれているとして加算はしない。一方、Aについては200万円の寄与分が認められており、これは相続開始時の遺産から控除されることになる。「同時適用説」では、この加算と控除を同時に行うから、みなし相続財産は次のように設定される。

・みなし相続財産
→ 1100万円（相続開始時遺産）＋300万円（Bへの生前贈与）－200万円（Aについての寄与分）＝1200万円

② 上述①のみなし相続財産をもとに、各相続人の一応の相続分を出す。

・W→ 1200万円×1/2＝600万円
・A→ 1200万円×1/2×1/3＝200万円
・B→ 1200万円×1/2×1/3＝200万円
・C→ 1200万円×1/2×1/3＝200万円

③ 上述②の一応の相続分を基礎として、各人の具体的相続分を算定する。

・W→ 600万円
・A→ 200万円＋200万円（Aについての寄与分）＝400万円

・B→　200万円－300万円（Bへの生前贈与）＝－100万円
　　　　具体的相続分がマイナスとなるときは「0」とする。
・C→　200万円－200万円（Cへの遺贈）＝0円

④　遺産分割の対象となる残余遺産は相続開始時の遺産（1100万円）からCへの遺贈分の200万円を控除した900万円である。上述③の各相続人の具体的相続分の合計（＝600万円＋400万円＋0円＋0円）は残余遺産の900万円と一致しない。そこで，これを是正するために，各相続人の分配取得率（具体的相続分率）を出さなければならない。

・Wの分配取得率（具体的相続分率）→　600万円÷1000万円＝3/5
・Aの分配取得率（具体的相続分率）→　400万円÷1000万円＝2/5
・Bの分配取得率（具体的相続分率）→　　0円÷1000万円＝0
・Cの分配取得率（具体的相続分率）→　　0円÷1000万円＝0

⑤　残余遺産の900万円に上述④の分配取得率（具体的相続分率）を乗じて，各相続人の最終的な分配取得額を確定させる。

・Wの分配取得額→　900万円×3/5＝540万円
・Aの分配取得額→　900万円×2/5＝360万円
・Bの分配取得額→　900万円×0＝0円
・Cの分配取得額→　900万円×0＝0円

⑥　上述⑤の合計（540万円＋360万円＋0円＋0円）は残余遺産の900万円と一致するので，⑤の金額が各相続人の最終的な分配取得額となる。

7　寄与分と遺贈，遺留分との関係

(1)　三すくみの状態

(a)　民法904条の2第3項は「寄与分は，被相続人が相続開始の時において有した財産の価額から遺贈の価額を控除した残額を超えることができない。」と規定する。

　被相続人が遺贈（特定遺贈）をした場合には，寄与分は，相続開始時の遺産から遺贈の額を控除した残額を超えることができない。これは，例えば被相続人Hの遺産が1100万円で，Hが妻Wに対してその遺産全部を遺贈したとすると，子Aの寄与が300万円に相当すると判断されたとしても，寄与分は

相続開始時の遺産1100万円からWへの遺贈1100万円を控除した0円を超えることができないことを意味する。

　寄与分制度は，被相続人の意思（遺言による遺贈）に反しない限りで保障されるにすぎないものということができる。

　(b)　民法は寄与分と遺留分の関係について何ら規定していない。規定がない以上，他の相続人の遺留分を侵害するような寄与分が定められたとしても，それが相続開始時の遺産から遺贈を控除した残額の範囲内であれば，認められることになる。すなわち，寄与分は遺留分に優先する。もっとも，共同相続人の協議によって寄与分が決定された場合には，侵害された遺留分権利者は自己の遺留分を放棄したと見ることも可能であり，家庭裁判所の審判による場合には，そもそもそのような寄与分が決定されることはないから，問題となることは少ないであろう。

　(c)　ところで，遺贈と遺留分の関係については，民法964条ただし書により，遺留分は遺贈に優先することが規定されている。したがって，寄与分と遺贈，遺留分の間には，寄与分は遺留分に優先し，遺留分は遺贈に優先し，遺贈は寄与分に優先するという関係が成り立つこととなり（「寄与分・遺留分・遺贈は三すくみの状態になる」といわれることがある），これをどのように理解すればよいかが問題となる。

　(2)　三者の優先関係

　上述の(1)(b)については，確かに，理論上は遺留分をもって寄与分の上限に関する法的な制約がされていないので，結果的に遺留分を侵害するような寄与分が定められてもやむを得ないといえよう。しかし，運用上は，遺留分を民法904条の2第2項の「その他の一切の事情」の重大な事情として尊重するのが妥当とされている。立法関係者からも，遺留分を侵害するような寄与分を定めることは避けるべきであるとする次のような見解が示されている。

　「遺留分制度は，法定相続主義を基本にして，被相続人による自由な財産の処分意思（遺贈の効力）をも制約して，相続人とされる者についてその地位を実質的に失わせることは許さないとする相続の基本的理念を具体化したものであり，他方，この被相続人による自由な財産の処分意思の方が寄与分よりも優先すると定められていることにかんがみると，遺贈の自由すら制約す

る機能を有する遺留分を侵害するような寄与分の定めは一般的には妥当を欠くものといえよう。」（最高裁事務総局編『改正民法及び家事審判法規に関する執務資料』43頁参照）

　判例も遺留分を重視している。例えば長男Ａが跡取りとして農業に従事し，被相続人の療養看護にあたったことから，原審がＡの寄与分を遺産の７割を下らないものと判断した結果，他の共同相続人の取得額が遺留分相当額を大きく下回った事案で，抗告審は，寄与分は相続人間の衡平を図るため設けられた制度だから，遺留分によって当然に制限されるものではないとしながらも，寄与分を定めるにあたっては，他の共同相続人の遺留分を侵害する結果となるかどうかについても考慮しなければならないとして，原審判を取り消して差し戻した裁判例がある（東京高決平３・12・24判タ794号215頁）。

　以上により，寄与分は，他の共同相続人の遺留分を侵害しないよう，「その他の一切の事情」の中で考慮することが期待されており，その結果，寄与分・遺留分・遺贈の優先関係は，以下の図式で捉えるのが無難であるといえよう。

> 遺留分　＞　遺贈　＞　寄与分

【設例５－30】遺留分を侵害する寄与分の取扱い

> 　被相続人Ｈが死亡し，相続人は子Ａ，Ｂの２人である。Ｈの相続開始時の遺産は4000万円である。Ａ，Ｂの各遺留分は遺産総額の1/4にあたる1000万円となるが，この遺留分を無視して，Ａは自己の寄与分が遺産の3/4にあたる3000万円に相当すると主張した。Ａの主張は相当であるか。

① 仮にＡの寄与が自己の主張どおり遺産の3/4にあたる3000万円に相当するとしても，本来的には，Ｂの遺留分を侵害しないよう，遺産の1/2にあたる2000万円以内にとどめる（Ｂ取得分は1000万円となる）のが相当である。
② もちろん，ＢがＡの主張を了承する場合には，遺留分権の放棄があったと見て3/4と協議することはできる。その場合には，Ａ，Ｂの取得額は次のように計算される。

・みなし相続財産
　→　4000万円（相続開始時の遺産）－3000万円（Aについての寄与分）
　　＝1000万円
・一応の相続分
　A→　1000万円×1/2＝500万円
　B→　1000万円×1/2＝500万円
・具体的相続分
　A→　500万円＋3000万円（Aについての寄与分）＝3500万円
　B→　500万円

　以上のことから，A＝3500万円，B＝500万円をそれぞれ取得することができる。

③　ちなみに，遺留分減殺請求訴訟において，寄与分を抗弁として主張することは許されない（東京高判平3・7・30家月43巻10号29頁）。寄与分は，遺産分割に際して，その前提問題，つまり本来的相続分の修正要素と位置づけられるからである。そもそも減殺効果を前提とする持分一部移転登記請求権，あるいは，これに代わる弁償請求権の存否をテーマとする減殺請求訴訟の場において，非訟事件たる遺産分割の前提問題を持ち込むこと自体が無理な話であると指摘されている。

⑧　寄与分と相続の登記

　共同相続が開始したときには，遺産分割の協議が成立する前であっても，法定相続分に応じた相続登記をすることができる。相続人中に特別受益者があれば，そのことを考慮に入れた相続登記をすることもできる。このこととの対比から，寄与分についても，それを考慮に入れた相続登記をすることができるかどうかが問題となる。

　寄与分は具体的な金額として確定されるが，それをそのまま相続登記として反映させることはできない。なぜなら，共同相続登記は，全員について各相続人の共有持分の割合を記載しなければならないからである。したがって，寄与分がある場合には，相続開始時の遺産をもとに，寄与分を考慮に入れた各相続人の具体的相続分を割合（＝分配取得率）で出し，その割合をもって登

記することとなる。

　寄与分は，本来的相続分の修正要素であって，相続分と離れて独立に存在するものではない。そのため，寄与分という固有の持分ないし寄与分の登記というものはない。

　相続登記に「寄与（分）」という登記原因はないので，寄与分として特定の不動産をある相続人に割り当てることを定めた場合も登記原因はやはり「相続」であって，被相続人の死亡日がその原因日付となる。この場合には，登記原因証明情報の一部として，寄与分に関する協議書を提出することとなる。

【設例5－31】寄与分と相続の登記

> 被相続人Hが死亡し，相続人は妻Wとその間の子A，B，Cの4人である。Hの相続開始時の遺産は甲土地1筆（4000万円）だけである。相続人全員の協議で，Cの寄与分が1000万円と定められた。この寄与分を登記することはできるか。

① 上述したとおり，寄与分だけを登記することはできないので，相続開始時の遺産をもとに，寄与分を考慮した各相続人の具体的相続分を割合（＝分配取得率）で出し，その割合をもって登記することとなる。
② 具体的相続分の割合（＝分配取得率）を求める計算は，次のとおりである。
　　・みなし相続財産
　　　　→　4000万円（相続開始時の遺産）－1000万円（Cについての寄与分）
　　　　　＝3000万円
　　・一応の相続分
　　　　W→　3000万円×1/2＝1500万円
　　　　A→　3000万円×1/2×1/3＝500万円
　　　　B→　3000万円×1/2×1/3＝500万円
　　　　C→　3000万円×1/2×1/3＝500万円
　　・具体的相続分
　　　　W→　1500万円

　　　　　A→　500万円

　　　　　B→　500万円

　　　　　C→　500万円＋1000万円（Cについての寄与分）＝1500万円

③　遺産分割の対象となる残余遺産は相続開始時の遺産の4000万円である。上述②の具体的相続分の合計（1500万円＋500万円＋500万円＋1500万円）は残余遺産の4000万円と一致するので，②の金額が各相続人の最終的な分配取得額となる。よって，この金額をもとにして，各相続人の具体的相続分の割合（＝分配取得率）を求める。

　　　　　W→　1500万円÷4000万円＝3/8

　　　　　A→　500万円÷4000万円＝1/8

　　　　　B→　500万円÷4000万円＝1/8

　　　　　C→　1500万円÷4000万円＝3/8

④　上述③の持分割合による相続登記をする。

■

第6章

遺産分割の実行

前章までが相続分算定のステージである。相続の開始に始まり具体的相続分ないし分配取得額の確定までに至る「相続分算定」の全体像を，一連の流れに沿って通観してきた。本章ではこうして得られた分配取得額を基準にして行われる，いわば相続分算定の集大成ともいうべき「遺産分割」についてまとめる。遺産分割の最終的な目的は共有遺産の単独所有化（単有化）であるが，それに付随してさまざまな問題が立ちはだかってくる。分割単独債権債務として分割対象から除外されているはずの金銭債権債務なども実際にはこの場面で重要な関わりをもってくる。それらの問題を広く取り上げ一挙に解決へと導くのが遺産分割の実行であり，それが果たせた暁には，相続人は実質的で公平な遺産の分配に与ることができ，相続分算定もその目的を達して幕を閉じるのである。

第1節　遺産分割とは

(1)　遺産分割の対象

これまで随所で述べてきたように，被相続人が死亡して相続が開始すると，各相続人はその相続分に応じて被相続人の遺産（権利義務）を共有状態で承継する，つまり，被相続人の遺産について各相続人の共有持分権が帰属されることになる。このような共有を「遺産共有」といい，遺産共有として承継された相続財産（遺産）についてその共有を解消し，個々の遺産を各相続人の単独所有として分配する手続のことを「遺産分割」という。

この遺産分割の対象となる財産についてはすでに第3章の適宜の箇所で述べてきたが，(a)にその概要をまとめておく。また，相続開始以降に生じた財産や，再転相続により承継した財産なども分割対象となるか問題となるので，それらについては後述の(b)，(c)で取り扱う。

(a)　遺産分割の対象となる財産とならない財産

遺産分割は，上述のとおり，遺産共有にある相続財産を各相続人の単独所有として帰属させることであるから，その対象となる財産は分割の困難な共有状態とされる不可分物であることが一般的である。具体的には，不動産・動産・現金などの所有権のほか，地上権，地役権，賃借権などの金銭に換算できるものが該当する（現金は動産として分割の対象となるが，後述の銀行預金など

の金銭債権は分割の対象とはされていないことに注意する)。

　これに対して，可分債権である金銭債権などについては，民法427条の「数人の債権者又は債務者がある場合において，別段の意思表示がないときは，各債権者又は各債務者は，それぞれ等しい割合で権利を有し，又は義務を負う。」が適用される結果，相続開始時に，各相続人はその相続分に応じて分割取得する。つまり，遺産分割を待つまでもなく，分割単独債権として各相続人に直接帰属され（最判昭29・4・8民集8巻4号819頁），分割の対象から除外されるのである。ここにいう「その相続分」とは，各相続人の本来的相続分（法定相続分・指定相続分）をさし，それと異なる承継をした場合にはその異なった部分について債権譲渡が行われたことになるので，当該債権について債務者その他の第三者がいるときには，それらの者に対して債権譲渡の対抗要件（確定日付のある証書による通知・承諾。467条）を備えなければ対抗することができない。分割単独債権となるその他のものとしては，預金債権，売掛金債権，損害賠償債権などの可分債権があるが，これらも原則として遺産分割の対象から除外される。ただし，当事者の合意があれば，分割対象に取り込んで，不可分物とともに遺産分割をすることができる（福岡高決平8・8・20判タ939号226頁）。

　被相続人が有していた可分債務である金銭債務も，可分債権と同様，民法427条の適用により，相続開始時に，各相続人がその相続分に応じて分割承継することになる（最判昭34・6・19民集13巻6号757頁）。債務承継の場面での「その相続分」とは法定相続分をさすと解される。それと異なる承継をした場合には，その異なった部分について免責的債務引受がされたことになるから，債権者の承諾がなければ対抗することができない（最判平21・3・24民集63巻3号427頁）。

　なお，以上の分割対象となる財産は，相続開始時の遺産ではなく，遺産分割時における残余遺産である（東京家審昭44・2・24家月21巻8号107頁参照）。したがって，生前贈与や特定遺贈によって譲与された財産は，すでに受贈者や受遺者の固有の財産となっているので，当然に遺産分割の対象とはならない。

　　＊遺産共有と物権法上の共有の異同
　　　① 物権法上の共有に対する共有物分割は通常裁判所での訴訟事項であるが，

遺産共有に対する遺産分割は家庭裁判所での審判事項であるという違いがある。
② 後で見るように，共有物分割の効力は将来に向かって生じるのに対して，遺産分割の効力は相続開始時に遡って生じる（909条本文）。民法は，遺産分割が成立することによって被相続人の個々の財産は直接相続人に承継されたという考え方（擬制）に立っており，その意味で遺産共有という状態は一時的，暫定的なものと捉えているのである。

(b) 相続開始後から遺産分割時までに生じた財産

遺産分割の対象となる残余遺産の中には，相続開始時の遺産が変化したものや相続開始時の遺産から生じたものが含まれることがある。前者が「遺産の代償財産」，後者が「遺産から生じた果実」である。このような財産が遺産分割の対象となるかが問題となる。

(イ) 遺産の代償財産

例えば，遺産の建物が火災で焼失して火災保険金が支払われた場合，あるいは共同相続人の1人が他に売却して代金が支払われた場合のように，相続開始後の出来事や行為などによって，遺産が本来の姿を変え別の財産として存在することがある。遺産の滅失・毀損による損害賠償債権や売却代金債権なども同様である。このような遺産の代償財産が分割の対象となるかについて，判例は次のような見解をとっている。

最判昭52・9・19（判時868号29頁）は，共同相続人が全員で遺産の一部を処分した事案において，処分された財産は遺産分割の対象から逸出し，その代償財産である代金（債権）については，各相続人の相続財産としてではなく，固有の権利として取得されるとした。ただし，共同相続人の全員によって売却された相続財産の売却代金につき，共同相続人の1人に一括管理させて遺産分割の対象に含めるなどの特別の事情がある場合には，分割の対象にすることができるとした（同旨＝最判昭54・2・22判タ395号56頁）。

相続人間に異論がない場合は遺産分割の対象としてよいが，もともと代償財産は遺産とは別個の財産であるので，賠償額や代金額などについて相続人間に争いがある場合には，遺産分割手続を遅延させる原因ともなることから分割の対象とはせず，民事訴訟によって解決すべきとするのが判例や実務の

一般的傾向のようである。

　相続開始後に生じた代償財産を合意により遺産分割の対象にする場合，代償財産はそもそも相続開始時には存在しないことから，相続分算定における扱いとしては，相続開始時を基準とするみなし相続財産にではなく，残余の遺産額に加算することになる。

　(ロ)　遺産から生じた果実

　果実には，①物の用法に従って収受する農作物や林産物など一定の労働収益から生じる「天然果実」と，②物の使用の対価として受けるべき地代・家賃・利息・配当金など遺産自体から生じる収益による「法定果実」があるが (88条)，これらはいずれも遺産の一部が自然に増大したものと見ることができる。

　前述の代償財産と同様，これらの果実も，相続人間に合意がある場合には分割の対象としてもよいが，果実自体はそもそも遺産とは別個の財産であり，その原因となる法律行為（遺産マンションの賃貸契約など）も相続開始前に行われたものか，相続開始後に相続人によって新たに行われたものかによっても違いがあり，遺産分割の対象となるかについて見解は対立している。

　例えば，預金の利息などは，元本が増大したものとして分割の対象とされるのが一般的であるが，賃貸不動産の賃料については，その額の確定自体や入金額の管理方法について疑いがあるなど，相続人間で争われる例が多い。遺産分割手続を遅延させる原因となり，本来の遺産分割の趣旨からも離れてしまうので，賃料債権については審判手続ではなく，当事者に主張・立証責任を負わせる弁論主義が支配する民事訴訟によって解決するのが実務の一般的な傾向である。

　裁判例は，果実の遺産帰属性について，当事者の合意がある場合には遺産分割の対象に含めるとする合意説に立っている（東京家審昭55・2・12家月32巻5号46頁）とされる。なお，賃料債権の遺産帰属性について，賃料債権は遺産とは別個の財産というべきであり，各共同相続人はその相続分（本来的相続分）に応じて分割単独債権として確定的に取得することになるから，遺産分割の対象とはならず，後にされた遺産分割の影響も受けないと判示した近時の判例がある（最判平17・9・8民集59巻7号1931頁）。

遺産から生じた果実を合意により遺産分割の対象にする場合，果実はそもそも相続開始時には存在しないことから，相続分算定における扱いとしては，相続開始時を基準とするみなし相続財産にではなく，残余の遺産額に加算することになる。

【設例6－1】遺産分割の対象──賃料の場合

> 被相続人Hが死亡し，相続人は後妻のWと先妻の子Aである。遺産は賃貸住宅用のマンションである。Hの相続開始後に，Aはマンションの管理費や賃料管理のために銀行口座を開設し，賃料をその口座に振り込ませ，また，その管理費を同口座から支出してきた。その賃料や管理費は後日清算することを前提に，マンションは妻Wの単独取得とする旨の遺産分割審判が確定した。その後，本件口座の残金をめぐり紛争が発生した。Wは，銀行口座を管理しているAに対し，預託金返還請求を提起した。その主張は，マンションを自己が遺産分割で取得したから，賃料債権も相続開始時に遡って自己にその全額が帰属するというものである。Aは，相続開始時から遺産分割までの間は法定相続分に従って各相続人に帰属しているものであって分割の結果とは関係ないと反論した。その主張は認められるか。
>
> （最判平17・9・8民集59巻7号1931頁の事案をベースにする）

① 遺産から生じた果実については，従来，設例におけるWの主張とこれに対するAの反論に対応するような2つの考え方が対立していた。
② 第1の見解は，遺産分割は，相続開始時の遺産のみを対象とし，それが遺産分割時においても存在する限りで分割すればよいという考え方である。これによれば，相続開始後に生じた果実などは遺産分割の対象とはならず，民事訴訟上の問題であるから，遺産分割において考慮すべき事項ではないとする。このような考え方は，遺産分割の審判の内容を簡明にするというメリットがある。
③ 第2の見解は，これらの変動もすべて遺産分割において考慮すべき「一切の事情」に含めようというものである。遺産をめぐる相続人間の紛争を遺産分割後に残さないというメリットが大きい。

④　いずれの見解にも一長一短があった中，相続開始後，遺産分割までに生じた果実の帰属に関して，最高裁はAの反論を支持する判断を示した。すなわち，「相続開始から遺産分割までの間に共同相続にかかる不動産から生ずる金銭債権たる賃料債権は，各共同相続人がその相続分に応じて分割単独債権として確定的に取得する。したがって，その帰属は，後にされた遺産分割の影響を受けない。」である。

⑤　これによって，遺産分割までに遺産から生じた果実は，遺産とは別個の財産であり遺産分割の対象とはならず，共同相続人の共有財産であるとして，本件口座の残金はこれを前提に清算されるべきであると判示した。その結果，賃料債権の分割・清算は民事訴訟手続によらなければならない。

⑥　ただし，分割未了の元物とあわせて一括解決を希望する場合，相続人全員の合意があり，それを裁判所が相当と認めれば，相続開始から遺産分割までの収益を元物遺産と一括して遺産分割の対象とすることができると考えられる（東京家審昭55・2・12家月32巻5号46頁，東京高決昭63・1・14家月40巻5号42頁，東京高決昭63・5・11判タ681号187頁・時の判例Ⅴ186頁）。しかし，賃料債権の分割問題が遺産分割に加わることで紛争が激化するようであれば，訴訟手続で決するほかはない。

(c)　再転相続により承継した財産

　例えば，被相続人H所有の甲土地について，Hの死亡による第1次相続によって子Aが1/4の共有持分権を取得し，甲土地の遺産分割が未了の間にそのAも死亡して第2次相続が開始した場合，Aが有していた共有持分権はどのようになるのだろうか。このように遺産分割前に死亡した相続人が遺産に対して有していた権利の性質に関して，これまでと同様，共有説の立場で判示した近時の判例がある。

　すなわち，「相続が開始して遺産分割未了の間に相続人が死亡した場合において，第2次被相続人が取得した第1次被相続人の遺産についての相続分に応じた共有持分権は，実体上の権利であって，第2次被相続人の遺産として遺産分割の対象となる」（最決平17・10・11家月58巻3号76頁）。

　この説によれば，甲土地についてAがHから相続した1/4の共有持分権は，第2次相続として開始したAの遺産として分割対象の財産となる。共有持分

権自体を独立の遺産として，Aを被相続人とする新たな相続が開始されたとして，遺産分割の対象に含めるのである。

(2) **遺産分割の効力**

民法909条本文は，「遺産の分割は，相続開始の時にさかのぼってその効力を生ずる。」と規定している。遺産分割が成立すると，その効力は遡及し（遡及効），各相続人が遺産分割によって取得した個々の財産は相続開始の時点から各自に帰属していたことになることを表している。また，これにより，相続開始時から遺産分割時までに現実に続いていた遺産共有は初めからなかったとみなされることを宣言した規定であるとも解されている（宣言主義）。

これに対して，物権法上の通常の共有関係は共有物分割手続によって解消され，分割の効力，つまり共有から単独所有への移転の効力は，その分割が成立した時から将来に向かって生じるとされている（移転主義）。

遺産分割の効力に遡及効が認められることによって，特定の遺産（相続財産）は特定の相続人に初めから帰属していたことになる。したがって，その特定相続人以外の相続人がその特定の遺産を第三者に譲与すると，無権利者の処分となってしまい問題が生じることとなる。それを回避するために，民法909条ただし書は「第三者の権利を害することはできない。」と規定した。「第三者」とは，相続開始時から遺産分割時までに（つまり遺産共有中に）出現した者であり，個々の遺産について共有持分権や担保権を取得した者，差押債権者（特定の相続人の債権者がその者の共有持分を差し押さえる場合）などがあてはまる。これらの第三者が本条ただし書によって保護を受けるためには，当該遺産が不動産の場合には登記が必要であり，動産の場合には引渡しを要することになる。

【設例6－2】遺産分割の効力(1)──宣言主義の例

> 被相続人Hの相続人は，妻Wと子A，Bの3人である。彼らは遺産分割を行い，「Wは預金の全部を，Aは家屋敷を，Bは山林を取得する。」旨の分割協議が成立した。協議の結果，各相続人が取得した遺産の帰属時期はいつになるのか。

① いわゆる遡及効により，遺産分割の効果は相続開始の時に遡る（909条本文）。遺産分割の結果である各人の単独所有は，相続開始の時にすでに存在したものとみなされ，分割はこれを改めて宣言したものである。よって，設例の答は，相続開始時ということになる。

② 遺産共有の状態は初めから存在しなかったものと擬制される。そのため，登記についてもこの実体上の権利変動を前提にした処理が行われる。例えば，Aがその単独取得した家屋敷について，遺産分割により権利の移転登記をする場合には，その登記原因と日付は，被相続人の死亡日として「平成何年何月何日相続」というように記載される（ただし，相続登記が先行しない場合）。

③ 以上が，遺産分割の効力に関する「宣言主義」である。相続開始時の遺産に第三者が登場しない限り，宣言主義が貫徹される。

【設例6-3】遺産分割の効力(2)──移転主義の例

> 上述【設例6-2】において，遺産分割協議が成立する前に，相続開始の直後にAは，遺産の山林について相続登記を経由し，自分の持分の1/4を第三者Xに適法に譲渡していた。その後，Bが遺産分割でその山林を単独取得した。BはXに対してその単独取得を対抗できるか。

① 上述の遡及効を徹底すると，設例の山林は相続開始時からBの単独所有とみなされ，Aは無権利者であったことになる。これでは，Aのその時点での持分を信頼して取引した第三者Xの利益が害されることになる。遺産分割の結果により，第三者の立場が無視されるのでは取引の安全を損ない不都合である。

② これに関して，次のような見解がある。「遺産分割は，相続開始により共同相続人間に遺産共有の状態が生ずるということを正面から認め，その上で，共同相続人がそれぞれの共有持分を譲渡することである」。つまり，遺産分割の効力に遡及効を認めない考えである。遺産分割の効力に関する「移転主義」という。

③ 判例は，この問題について次のように判示した。「遺産の分割は，相続開始の時にさかのぼってその効力を生ずるものであるが，第三者に対する関係においては，相続人が相続においていったん取得した権利につき分割時に新た

な変更を生ずるのと実質上異ならないものである」(最判昭46・1・26民集25巻1号90頁)。遺産分割を物権変動と捉えたのである。

④　したがって，第三者との関係においては，対抗問題として処理されることになる。この判示は，遺産分割の遡及効を前提としつつも，実質的には移転主義的な解釈を行ったものとされる。いわば遡及効について，民法909条本文は相続人間の内部的効力(静的安全)を定め，ただし書は第三者に対する対外的効力(動的安全)を定めたことになる。

⑤　現実には，相続開始から遺産分割まで相当の時間を要するのが通常である。その間に生じた果実等も，相続人全員の合意がある限り，遺産分割の対象とされる。それらを踏まえると，遺産分割とは，相続の開始によって始まった共有状態を前提として，各相続人が互いの持分を交換・譲渡しあう手続と捉えるのが実態にあっている。このような遺産分割の現状を考慮すれば，判例で示された移転主義的な解釈は妥当であるといえよう。

⑥　設例の場合，XとBの問題は，AからXへの1/4の持分登記と，遺産分割によるBの相続登記のどちらが先であるかの問題，つまり民法177条の対抗関係として処理されることになる。したがって，先に登記を得たのがXであれば，BはXに対して，Xの1/4の持分の限度で自己の権利を対抗できないことになり，山林はX＝1/4，B＝3/4での共有となる。

(3)　遺産分割の手続

遺産分割の手続は，①「協議分割」，②「調停分割」，③「審判分割」に分かれる。

「協議分割」は，相続人の協議(合意)による遺産分割である。相続人は遺産の分割について自由に決定することができるので，その決定が自由意思に基づく限りでは，本来的相続分(法定相続分・指定相続分)や具体的相続分，遺言等と異なる内容の分割をしてもかまわない。協議分割(調停分割，審判分割も含む)の当事者は，相続人(907条1項)のほか，遺言による包括受遺者(990条)，相続分の譲受人(905条)である。これらの当事者の一部を除外して行われた協議分割(調停分割も含む)や相続人でない者が参加して行われた協議分割(調停分割も含む)は無効である。また，協議分割は一種の契約であるから，民法の法律行為等に関する無効・取消事由，解除事由に抵触する場合に

はその効力が否定されうる。

　遺産分割の協議が調わないとき又は協議をすることができないときには，家庭裁判所にその分割を請求することができる（907条2項）。家庭裁判所に対する遺産分割の請求は，調停，審判のいずれにも申し立てることができるが（家手244条），審判が先に申し立てられた場合には，家庭裁判所はいつでも職権で調停に付することができるので（家手274条1項），通常は調停から始められる。調停での協議により当事者間に合意が成立し，それを調書に記載したときには，調停が成立したものとしてその記載は確定判決と同一の効力を有する（家手268条1項）。これが「調停分割」である。

　遺産分割の調停が不成立（＝不調）に終わったときには，当然に審判手続に移行される（家手272条4項）。その場合，調停の申立時に審判の申立てがあったものとみなして審判が行われる（家手272条4項）。審判による遺産分割を「審判分割」という。審判の場合は，各相続人の分配取得額（具体的相続分）に応じて分割がされなければならない。民法906条は，遺産分割の基準として，「遺産の分割は，遺産に属する物又は権利の種類及び性質，各相続人の年齢，職業，心身の状態及び生活の状況その他一切の事情を考慮してこれをする。」と規定しているが，協議や調停における分割では当事者が自由にその内容を決めることができるので，この基準は専ら審判分割において考慮すべき事項とされており，この基準に違反する分割は即時抗告の対象となりうる。なお，遺産分割の前提問題（遺産の範囲や相続権の存否など）に関して審判でされた判断には既判力は生じないので，後で訴訟が提起された場合にはその判断が覆されてしまうことがある。そこで，そのような無駄を避けるために，実務においては，前提問題を含めて判断することに当事者全員が同意しない限り，訴訟での決着を待つという処理が通常行われている。

第2節　遺産分割方法の選択

　遺産を実際に分割する際に問題となるのは，相続分算定の作業により決定した各相続人の分配取得額（具体的相続分）をもとに，それに応じて不可分物をどのようにして特定の相続人の単独所有として帰属させるかである。これ

がいわゆる「遺産分割の方法の選択」の問題である。

　民法は，906条で遺産分割の基準とすべき事項について定めているが，それは遺産分割の方法の指針を単に示すものであって，具体的な方法については何ら規定を置いていない。しかし，遺産共有（898条）は，物権法上の共有（249条以下）と性質を異にしないと解されているので，遺産の共有・分割についても，民法256条以下の共有物の分割に関する規定が適用される。それによれば，①「現物分割」（258条1項）が原則となり（最判昭30・5・31民集9巻6号793頁），次に，それが採用できないときには，①の特則である，②「代償分割」（家手195条）や③「換価分割」（家手194条）を検討し，最後に，それらによっても分割ができないときには理論上で認められている④「共有分割」を適用する（以上の分割の順序の背景には，遺産は可能な限り相続人に残しておく，分割は可能な限り実行したほうがよいとする考え方がある）。このような順序で遺産分割の方法を選択するのが相当であるが，実際にはこれらを組み合わせた分割方法が選択されることも多い。なお，選択した遺産分割の方法によって個々の遺産を各相続人の単独所有として帰属させることを「遺産の割付け」という。

1　遺産分割の方法

　上述したように，遺産分割の方法には，①「現物分割」，②「代償分割」，③「換価分割」，④「共有分割」がある。これらの内容について以下に見ていこう。

(1)　**現物分割**（258条1項）

　個々の財産（不動産・動産・有価証券など）の形状や性質を変えないまま，各相続人の相続分に見合うように分割する方法である。例えば，遺産が広大な更地の土地1筆であるとき，それを各相続人の相続分に応じて分筆して独立の土地とした上で，それぞれを単独取得させるような方法が「現物分割」である。

　遺産の土地に保存行為としての相続登記がされている場合，調停条項には単独取得する旨のほか持分権の権利移転の給付条項が必要である。保存行為として行われた持分登記があるとしても，遺産分割審判に代えて共有物分割

訴訟を選択することはできない。ただし，第三者に譲渡された持分と，残余の保存行為となったままの相続人の持分を分割する場合には，共有物分割訴訟によることとなる。

【設例6－4】現物分割の例

> 甲土地1筆（600坪，評価額6000万円）を遺して被相続人Hは死亡した。相続人は子A，B，Cの3人である。長男AだけはHから生前に学資1500万円の贈与を受けていた。3人はいずれも都会で独立しているが，いずれも郷里にある遺産の土地を取得したいと希望している。敷地の一画には，Hが居宅としていた建物（評価額0円）が1棟あるだけで，土地全体は更地といってよい。CはAとBを相手方にして遺産分割の調停申立てをしたが，どのようになるか。

① 遺産は更地の甲土地1筆だけであり，相続人の子A，B，Cの意向はいずれも土地の一部を現物取得したいとのことである。相続人の範囲と遺産の範囲に争いはない。問題は相続分の価値に合うように，1筆の更地を3分割するにあたって線引きをどうするかである。

② 長男Aには生前贈与1500万円があるので，これを考慮した各相続人の具体的相続分（分配取得額）を算定すると，次のとおりである。

　(i) みなし相続財産
　　　　→ 6000万円（甲土地）＋1500万円（Aへの生前贈与）＝7500万円
　(ii) 一応の相続分
　　　・A→ 7500万円×1/3＝2500万円
　　　・B→ 7500万円×1/3＝2500万円
　　　・C→ 7500万円×1/3＝2500万円
　(iii) 具体的相続分
　　　・A→ 2500万円－1500万円（Aへの生前贈与）＝1000万円
　　　・B→ 2500万円
　　　・C→ 2500万円
　(iv) 遺産分割の対象となる残余遺産は相続開始時の遺産（6000万円）である。
　　　Aが受けた生前贈与の額が一応の相続分を超過していないので，上述の各相続人の具体的相続分の合計（1000万円＋2500万円＋2500万円）は残余遺産の

6000万円と等しくなる。よって，分配取得率（具体的相続分率）による修正は不要であり，上述(ⅲ)の金額が各相続人の最終的な分配取得額となる。
③　甲土地全体に対する3人の持分価額はA＝1000万円，B＝2500万円，C＝2500万円であるから，各人の持分の割合は「A：B：C＝1000万円：2500万円：2500万円＝2：5：5」となる。価値的にこの割合となるよう甲土地を3筆に分割すれば，それが平等な分け方ということになる。
④　甲土地を上述③のとおりに3区画に分筆する線引き作業は，通常，不動産鑑定士の意見によることとなる。線引き作業が終了し3人が取得すべき部分が特定すれば，測量，分筆手続の段階となる。甲土地が乙地，丙地，丁地の3筆に分筆登記が完了すると，残りは遺産分割協議だけとなる。
⑤　調停の分割取得条項は，例えば「相手方Aは乙地を，相手方Bは丙地を，相手方Cは丁地をそれぞれ単独取得する。」などとなる。遺産の土地が，被相続人名義のままであれば持分移転登記手続義務を明示する必要はない。被相続人名義の登記のままであるときは，分筆後の各取得土地につき，それぞれの相続人が単独で相続登記の申請ができる（昭28・4・25民事甲697号民事局長通達）。

(2)　**代償分割**（家手195条）
(a)　代償分割の意義
　特定の相続人が現物の分割を受け，その現物と自己の分配取得額との差額（現物＞分配取得額）を債務として，他の相続人に対して負担する方法である。これを「代償分割」という（家事事件手続法195条において「債務を負担させる方法による遺産の分割」と題されているものである）。相続開始時の遺産の形態を維持した方法であり，現物分割の変形ともいえるもので，実際にはこの方法がとられることが多い。
　代償分割が認められるには，次のような「特別の事由」があることが必要である。
①　分割方法として現物分割が不可能，あるいは可能であっても遺産の価値を著しく毀損する場合。例えば，遺産が狭い土地や一棟の土地建物である場合で，分割すると利用できなくなるか，あるいは価値が著しく下落してしまうような場合である。

②　遺産の内容や相続人の職業その他の事情から，相続人の一部に具体的相続分を超えて現物を取得させることを相当とする事情がある場合。例えば，農業従事者である相続人に，遺産の農地を取得させる，あるいは従前から遺産である土地・建物に居住している相続人に，当該土地・建物を取得させる場合である。

③　相続人らが希望しており，これを認めても不当な結果にならない場合。

なお，上述①～③のいずれの場合であっても，債務（代償金）を負担させるためには，その支払が確実でなければならず，債務を負担する相続人に支払能力があることを要する（最決平12・9・7家月54巻6号66頁）。そこで，資金繰りについての疎明資料，例えば，銀行預金の残高証明や銀行からの融資証明書等を提出させることが必要な場合もある。

(b)　代償金の支払

代償金の支払は，即時にすることを原則とする。遺産を取得する相続人が利益を享受するときに，代償金の支払を受ける相続人も利益を享受することが公平に適うからである。したがって，調停成立時において受渡しが行われることが理想である。

では，分割払いや支払猶予が認められるか。これについては，単に一括払いができないという理由だけでは認めるべきではないが，遺産を承継した者の遺産に対する相続開始後の使用収益の態様，その現存利益及びその他の一切の事情を考慮して，認めなければならない特別の事情がある場合には肯定される（東京高決昭53・4・7家月31巻8号58頁）。

支払の分割・猶予を認めた場合に，確定日から支払日までの利息相当額（通常年5分）の支払担保のために担保権を設定することができるかについては，意見が分かれる。調停においては，代償金を受ける者の不利益（遺産分割時に利益の全部を享受できないことや不履行に対する不安）を解消する方法として，また，債務負担を確保するための付随手段として，利息相当額を含む金額が代償金であるという趣旨で認めてもよいであろう。

なお，代償金の支払に代え，遺産を取得した相続人の金銭以外の固有財産をもって負担することができるかについては，審判手続では認められないとされている（横浜地判昭49・10・23判時789号69頁）。遺産分割の本来の趣旨（遺産

分割は現物分割を原則とし，これに準ずるものとして代償分割が例外的に認められていることなど）を逸脱するからである。ただし，調停の場合は，当事者の合意による解決を前提としていることから認めることができる。

【設例６－５】代償分割の例(1)——遺産が１つの場合

> 鉄工業を営む被相続人Ｈが死亡し，遺産は工場とこれに隣接するＨ夫婦の家屋とその敷地である。相続人は妻Ｗと長男Ａ，次男Ｂ，長女Ｃの４人である。長男は長年Ｈとともに居住し，Ｈ死亡後も従前どおりその鉄工業を承継している。次男は公務員であり，長女は嫁いでいる。鑑定結果では遺産の不動産の価額は6000万円である。後継者である長男が遺産を単独取得することとなった。この場合の代償金はいくらとなるか。

① 被相続人Ｈと同居し家業を継いでいる長男Ａに，遺産である工場と居宅敷地を取得させ，他の相続人には代償金を支払わせる（Ａにはその支払能力がある）のが妥当であることについて異論はあるまい。問題は，代償金をいくらにすべきかである。

② Ａがこの家屋に居住している状況を，第三者たる賃借人があるように考えて，その借家権価額を例えば1500万円（それはＡの固有財産に属するものと考える）とすると，家屋の財産としての価額は6000万円－1500万円＝4500万円であり，それに対するＡの分配取得額は4500万円×1/2×1/3＝750万円であるから，Ａがこの家屋を取得した場合の代償金額は4500万円－750万円＝3750万円とすることが考えられる。

③ 他方で，ＡはＨの建物に無償で居住しており，その賃料相当額ないし使用貸借権が特別受益であると反論されることも考えられる（相続人の１人が遺産中の土地の上に建物を所有している場合も同じ）。一般論としては，被相続人と一緒に住んでいて独立の占有権原が認められない場合には，使用借権がそもそも認められず，特別受益にはならないと解される。占有する相続人に独立の占有が認められる場合は，特別受益の問題となろう。ただ，建物の無償使用の場合，賃料相当額が特別受益になりうるかについては，賃料相当額が算定できるとしても，被相続人がそれを持ち戻すことを予定していないのが通常であろう。よって，基本的には特別受益になる場合はないと考えられる。

④　遺産である土地・建物における無償居住という現実の利益については，それを享受者の固有財産と捉えるか，享受者の特別受益と捉えるかによって結論が異なってくる。相続分算定の観点から見ると，前者であればその分が遺産の範囲外に置かれることで無償居住者にはプラスとなり，後者であればその分が遺産の前渡しとされることで無償居住者にはマイナスとなる。まさに両刃の剣である。

⑤　最終的には，家庭裁判所の裁量に委ねられることとなろう。設例では，被相続人と一緒に住み家業に従事していたという事情がある。このことを前提としても，第三者たる賃借人と同様に見て，その居住権を強力な固有財産とすることには無理がある。逆に，居住家屋が独立の占有権原のある収益物件と捉え，賃料相当額を免れたとして特別受益に該当するともいえない（無償同居の期間が長い場合は，賃料相当額自体が相当な高額となり，遺産の総額と比較しても過大になってしまうであろう）。

⑥　結局は，固有財産とみなされるものも特別受益もないとして，遺産額の6000万円を起点として相続分算定をするのが１つの解決案である。Aは遺産のすべてを単独取得した代償として，遺産額の6000万円からそれに対するAの分配取得額の1000万円（＝6000万円×1/2×1/3）を控除した残額の5000万円を他の相続人に支払うこととなる。代償金の5000万円は次のようにW＝3000万円，B，C＝各1000万円で分配される。

(i)　各相続人の分配取得額（具体的相続分）
　　・W→　6000万円×1/2＝3000万円
　　・A→　6000万円×1/2×1/3＝1000万円
　　・B→　6000万円×1/2×1/3＝1000万円
　　・C→　6000万円×1/2×1/3＝1000万円

(ii)　遺産の割付けによる各相続人の取得額
　　・W→　0円
　　・A→　6000万円
　　・B→　0円
　　・C→　0円

(iii)　遺産の割付後，上述(ii)の取得額と各相続人の(i)の分配取得額との間に次の差額が生じるが，その差額が各相続人間で調整しなければならない過不

足額となる。
- W→　０円－3000万円＝－3000万円　→分配取得額に対する不足額
- A→　6000万円－1000万円＝5000万円　→分配取得額に対する超過額
- B→　０円－1000万円＝－1000万円　→分配取得額に対する不足額
- C→　０円－1000万円＝－1000万円　→分配取得額に対する不足額

(iv) 上述(iii)により，超過取得者であるAが，分配取得額に満たないWとB，Cの不足を補填するため，その不足額を代償金として支払うことになる。

⑦ 実務では，設例のような無償占有の絡む事案が少なくない。遺産分割事件や遺留分減殺事件において深刻な争点とされるものの代表である。遺留分減殺請求事件に関するものであるが，近時の裁判例として，被相続人が生前に相続人に遺産の土地を無償で使用させていた場合において，使用貸借権が特別受益に該当し，それは相続分算定の基礎財産に含まれると判断した事案がある（東京高判平16・4・21家月7巻4号67頁）。

【設例６－６】代償分割の例(2)――遺産が複数ある場合

> 被相続人Hは死亡し，遺産は甲土地，乙建物，丙マンションである。相続開始時の甲土地の時価は3000万円，乙建物は1000万円，丙マンションは2000万円である。相続人は妻Wと子A，B，Cの4人である。相続開始時の財産の合計額が6000万円，Aの生前贈与額が600万円，Cの寄与分が300万円である。相続開始から月日が経ち，遺産分割時における甲土地の時価は5000万円，乙建物は500万円，丙マンションは2500万円である。
>
> これらの遺産を次のように割り付けた場合，代償金はどのようになるか。
> (1) Wは高齢で遺産の建物に居住しているので，Wに甲土地・乙建物を取得させる。一方，AはHの事業を継いでいるので，Hの仕事上の事務所として使用している丙マンションをAに取得させる場合。
> (2) WにもAにも代償金の支払能力がないので，甲土地・乙建物はWとCに共有させ，丙マンションはBのものと取得させる場合。

［相続分算定の段階］
① まず，各相続人の分配取得額を算定する。
　(i) みなし相続財産

　　　　→　相続開始時の遺産（3000万円＋1000万円＋2000万円＝6000万円）＋Aへの生前贈与（600万円）－Cについての寄与分（300万円）＝6300万円

(ⅱ)　一応の相続分

　　・W→　6300万円×1/2＝3150万円
　　・A→　6300万円×1/2×1/3＝1050万円
　　・B→　6300万円×1/2×1/3＝1050万円
　　・C→　6300万円×1/2×1/3＝1050万円

(ⅲ)　具体的相続分

　　・W→　3150万円
　　・A→　1050万円－600万円（Aへの生前贈与）＝450万円
　　・B→　1050万円
　　・C→　1050万円＋300万円（Cについての寄与分）＝1350万円

(ⅳ)　遺産分割の対象となる残余遺産の評価額は8000万円（＝5000万円＋500万円＋2500万円）である。上述(ⅲ)の各相続人の具体的相続分の合計6000万円（＝3150万円＋450万円＋1050万円＋1350万円）は遺産分割時の残余遺産の8000万円と一致しない。そこで、これを是正するために、各相続人の分配取得率（具体的相続分率）を出さなければならない。

　　・Wの分配取得率（具体的相続分率）→　3150万円÷6000万円＝21/40
　　・Aの分配取得率（具体的相続分率）→　450万円÷6000万円＝3/40
　　・Bの分配取得率（具体的相続分率）→　1050万円÷6000万円＝7/40
　　・Cの分配取得率（具体的相続分率）→　1350万円÷6000万円＝9/40

(ⅴ)　残余遺産の8000万円に上述(ⅳ)の分配取得率（具体的相続分率）を乗じて、各相続人の最終的な分配取得額を確定させる。

　　・Wの分配取得額→　8000万円×21/40＝4200万円
　　・Aの分配取得額→　8000万円×3/40＝600万円
　　・Bの分配取得額→　8000万円×7/40＝1400万円
　　・Cの分配取得額→　8000万円×9/40＝1800万円

(ⅵ)　上述(ⅴ)の合計（4200万円＋600万円＋1400万円＋1800万円）は残余遺産の8000万円と一致するので、(ⅴ)の金額が各相続人の最終的な分配取得額となる。

②　以上のとおり、各相続人の分配取得率及び分配取得額が確定する。前者の

第2節　遺産分割方法の選択　　1　遺産分割の方法　　287

分配取得率は，分割対象である残余遺産の総額に対する各相続人の取得割合であるとともに，個々の遺産（土地・建物・マンション）に対する共有持分の割合を表すものである。後者の分配取得額は，次のステップである遺産の割付作業において，不可分物を単独所有にするのに伴う過不足額を決定する際の基準値とされる。

[遺産割付けの段階]
③　設問(1)について

Wに甲土地・乙建物を，Aに丙マンションを割り付ける場合である。代償金関係は次のようにして処理することになる。

(i)　各相続人の分配取得額（具体的相続分）←上述①(v)の結果
　　・W→　4200万円
　　・A→　　600万円
　　・B→　1400万円
　　・C→　1800万円

(ii)　遺産の割付けによる各相続人の取得額
　　・W→　5000万円（甲土地）＋500万円（乙建物）＝5500万円
　　・A→　2500万円（丙マンション）
　　・B→　　0円
　　・C→　　0円

(iii)　遺産の割付後，上述(ii)の取得額と各相続人の(i)の分配取得額との間に次の差額が生じるが，その差額が各相続人間で調整しなければならない過不足額となる。
　　・W→　5500万円－4200万円＝1300万円　　→分配取得額に対する超過額
　　・A→　2500万円－600万円＝1900万円　　→分配取得額に対する超過額
　　・B→　　0円－1400万円＝－1400万円　　→分配取得額に対する不足額
　　・C→　　0円－1800万円＝－1800万円　　→分配取得額に対する不足額

(iv)　上述(iii)により，超過取得者であるWとAが，分配取得額に満たないBとCの不足を補填するため，その不足額を代償金として支払うことになる。

④　設問(2)について

WとCに甲土地・乙建物（共有）を，Bに丙マンションを割り付ける場合である。代償金関係は次のようにして処理することになる。

(i) 甲土地・乙建物は，WとCに共有として割り付けることになるので，この2人の持分割合をどうするかが問題となる。上述②で見たとおり，各相続人の分配取得率は個々の遺産（甲土地・乙建物・丙マンション）に対する共有持分の割合をも表すから，W，Cの持分割合は「W：C＝21/40：9/40＝7：3」となる。

(ii) よって，甲土地・乙建物を取得したW，Cの持分に基づく取得額は次のとおりである。
・W→　5500万円（＝甲土地5000万円＋乙建物500万円）×7/10＝3850万円
・C→　5500万円（＝甲土地5000万円＋乙建物500万円）×3/10＝1650万円

(iii) また，Bは丙マンションを取得するから，Bの取得額は次のとおりである。
・B→　2500万円（丙マンション）

(iv) Aは残余の遺産から何も取得しなかったので，Aの取得額は次のとおりである。
・A→　0万円

(v) 遺産の割付後，上述(ii)〜(iv)の取得額と各相続人の③(i)の分配取得額との間に次のとおりの差額が生じるが，この差額が各相続人間で調整しなければならない過不足額となる。
・W→　3850万円－4200万円＝－350万円　→分配取得額に対する不足額
・A→　0円－600万円＝－600万円　→分配取得額に対する不足額
・B→　2500万円－1400万円＝1100万円　→分配取得額に対する超過額
・C→　1650万円－1800万円＝－150万円　→分配取得額に対する不足額

(vi) 上述(v)により，超過取得者であるBが，分配取得額に満たないWとA，Cの不足を補填するために，その不足額を代償金として支払うことになる。

(3) 換価分割（家手194条）

「換価分割」とは，遺産を売却・換価し，その代金から必要経費等を差し引いた残りを共同相続人間で各自の相続分に応じて分配する方法である。換価の目的物が不動産である場合には，いったん相続人全員の共同相続登記を経由させた上で，買受人への所有権移転登記をすることになる。

【設例6－7】換価分割の例

> 被相続人Hが死亡し，相続人は長男A，長女B，次男Cの3人である。Hの遺産は自宅の土地・建物だけである。その土地・建物には，Cがその家族とともに居住している。Cはその土地・建物の取得を希望しているが，代償金を支払う資力はまったくない。また，Cと不仲であるAとBは遺産を売却してその代金を分配することを希望している。どのような分割が考えられるか。

① 設例は，現物分割や代償分割が困難な場合であり，また感情的な対立もあって共有分割によることも適当でない場合である。終局審判において，換価分割の方法が選択される好例といえる。当事者の換価に対する意向なども考慮した上で，採否が決められることになる。

② 審判における主文例としては，「別紙遺産目録記載1及び2の不動産を競売に付し，その売却代金から競売手続費用を控除した残額を各当事者の法定相続分に応じて3分の1あて分配する。」などが考えられる。

(4) 共有分割

「共有分割」とは，分配取得額（具体的相続分）の割合を共有持分とする物権法上の共有（249条以下）として，遺産の全部又は一部を当事者全員に取得させる方法である。遺産共有による一時的・暫定的な共有状態を，物権法上の確定的な共有状態にするだけであり，共有状態を解消するものではない。したがって，それを解消して，各相続人の単独所有に帰属させるためには，新たに共有物分割訴訟（258条）を提起しなければならない。

共有分割は，他の遺産分割の方法が困難な状況にある場合に認められる最終的な選択肢である（大阪高決平14・6・5家月54巻11号71頁）。相続人間に感情的対立がなく，現状の共有のままでも何ら不都合がないようなときに，後日の話し合いをもつまでの間，遺産を法的に安定させるための手段として用いられることが多い。

【設例6－8】共有分割の例

> 被相続人の父Hが死亡し，相続が開始した。相続人は，長女Aと長男Bの2人である。遺産は借地権1筆だけであり，その敷地の一角には，長女A名義の建物があり，その家族が居住している。同じく借地上の一角には別棟として長男B名義の建物があり，そこにはその家族が居住している。同一敷地上に居住するA一家とB一家は，同一敷地内に居住しているが，これまでその間に感情的対立や紛争はない。また，地主は，地代などをこれまで一括して被相続人から受け取っていたこともあり，借地権の分割は望んでいない。どのような分割が考えられるか。

① 現物分割や代償分割によることが適当でなく，換価分割にも適さない場合には共有分割が行われる。この方法によるときは，事後の管理・利用等が円滑にされる必要があるため，当事者間に感情的対立がないことが前提となる。

② 遺産の全部又は一部を共有とする場合には，共有持分の割合を定める必要があるので，その割合を定める根拠を明確にすることになる。分配取得額（具体的相続分）の割合（＝分配取得率）によるのが基本である。設例の場合，例えば，分配取得率が法定相続分どおりであるならば，その持分割合をＡ＝1/2，Ｂ＝1/2として，借地権を準共有することになろう。

2 遺言による遺産分割方法の指定

(1) はじめに

被相続人が遺言で遺産分割の方法を指定した場合には，その指定した方法によって遺産分割が行われる。この指定は，被相続人自身がしなくても，第三者に委託して行うこともできる（908条）。

ただし，遺産分割方法の指定があっても，遺言執行者が存在しない限り（1013条参照），当事者全員の合意（協議・調停）があれば，指定と異なる分割をすることも可能である。すでに述べたように，遺産分割も一種の契約であるから，法律行為自由の原則に基づき，当事者全員による遺産分割の合意があれば，本来的相続分や具体的相続分に合致しない分割や被相続人の指定する

遺産分割方法に反する分割も有効とされている。この限りでは，法律や遺言者の意思よりも合意が優先する（遺産分割自由の原則）。遺言に反した分割を有効とした事例として，次のようなものがある。

　特定の不動産の遺贈を受けた相続人が，遺言の内容を知りながら，これと異なる遺産分割協議をした場合，遺贈の全部又は一部を放棄したものと捉え，分割協議が遺言に優先するとした事例（東京地判平6・11・10金法1439号99頁），「相続させる」旨の遺言で土地の共有持分を相続分以上に取得した相続人が，遺言と異なる遺産分割協議をした場合も，それぞれ取得した持分を贈与ないし交換的に譲渡する旨の合意をしたものと見て，有効とするとした事例（東京地判平13・6・28判夕1086号279頁）などである。

　被相続人は，遺産分割方法の指定のほか，相続開始の時から5年を超えない期間内で，分割を禁ずることもできる（908条）。例えば，「思い入れのある家屋敷なので，自分が亡くなってから3年間は，遺産分割をしないでそのままにしておくように」などである。

(2) **遺産分割方法の指定の類型**

　指定の方法としては，①「包括的な分割方法の指定」，②「一部についての指定」（一部指定），③「相続させる旨の遺言による指定」などがある。

(a) 包括的な分割方法の指定

　本来の遺産分割方法の指定とは，現物分割か換価分割かといった分割の方法を包括的に指示するものである。例えば，「自分が残したマンションは，皆で共同利用するのは難しいから，売り払ってお金にして分けなさい。」というような指定である。このような場合は，具体的な財産を相続人が取得するためには，売却の段取りを含む遺産分割の協議が別途必要となる。「家屋と農地は長男が，その他の財産は他の相続人が平等に分けなさい。」というような遺産分割の実行の指定を含んでいることもある。

(b) 一部についての指定（一部指定）

　遺産分割方法の指定は，全共同相続人及びすべての遺産について行われる必要はない。共同相続人の一部又は遺産の一部についてのみの指定も有効である。例えば，「遺産のうち家屋と農地は長男のものとする。」などである。

　遺産分割方法の指定は，厳密にいえば，法定相続分の範囲内で，遺産をど

のように分割するかの方法を定めるものであるが，実際には，相続分の指定（902条）を含んでいることが多い。そのような場合は法定相続分の規定に優先した適用となる。

(c) 相続させる旨の遺言による指定（指定分割）

例えば，「甲不動産をAに相続させる」のように，特定の遺産をある特定の相続人に相続させるという形で遺産分割方法が指定されていることがある。このような指定について，判例は，「相続開始と同時に甲不動産はAに帰属し，もはや遺産分割の手続を要しない」と判示した（最判平3・4・19民集45巻4号477頁）。指定された遺産は直ちに指定の相続人に相続によって承継取得される。その意味で，相続させる旨の遺言による指定は，遺産分割の手続としての機能を果たしており，「指定分割」などとよばれている。もちろん，遺言により甲不動産の譲与を受けた相続人Aがこの遺言による指定分割とは異なる内容で遺産分割協議をすることができること（自己に帰属した権利の自由処分）は，上述のとおりである。

3 具体的事例の処理

遺産分割とは，狭義では，遺産共有になっている不可分物をどのようにして単独所有とするかの問題といえるから，それはまさに遺産分割方法の選択の問題でもある。遺産分割（方法の選択）に関する事例にはさまざまなものがあるが，ここでは2つの設例によって具体的な処理方法を見ていこう。

【設例6－9】相続人の一部がした処分に対する遺産分割方法の選択

> 被相続人Hが死亡し，相続人は子A，Bの2人である。Hの遺産は株式1000株（評価1000万円）とマンション（評価2000万円）である。子Bは自己が単独取得した旨の遺言書を偽造して，勝手に相続財産中の株式全部を1000万円で売却処分した。そのことをAは後に知ったが，マンション取得を希望するAとしては，マンションと売却分の株式を含めて遺産分割により一括解決をしたいと考えているが，できるであろうか。
>
> （福岡高那覇支判平13・4・26判時1764号76頁の事案をベースにする）

① 裁判所は，「遺産分割前に相続人の1人が他の相続人に無断で相続財産中の株式を売却し，買主がこれを善意取得した場合，その売却代金を遺産分割の対象に含める合意をするなどの特別の事情が存しないときには，他の共同相続人は，遺産分割手続を経ることなしに，その相続分に応じて株式を売却した相続人に対する不法行為による損害賠償請求権を取得する」とした（福岡高那覇支判平13・4・26判時1764号76頁）。

② 上述のとおり，AはBに対して損害賠償請求権を取得している。しかし，Aはこの請求方法を選択せずに，売却代金を分割の対象に含める合意をして遺産分割で一挙に解決することもできる。つまり，損害賠償という訴訟手続を経由して原状回復を図る代わりに，売却代金についてあたかも遺贈があったと見て具体的相続分算定の過程に組み入れるのである。この方法が選択されずに，不法行為あるいは不当利得の問題として主張が維持され，審判事項としての合意が得られない場合は，遺産分割では取り上げられないこととなる。

③ この合意が得られたことを前提として，遺産分割における相続分の算定をすると，次のようになる。株式売却分の1000万円について遺贈があったものと仮定して，算定すればよい。

　(i) 相続開始時の遺産→　2000万円（マンション）＋1000万円（株式）
　　　　　　　　　　　　＝3000万円
　(ii) 遺言により株式1000万円がBに遺贈されたと仮定して，各相続人の分配取得額は次のとおり。
　　　・A→　3000万円×1/2＝1500万円
　　　・B→　3000万円×1/2－1000万円＝500万円
　(iii) この金額をもとにして，Aがマンション（2000万円）を取得するとなると，500万円の超過となる。
　(iv) この超過分の500万円は，AからBに代償金として支払えば解消される。

【設例6－10】不動産の共有持分権に対する遺産分割方法の選択

遺産である自宅敷地の甲土地（相続開始時と遺産分割時の評価は同じ4000万円）は，被相続人Hが死亡する10年前の平成10年4月1日に，H持分3/5，妻W持分1/5，D持分1/5として3人共同で売買により取得したものであった。平成20

年4月1日にHが死亡し相続が開始した。相続人は妻Wと子A，B，C，Dの5人である。遺産は甲土地の共有持分3/5である。そして，平成21年4月1日，Bは自己の相続分（1/8）をAとCに対しそれぞれ折半して（各1/16）相続分の譲渡をした。翌年の平成22年4月1日に相続人妻Wが死亡し，再転相続が開始した。Wの遺産は元々の甲土地の持分1/5とHから相続した甲土地の持分3/10であったが，Wは「自分の財産全部を子Dに相続させる」旨の遺言をしていた。この全部譲与に対し他の相続人3人は遺留分を主張しなかった。その後，元々の共有持分1/5を有するDは甲土地を単独所有とすることを希望して，自己が申立人となり他の3人を相手方にして被相続人をHとする遺産分割の調停申立てをした。相続分譲渡により相続分が「0」となったBは遺産分割手続から脱退した。数回の調停期日を経て平成23年4月1日に，DからAとCに相応の代償金を支払う代わりに，甲土地のH名義3/5の持分はDが単独で取得する内容での合意成立となり，遺産分割調停事件は終局した。

以上の事実関係において，Hの相続における相続開始時から遺産分割時までの一連の権利変動の流れはどのような手順となるか。また，この相続法上の権利変動にあわせて，甲土地の不動産登記上の権利変動の登記はどのように反映されて表示されることになるか。

［甲土地全体（4000万円）の割合を「1」とした場合の各相続人の持分権の変動］
① 甲土地はH，W，Dの3人が資力を出しあい4000万円で売買取得したものである。そのため，不動産登記上の持分は拠出金額に応じて，H＝3/5（2400万円），WとD＝各1/5（800万円）となる。
② Hが死亡し，Hの持分3/5について相続が開始した。相続人は妻Wと子A，B，C，Dの5人である。遺言はないので，3/5の持分は法定相続分に従い，Wに3/10（＝3/5×1/2），子4人にいずれも各3/40（＝3/5×1/2×1/4）の分属となる。この相続により元々の共有者Wの持分は1/2（＝1/5＋3/10）となり，同じく共有者Dの持分は11/40（＝1/5＋3/40）と増えた。
③ その後，持分3/40を相続取得したBは，その3/40を折半した3/80をAとCにそれぞれ譲渡した。この譲渡を受けたことにより，AとCの持分はいずれもA，C＝各9/80（＝3/40＋3/80）になる。
④ 相続開始から2年後の平成22年に，Hの相続人となったWが死亡し，同人

を被相続人とする再転相続が開始した。Wはその財産の全部を子Dに相続させる遺言をしていたが，これに対して他の3人はいずれも遺留分権を放棄した。そのため，Wの遺産である甲土地の持分1/2（＝元来持分1/5＋H相続分3/10）はその全部がDに帰属することとなり，Dの持分は31/40（＝元々の持分11/40＋Hの相続分1/2）に増えた。

⑤ 共有持分が31/40となったDは，他の共同相続人A，B，Cの3人を相手方として家庭裁判所に父Hの遺産分割調停の申立てをした。相手方とされたBは，すでに持分権をAとCに譲渡して持分が「0」となっていたので，利害関係がないとして家庭裁判所に遺産分割手続からの脱退届出書を提出し受理された。これにより，遺産分割事件の当事者適格を有する相続人は，A，C，Dの3人となった。

⑥ 数回の調停期日での協議を経た結果，Dの提案（甲土地の単独取得）に沿う形での解決となった。つまり，AとCがDからいずれも450万円（＝甲土地4000万円×9/80）の代償金の支払を受けることと引換えに，それぞれの持分9/80をDに譲渡することでの合意成立である。結果的に，AとCの両名が甲土地に有する持分合計18/80とDの固有財産900万円とを等価で交換した形での遺産分割となった。

⑦ 以上の方法による場合でも，遺産分割の対象がHの3/5の持分とされていることには変わりはない。つまり，D単独所有となった中の1/5は自己の元々の持分であり，さらに1/5は母Wから相続させる遺言で譲与を受けた分であるから，結局，残余の3/5が父Hの遺産の持分（3/5）から相続によって取得したことになる。

⑧ なお，Hの遺産の全体（甲土地の3/5）の割合を「1」として，相続分算定をしても，分割対象の遺産は2400万円（全体の3/5）として扱うことになるが，この方法によっても，DがAとCに支払うべき代償金は合計900万円（＝2400万円×3/8（＝前述⑤の9/40÷H持分3/5））であり，上記の⑥の代償金と同じになる。

[不動産登記記録（登記簿）上の持分権の変動]

⑨ 上述の①～⑤の持分権の変動の流れに対応させたものが，次の⑩(i)～(v)の登記である。この(i)～(v)は不動産登記の順位番号に沿うものであって，権利に関する甲区（所有権に関する事項）欄中の「順位番号」，「登記の目的」，「権利者その他の事項」に記載されるべき内容を示している。(i)の被相続人Hの

持分3/5を起点にすると，(ii)が保存行為としての相続登記であり，これを前提とした(v)が遺産分割の登記である。以下は，あくまでも一般的な登記としての一例である。

⑩　甲土地の登記の順位番号
　(i)　順位番号1……登記の目的＝所有権移転。原因＝平成10年4月1日売買。共有者＝持分3/5H，持分1/5W，持分1/5D。
　(ii)　順位番号2……登記の目的＝H持分全部移転。原因＝平成20年4月1日相続。共有者＝持分12/40W，持分3/40A，持分3/40B，持分3/40C，持分3/40D。
　(iii)　順位番号3……登記の目的＝B持分全部移転。原因＝平成21年4月1日相続分の贈与。共有者＝持分3/80A，持分3/80C。
　(iv)　順位番号4……登記の目的＝W持分全部移転。原因＝平成22年4月1日相続。共有者持分40/80D。
　(v)　順位番号5……登記の目的＝A，C持分全部移転。原因＝平成23年4月1日遺産分割。所有者＝持分18/80D。

第3節　遺産分割と金銭債権・債務

　本章第1節(1)(a)で見たように，可分債権債務である金銭債権債務は，相続開始時に，各相続人がその相続分に応じて直接取得することになるので，遺産分割の対象とはならない。しかし，現実の遺産分割の場面ではこれらをどのように扱うべきかが問題となることが少なくなく，また，公平な分割のための前提となる具体的相続分（分配取得額）の算定においては，遺産の一部として分割対象財産と一括して扱われていることから，遺産分割の対象に含めての処理が検討されることになる。
　そこで，以下では，金銭債権債務が遺産の中に含まれている場合における処理の仕方について見ていこう。

1　金銭債権がある場合の遺産分割

(1)　問題の所在

判例は，「相続財産中の金銭その他の可分債権は法律上当然に分割され，各共同相続人がその相続分に応じて権利を承継する」（最判昭29・4・8民集8巻4号819頁）と述べ，金銭債権が遺産分割の対象にならないと判示した。実務もこの判例に従い，金銭債権は相続開始と同時に各相続人に直接帰属されているので，遺産分割の対象にはならないと解している。金銭債権が各相続人に直接帰属される場合の「相続分」とは，本来的相続分（法定相続分・指定相続分）をさす（本章第1節(1)(a)参照）。

特別受益などの相続分の修正要素がない場合，相続分算定をはじめ遺産分割においても基準となるのは本来的相続分だけであるから，金銭債権を分割対象にすること（ないしはそれを求めて審判を請求すること）にはあまり意味がない。しかし，本来的相続分が修正される場合には，すでに本来的相続分の割合で帰属してしまった金銭債権も影響を受けることがあるので，遺産の一括処理のためには分割の対象に含めて協議することには実益がある。

可分債権である銀行預金が遺産分割の対象に含まれるか否かについて，裁判例は，「相続人全員の（明示又は黙示の）同意」がある場合にはどの相続人にとっても利益になることから，分割の対象に含める扱いとするのが一般的である（東京高決平14・2・15家月54巻8号36頁）。この同意必要説に対して，必要と認められるときには相続人全員の同意がなくとも分割対象にできるとする同意不要説に立つ扱いもある（神戸家尼崎支審昭50・5・30家月28巻5号38頁）。また，一部の相続人が預金債権払戻手続に協力しない場合には訴訟を強いられる結果となるから，このような場合には分割を求めることができるとした事案もある（名古屋家審平2・7・20家月43巻1号136頁）。

したがって，可分債権は，遺産分割の対象にすることができると解するのが相当である。ただし，その場合には「相続人全員の合意」があることが前提となる。遺産分割の審判において明確な異議がない場合には，通常は黙示の合意があったものとみなして遺産分割の対象にされるが，1人でも反対があれば，審判における分割対象からは除外されてしまう。その結果，実体法

上の本来的相続分による権利変動が優先されることになる。

　可分債権、とくに金銭債権を遺産分割の対象に加える場合には、遺留分減殺請求の事案における金銭債務の分担割合についてであるが、債権者に対する対外的関係と相続人間における内部的関係の2面において捉える必要があるとした判例（最判平21・3・24民集63巻3号427頁）が参考になる。これと同じように、銀行預金などの金銭債権についても、第三者（銀行）に対する対外的関係と相続人間における内部的関係とに分けて捉えるべきであろう。

(2) 預金債権の金融機関における扱い

　預金債権が当然に分割債権になるという扱い（分割債権説）は、債務者である金融機関にとっては、どの相続人にいくら支払えばよいかわからず、超過支払や相続人間の紛争に巻き込まれるリスクにさらされる。それを避けるために、金融機関は相続人からの個々の払戻請求には応じず、相続人全員の署名押印のある遺産分割協議書と印鑑証明書（あるいは遺産分割の調停調書又は審判の謄本）の提出を求め、それが提出された場合に支払をするという実務が定着している。

　しかし、それは金融機関の実務であり、訴訟になれば本来的相続分に応じた払戻請求を認めているのが裁判例の大勢である（東京高判平7・12・21判タ922号271頁、東京地判平9・10・20判タ999号283頁。ただし、後者の東京地判平9・10・20は預金債権を遺産分割の対象に含める合意が成立する余地がある間は、金融機関は分割払戻しを拒否することも可能だと補足する）。

　なお、遺産が預金のみで、それがすべて払い戻されていた場合には、分割すべき対象の財産はないので、遺産分割はもはやありえない。

　　＊金融機関の死者名義預金の開示

　　　被相続人と相続人の1人が同居していた事案において、その同居していた相続人が現金や預金の所在を明確にしないことがある。また、被相続人が死亡する前後に、被相続人の預貯金が解約されて大半の遺産が引き出されていることも稀ではない。

　　　最高裁は、このような事案における預金資料の開示について、次の2つの判断を示した。

　　　① 金融機関は、預金契約に基づき、預金者の求めに応じて預金口座の取引経

過を開示すべき義務を負う（645条・646条・666条）ことから，預金者の共同相続人の1人は，共同相続人全員に帰属する預金契約上の地位に基づき，「被相続人名義の預金口座の取引経過の開示」を求める権利を単独で行使することができる（264条・252条ただし書・898条）（最判平21・1・22家月61巻5号41頁）。

② 遺留分権利者から被相続人の取引銀行に対し，預金口座の取引明細表の提出命令を求めた事案において，これを否定した原審決定を取り消して，申立てを認容する判断を示した（最決平19・12・11判時1993号9頁）。

上述の判断により，相続人の1人は被相続人の預金口座の取引経過を知ることができ，被相続人の生前あるいは死亡直後に引き出された預金がないか否かを調査，確認することができるようになった。

【設例6－11】預金債権がある場合の遺産分割(1)——生前贈与が修正要素となる場合

> 被相続人Hが死亡し，相続人は妻Wと子A，Bの3人である。遺産は銀行預金の1500万円であるが，Hは死亡する1か月前に子Bにマンション（相続開始時評価2500万円）を生前贈与していた。特別受益者Bは，銀行預金は可分債権であり，相続開始と同時に法定相続分で分けられているから，自分にも1/4の権利があると主張しているが，どのようになるか。

① 預金債権を遺産分割の対象に含めるか否かにかかわらず，特別受益などの相続分の修正要素がある場合には，相続分算定と遺産の割付けの作業は別建てにして行うのがよい。

［相続分算定の段階］

② まず，各相続人の分配取得額を算定する。
　（i）みなし相続財産
　　　→ 1500万円（相続開始時の遺産）＋2500万円（Bへの生前贈与）＝4000万円
　（ii）一応の相続分
　　　・W→　4000万円×1/2＝2000万円
　　　・A→　4000万円×1/2×1/2＝1000万円

・B→　4000万円×1/2×1/2＝1000万円
(iii)　具体的相続分
・W→　2000万円
・A→　1000万円
・B→　1000万円－2500万円（Bへの生前贈与）＝－1500万円
具体的相続分がマイナスとなるときは「0」とする。
(iv)　遺産分割の対象となる残余遺産は相続開始時の遺産（4000万円）からBへの生前贈与分の2500万円を控除した1500万円である。Bへの生前贈与（2500万円）がB自身の一応の相続分（1000万円）を超過しているので，上述(iii)の合計（2000万円＋1000万円＋0円＝3000万円）が残余遺産（1500万円）と一致しなくなる。そこで，これを是正するために，各相続人の分配取得率（具体的相続分率）を出さなければならない。
・Wの分配取得率（具体的相続分率）→　2000万円÷3000万円＝2/3
・Aの分配取得率（具体的相続分率）→　1000万円÷3000万円＝1/3
・Bの分配取得率（具体的相続分率）→　0円÷3000万円＝0
(v)　残余遺産の1500万円に上述(iv)の分配取得率（具体的相続分率）を乗じて，各相続人の最終的な分配取得額を確定させる。
・Wの分配取得額→　1500万円×2/3＝1000万円
・Aの分配取得額→　1500万円×1/3＝500万円
・Bの分配取得額→　1500万円×0＝0円
(vi)　上述(v)の合計（1000万円＋500万円）が残余遺産の1500万円と一致するので，(v)の金額が各相続人の最終的な分配取得額となる。

［遺産の割付けの段階］
③　唯一の残余遺産である銀行預金の1500万円は可分債権であるので，原則どおり相続開始の時点で各相続人にその本来的相続分（設例では法定相続分）に応じて帰属していると見ると，各相続人はすでに次の取得額を受けていることになる。
・W→　1500万円×1/2＝750万円
・A→　1500万円×1/2×1/2＝375万円
・B→　1500万円×1/2×1/2＝375万円
④　上述③の取得は，例えば，遺産共有となっている1つの土地を③の取得額

の割合で3つに分割（分筆）し，各相続人に単独所有させるという遺産の割付けが行われたとみなすこと（その場合，遺産分割の方法として現物分割が選択されたことになる）もできる。そこで，その割り付けられた③の取得額と各相続人の②(v)の分配取得額とを比較して，その過不足額を調整すればよいことになる。両者の過不足額は次のとおりである。

- W→　　750万円－1000万円＝－250万円　　→分配取得額に対する不足額
- A→　　375万円－500万円＝－125万円　　→分配取得額に対する不足額
- B→　　375万円－0円＝375万円　　　　　→分配取得額に対する超過額

⑤　上述④により，超過取得者であるBが，分配取得額に満たないWとAのために，その不足額を補填すれば，相続人間の過不足は解消される。Bは自己の固有財産で代償金を支払うか，マンションを換価してその代金で支払うかなどの遺産分割方法の選択をすることが必要になる。その点からも，金銭債権を遺産分割の対象に加えて，遺産を一括して協議するメリットはあるといえよう。

⑥　設問についてまとめれば，Bの主張は正しいといえるが，各相続人の分配取得額の過不足調整の結果，Bは他の相続人の不足分を補填することが必要となる。

【設例6－12】預金債権がある場合の遺産分割(2)——特定遺贈が修正要素となる場合

> 被相続人Hが死亡し，相続人は妻Wと子A，Bの3人である。遺産は銀行預金の1500万円とマンション（相続開始時評価2500万円）であるが，被相続人は，遺言によりBにマンションを遺贈した。残余の銀行預金については3人全員がそれを分割対象とすることに同意している場合，どのようにすればよいか。

①　可分債権である銀行預金を不可分物とみなして準共有物として扱うと，相続開始時から遺産分割時まで，相続人3人が法定相続分の持分でそれを共有（遺産共有）していることになる。よって，その場合は，上述【設例6－11】において預金債権を原則どおりに可分債権と捉えて行った処理とは異なり，土地などの不可分物を対象にした場合の遺産分割方法を選択することになる。

［相続分算定の段階］

②　まず，各相続人の分配取得額を算定する。

(ⅰ) みなし相続財産

→ 相続開始時の遺産＝1500万円（銀行預金）＋2500万円（マンション）＝4000万円

(ⅱ) 一応の相続分

・W→　4000万円×1/2＝2000万円

・A→　4000万円×1/2×1/2＝1000万円

・B→　4000万円×1/2×1/2＝1000万円

(ⅲ) 具体的相続分

・W→　2000万円

・A→　1000万円

・B→　1000万円－2500万円（Bへの遺贈）＝－1500万円

具体的相続分がマイナスとなるときは「0」とする。

(ⅳ) 遺産分割の対象となる残余遺産は相続開始時の遺産（4000万円）からBへの遺贈分の2500万円を控除した1500万円である。Bへの遺贈（2500万円）がB自身の一応の相続分（1000万円）を超過しているので，上述(ⅲ)の合計（2000万円＋1000万円＋0円＝3000万円）が残余遺産（1500万円）と一致しなくなる。そこで，これを是正するために，各相続人の分配取得率（具体的相続分率）を出さなければならない。

・Wの分配取得率（具体的相続分率）→　2000万円÷3000万円＝2/3

・Aの分配取得率（具体的相続分率）→　1000万円÷3000万円＝1/3

・Bの分配取得率（具体的相続分率）→　0円÷3000万円＝0

(ⅴ) 残余遺産の1500万円に上述(ⅳ)の分配取得率（具体的相続分率）を乗じて，各相続人の最終的な分配取得額を確定させる。

・Wの分配取得額→　1500万円×2/3＝1000万円

・Aの分配取得額→　1500万円×1/3＝500万円

・Bの分配取得額→　1500万円×0＝0円

(ⅵ) 上述(ⅴ)の合計（1000万円＋500万円）が残余遺産の1500万円と一致するので，(ⅴ)の金額が各相続人の最終的な分配取得額となる。

［遺産の割付けの段階］

③　マンション（2500万円）は遺贈によりBに権利移転しているので，残余遺産は銀行預金の1500万円だけとなる。上述①で述べたとおり，ここではそれを

遺産共有として扱うので，それに対する各相続人の持分は分配取得額の割合（分配取得率）となる。これは上述②(iv)と同じである。

④ よって，残余遺産1500万円に対する各相続人の分配取得額は，上述③の分配取得率を残余遺産に乗じて算定すればよい。この結果は上述②(v)と同じである。

・Wの分配取得額→　1500万円×2/3＝1000万円
・Aの分配取得額→　1500万円×1/3＝500万円
・Bの分配取得額→　1500万円×0 ＝ 0円

⑤ 設例の遺産は，上述設例と同じ銀行預金（1500万円）とマンション（2500万円）である。Bへのマンションの特別受益が生前贈与か遺贈かという違いはあるが，相続分算定の結果は同じになる。そこで，2つの設例は同じものであると捉えた上で，残余遺産の銀行預金に対する割付方法を変えてその結果を見たところ，遺産分割の方法は当然変わってくるものの，各相続人が受ける分配取得額に違いは生じなかった。このことから，遺産が不可分物であるか否かは相続分算定の結果には影響を与えず，ただ過不足の調整を含む遺産分割の方法に違いが生じることがわかる。また，遺産が預金債権だけの場合は，相続分の算定によって分配取得額が確定すれば，それに基づいて遺産（預金）の割付けをすると遺産分割は終了し，遺産分割方法の選択は不要となる。

２　金銭債務がある場合の遺産分割

(1)　問題の所在

相続人は，被相続人の財産に属した一切の権利義務を承継する（896条）。したがって，住宅ローンなどの金銭債務も，これまでに見てきた積極財産と同様，当然に相続人へ包括的に承継される。相続人が債務者の地位を引き継ぐのは，端的に相続債権者の利益を保護するため，すなわち取引安全の保護のためである。このような対外的な債権者との関係については，判例は，相続人はその法定相続分に応じて相続債務を当然に分担して承継するという立場をとっている（大決昭5・12・4民集9巻1118頁）。例えば，被相続人Hの相続人が子A，Bの2人であり，相続債務が800万円であるときは，A，Bはそれぞれ400万円ずつの債務を負担することになるのである。

金銭債務は可分債務であり，相続開始と同時に法律上当然に分割されて各相続人に直接帰属されることになるので，遺産分割の前提としての共有という法律関係は存在しない。そのため，たとえ相続人全員の合意があったとしても，審判では分割の対象とはされず，積極財産だけを対象として審判分割がされることになる。ほとんどの裁判例が相続債務の分割対象性については消極である（消極説の代表例：大阪高決昭31・10・9家月8巻10号43頁）。

　しかし，近時の経済状況を反映してか，被相続人の相続負債を整理しないと遺産分割の話し合いが進まないケースが増えている。遺産である不動産に抵当権付きの住宅ローンがある場合がその典型であり，相続債務そのものではないが，相続債権者に懇願されて弁済した債務や葬儀費用・固定資産税などの立替金がある場合もそうである。このような場合には，金銭債務を分割の対象財産に取り上げて積極財産の分割にからめて協議することが重要となる。相続債務を遺産分割の対象に含めることは調停手続においては可能であり，相続人全員の合意があれば対象にすることができる。ただし，調停で相続債務の負担を法定相続分と異なったものに変えたとしても，その効力は相続人間においてのみ有効であり，相続債権者に対抗することはできない。債権者に対する関係では一種の履行引受がされたことになるであろう。

(2) 金銭債務の別建て計算

　相続分算定の基礎となるのは相続開始時の遺産であり，それに計上する財産は積極財産の合計である。したがって，遺産に相続債務（金銭債務）があっても，それは相続開始時の遺産には含めないで（控除しないで）別建てで計算することになる。これは金銭債務を遺産分割の対象に含めるか否かの問題とは別である。

　金銭債務は，相続債権者などとの対外的関係においては法定相続分の割合で各相続人が負担する（後述(3)参照）。相続分に特定遺贈や贈与などの修正要素がなければ，積極財産の分割も法定相続分どおりとなるので，その場合は両者を別建てにしないで，相続開始時の財産に含めて計算しても最終的な取得額に違いは生じない。

　これを次の設例によって見てみよう。

【設例6-13】相続分に修正要素がない場合の金銭債務の計算

> 被相続人Hが死亡し，相続人は子A，Bの2人である。遺産が1000万円，金銭債務が600万円である場合，金銭債務を相続開始時の遺産に含めるか否かによって，相続分算定の結果に違いは生じるだろうか。

① 相続開始時の遺産に金銭債務を含めた場合の相続分算定
　(i) 相続開始時の遺産→　1000万円−600万円（金銭債務）＝400万円
　(ii) 上述(i)をもとに，A，Bの最終的な純相続分額を算定すると，次のとおり。
　　・Aの純相続分額→　400万円×1/2＝200万円
　　・Bの純相続分額→　400万円×1/2＝200万円
② 相続開始時の遺産に金銭債務を含めない場合の相続分算定
　(i) 相続開始時の遺産→　1000万円（積極財産のみ）
　(ii) 上述(i)をもとに，A，Bの分配取得額（具体的相続分）を算定すると，次のとおり。
　　・Aの分配取得額→　1000万円×1/2＝500万円
　　・Bの分配取得額→　1000万円×1/2＝500万円
　(iii) A，Bの債務負担額は，金銭債務の総額を法定相続分の割合によって按分された額となる。
　　・Aの債務分担額→　600万円×1/2＝300万円
　　・Bの債務分担額→　600万円×1/2＝300万円
　(iv) 上述(ii)，(iii)により，A，Bの最終的な純相続分額は次のようになる。
　　・Aの純相続分額→　500万円−300万円＝200万円
　　・Bの純相続分額→　500万円−300万円＝200万円
③ 以上のことから，相続分に修正要素がない場合には，相続開始時の遺産に金銭債務を含めても含めなくても，結果は同じになることがわかる。

　しかし，遺産に特定遺贈や贈与などがあり，法定相続分が修正されるときには，積極財産の分割基準は修正された（具体的）相続分となり，積極財産・消極財産ともに法定相続分で分割することはできなくなる。そこで，相続分算定はこれまでどおり積極財産でのみ行い，相続債務は別建てで行うことになるわけである。

遺産に相続債務（金銭債務）がある場合には，相続分算定の結果である「分配取得額」から，各相続人ごとに算定した（実務では「法定相続分の割合」で算定するのが一般的である）「債務分担額」を控除して最終的な取得額を確定することになる。債務分担額を控除した後の最終的な取得額は「純相続分額」などとよばれている。

(3) 金銭債務の対外的な分担割合

金銭債務は，相続開始と同時に法律上当然に分割され，各相続人がその相続分に応じてこれを承継する（前掲大決昭5・12・4）。被相続人が負担していた金銭債務は，多数当事者の債権債務に関する民法427条の可分債務として処理されるので，この判例にいう相続分は「法定相続分」をさす。

金銭債務は，履行期に達しているか否かを問わず，包括承継の対象となる。また，金銭債務そのものは確実と認められる債務である必要がある。例えば，連帯保証を含む通常の保証について，保証人たる被相続人の死亡時に，主債務者の不履行が確定していない場合には，保証人には履行する義務は生じていないので，責任内容の不確実性から相続の対象とはされない。この点について，遺留分関連の事案であるが，責任内容が不確定な段階における連帯保証債務は遺留分額の算定において控除すべき債務ではないとして，積極財産から控除しなかった裁判例（東京高判平8・11・7判時1637号31頁）がある。

なお，各室が賃貸物件となっている1棟のマンションが遺産である場合，各入居者から賃貸契約時に被相続人に差し入れられた敷金がいわゆる敷金返還債務としての金銭債務になるかが問題となるが，敷金は賃貸契約の解約時における原状回復費用などにあてられる担保目的のものであり，それは預り金であって，金銭債務にはあたらないと考えられる。相続開始時において確実と認められる債務とはいえないからである。

【設例6-14】連帯債務の相続

被相続人Hが死亡し，相続人は子A，B，Cの3人である。Hは，債権者Gに対して第三者Xとともに事業資金3000万円の連帯債務を負っていた。このとき，A，B，Cはどのように債務を分担するか。

(最判昭34・6・19民集13巻6号757頁の事案をベースにする)

① 連帯債務には債権の担保力を強める効果がある。そこで，共同相続において，その趣旨をどこまで反映させるべきかが問題となる。設問の例では，連帯債務自体を承継し他の連帯債務者Xと連帯して全額の支払義務を負うのか，それともこの債務は法律上当然に分割され，各相続人は相続分に応じた分割債務を負うにとどまるのかの問題である。前者では債権の担保力をより強めることから債権者の利益となり，後者ではそれとは逆に債務者の利益になる。最高裁は，この論点について，可分債権の場合と同様に当然分割の立場をとり，相続人の利益を優先させた。

② 最高裁は，「金銭債務のような可分債務は，連帯債務であっても分割承継される」とした。相続人A，B，Cは，被相続人の債務を分割して承継し，その承継した債務額の限度において，本来の債務者であるXとともに連帯債務の関係に立つとした。したがって，A，B，Cはそれぞれ法定相続分（本来的相続分）に応じた1000万円の限度で，Xと連帯して弁済の責任を負うことになる。

(4) 金銭債務の内部的（対内的）な分担割合

現在の実務では，相続債務に対する各相続人の内部的な分担割合も，上記の相続債権者に対する場合と同様，法定相続分の割合で算定するのが一般的である。しかし，それでは不公平な結果になることがある。例えば，次の設例によってその具体的なケースを見てみよう。

【設例6-15】相続分に修正要素がある場合の金銭債務の計算

> 被相続人Hが死亡し，相続人は妻Wと子A，Bの3人である。遺産が預金1000万円とローンが400万円であり，遺言でBに400万円の遺贈がある場合，相続分の算定と債務分担額の算定を別建てで行うと，どのようになるか。

① 相続分算定の段階
  (i) 具体的相続分
    ・W→ 1000万円（相続開始時遺産）×1/2＝500万円
    ・A→ 1000万円（相続開始時遺産）×1/2×1/2＝250万円

- B→ 1000万円（相続開始時遺産）×1/2×1/2－400万円（Bへの遺贈）＝－150万円（∴0円）
- これらの金額の合計（500万円＋250万円＋0円＝750万円）が，残余遺産の600万円（1000万円－400万円）と一致しないので，これを是正するために，各相続人の分配取得率（具体的相続分率）を出さなければならない。

(ii) 分配取得率
- W→ 500万円÷（500万円＋250万円＋0円）＝2/3
- A→ 250万円÷（500万円＋250万円＋0円）＝1/3
- B→ 0円÷（500万円＋250万円＋0円）＝0

(iii) 分配取得額
- W→ 600万円×2/3＝400万円
- A→ 600万円×1/3＝200万円
- B→ 600万円×0＝0円
- 以上の合計（400万円＋200万円＋0円）は残余遺産の600万円と一致するので，その金額が各相続人の分配取得額となる。

② 債務分担額算定の段階
- W→ 400万円（ローン）×1/2＝200万円
- A→ 400万円（ローン）×1/2×1/2＝100万円
- B→ 400万円（ローン）×1/2×1/2＝100万円

③ 以上のように，法定相続分どおりに債務分担額を決めると，各相続人の純相続分額は，
- Wの純相続分額→ 400万円（分配取得額）－200万円（債務分担額）＝200万円
- Aの純相続分額→ 200万円（分配取得額）－100万円（債務分担額）＝100万円
- Bの純相続分額→ 0円（分配取得額）－100万円（債務分担額）＝－100万円

となり，不公平な結果になる（Bの純相続分額はマイナスであるが，これは自己の債務負担額を免れたことを表しており，その金額を代償金として支払わなければならないことを意味する。それを遺贈分の400万円で負担したとしても300万円の利益が残る）。相続利益がBの半分であるAがBと同額の債務分担ではAの不公平感は払拭されない。

相続人間における債務分担額を公平なものにするには，各相続人が現実に取得する利益の大きさに応じて不利益である債務も負担するのが望ましい。このような考え方を「相続利益説」という（法曹会編『例題解説　親族法・相続法（一）』〔改訂版〕182頁）。ここにいう「現実に取得した利益」（＝現実取得利益）とは，相続分算定で得た「分配取得額」に特定遺贈があるときのその「遺贈取得額」を加えた額であり，その現実取得利益の割合を債務負担額の割合として債務総額に乗じることによって各相続人の債務負担額を算定するのである。例えば，相続人がＡ，Ｂ，Ｃの３人であり，それぞれの現実取得利益（＝遺贈取得額＋分配取得額）をＡ'，Ｂ'，Ｃ'とすると，各相続人の債務負担の割合は，次のとおりとなる。その割合を債務総額に乗じれば各相続人の債務負担額が得られる。

　　　　Ａ，Ｂ，Ｃの債務負担額の割合→　Ａ'：Ｂ'：Ｃ'

　以上が相続利益説によって債務負担額の割合を求める方法である。しかし，先に述べたように，現在の実務では法定相続分の割合によって債務負担額を算定しているのが一般的である。

　なお，このようにして定めた債務分担額の割合が法定相続分のそれと同じでないときは，相続人間において有効となるにとどまり，債権者等との対外関係においては，法定相続分と異なる部分は免責的債務引受がされたこととなって，債権者の承諾がなければ対抗することはできない（最判平21・3・24民集63巻3号427頁）。

　以下の設例において，相続債務を含んだ場合の遺産分割の処理の仕方について見ていくが，いずれも相続利益説に基づいた方法であることに留意したい。

【設例６－16】相続債務を含む遺産分割(1)──指定相続分がある場合

　被相続人Ｈが死亡し，相続人は長女Ａ，長男Ｂの２人である。遺産は自宅のマンション（相続開始時評価1200万円）と自動車等の動産（相続開始時評価600

万円）であり，マンションの住宅ローンの滞納分が300万円ある。Hは自分と一緒に同居し，自己の老後の面倒をみてくれた長女Aの献身的介護に対する御礼の気持ちから，遺言で「相続分をA2/3，B1/3とする」旨の指定相続分をした。Hが死亡して相続が開始した後，住宅ローンの強制執行を免れるため，Aは自己の財産から相続債務300万円を弁済した。遺産分割の方法として，Aは住居にしている遺産マンションの単独取得を希望している。Aの希望に沿う分割方法の選択をした場合の過不足調整はどのようになるか。

① 相続開始時の遺産総額は1800万円（＝1200万円＋600万円）であり，遺贈がない場合の事案である。
② 相続分の算定
　（i）相続開始時の遺産
　　　　→　1200万円（マンション）＋600万円（自動車等）＝1800万円
　（ii）具体的相続分（分配取得額）
　　　・A→　1800万円（相続開始時遺産）×2/3＝1200万円
　　　・B→　1800万円（相続開始時遺産）×1/3＝600万円
③ 債務分担額の算定
　　各相続人の債務負担額は，各人の現実取得利益の割合を求め，それを債務総額に乗じて算定することになる。
　（i）現実取得利益の割合
　　　・A→　1200万円
　　　・B→　600万円
　　　・よって，A：B＝1200万円：600万円＝2：1（∴指定相続分になる）
　（ii）債務負担額
　　　・A→　300万円（ローン）×2/3＝200万円
　　　・B→　300万円（ローン）×1/3＝100万円
④ よって，A，Bの純相続分額は，次のとおりとなる。
　　　・Aの純相続分額→　1200万円－200万円＝1000万円
　　　・Bの純相続分額→　600万円－100万円＝500万円
⑤ 上述④の純相続分額を前提に，遺産分割の方法を考慮する。マンションをローン付きでAの単独所有にするという割付けを選択すると，Aの当面の利

第3節 遺産分割と金銭債権・債務　❷　金銭債務がある場合の遺産分割　311

益は900万円（＝マンション1200万円－ローン300万円）となり，Aの純相続分額の1000万円に比べると，100万円の不足額が生じている。
⑥　他方，Bに自動車等の動産の600万円を取得させるという割付けを選択すると，Bの当面の利益は600万円（＝自動車等600万円－ローン０円）となり，Bの純相続分額に比べると，100万円の超過取得額が生じている。
⑦　以上のような遺産分割の方法を選択した場合には，上述⑤と⑥の過不足は，BがAに代償金として100万円を支払えば解消されることになる。
⑧　なお，上述③の指定相続分に従った債務分担額は，A，Bの相続人間においてのみ有効であり，債権者などに対する関係においては法定相続分に従わなければならないことに注意する（前掲最判平21・3・24）。

【設例6－17】相続債務を含む遺産分割(2)——中立的遺贈がある場合

> 前記【設例6－14】において，遺言の内容は，「長女Aに対して，遺産のうち自動車等の動産（計600万円）を遺贈する」という内容の特定遺贈であったとする。この遺贈により，分割対象となる残余の積極財産はマンション（1200万円）だけとなる。この分割に併せて住宅ローン（300万円）も分割対象とされた。この場合，相続債務である300万円の分担割合をどう確定すべきか。その上で，長女Aの希望のとおり住居にしている遺産マンションを同人が単独取得することとなった場合の過不足調整はどのようになるか。

①　相続開始時の遺産総額は1800万円（＝1200万円＋600万円）であり，Aに対する特定遺贈がある場合の事案である。
②　相続分の算定
　(i)　みなし相続財産
　　　　→　相続開始時の遺産＝1200万円（マンション）＋600万円（Aへの遺贈）＝1800万円
　(ii)　具体的相続分（分配取得額）
　　　・A→　1800万円（みなし相続財産）×1/2－600万円（Aへの遺贈）＝300万円
　　　・B→　1800万円（みなし相続財産）×1/2＝900万円
　　　・この合計（900万円＋300万円）は残余遺産の1200万円（マンション）と一

致するので，この金額がA，Bの分配取得額となる。
③ 債務分担額の算定
　　各相続人の債務負担額は，各人の現実取得利益の割合を求め，それを債務総額に乗じて算定することになる。
　(i) 現実取得利益の割合
　　　・A→　300万円＋600万円（Aへの遺贈）＝900万円
　　　・B→　900万円
　　　・よって，A：B＝900万円：900万円＝1：1（∴法定相続分になる）
　(ii) 債務負担額
　　　・A→　300万円（ローン）×1/2＝150万円
　　　・B→　300万円（ローン）×1/2＝150万円
④ よって，A，Bの純相続分額は，次のとおりとなる。
　　　・Aの純相続分額→　300万円－150万円＝150万円
　　　・Bの純相続分額→　900万円－150万円＝750万円
⑤ 上述④の純相続分額を前提に，遺産分割の方法を考慮する。マンションをローン付きでAの単独所有にするという割付けを選択すると，Aの当面の利益は900万円（＝マンション1200万円－ローン300万円）となり，Aの純相続分額の150万円に比べると，750万円の超過取得額が生じている。
⑥ 他方，Bは積極財産から何も取得していないので，純相続分額の750万円が全額不足額となる。
⑦ 以上のような遺産分割の方法を選択した場合には，上述⑤と⑥の過不足は，AがBに代償金として750万円を支払えば解消されることになる。

【設例6－18】相続債務を含む遺産分割(3)──超過的遺贈がある場合

　　被相続人Hが死亡し，相続人は妻Wと子A，Bの3人である。遺産は自宅の土地・建物（遺産開始時評価2500万円）とマンション（遺産開始時評価1500万円）であるが，Hは遺言により自宅の土地・建物を同居している末子Bに遺贈した。残余遺産はマンションだけとなったが，その住宅ローン400万円が残っている。妻Wは相続債務の全額の履行負担をしてでもマンションの単独取得を希望している。債務の分担割合までをも考慮した相続分算定とそれに基づ

第3節　遺産分割と金銭債権・債務　　2　金銭債務がある場合の遺産分割

く分割方法の選択はどのように考えればよいか。

① 相続開始時の遺産総額は4000万円（＝2500万円＋1500万円）であり，Bに対する特定遺贈がある場合の事案である。
② 相続分の算定
　(i) みなし相続財産
　　　　→　相続開始時の遺産＝2500万円（Bへの遺贈）＋1500万円（マンション）＝4000万円
　(ii) 具体的相続分
　　・W→　4000万円（みなし相続財産）×1/2＝2000万円
　　・A→　4000万円（みなし相続財産）×1/2×1/2＝1000万円
　　・B→　4000万円（みなし相続財産）×1/2×1/2－2500万円（Bへの遺贈）
　　　　　＝－1500万円（∴0円）
　　・これらの金額の合計（2000万円＋1000万円＋0円＝3000万円）が残余遺産の1500万円（マンション）と一致しないので，これを是正するために，各相続人の分配取得率（具体的相続分率）を出さなければならない。
　(iii) 分配取得率
　　・W→　2000万円÷（2000万円＋1000万円＋0円）＝2/3
　　・A→　1000万円÷（2000万円＋1000万円＋0円）＝1/3
　　・B→　　0円÷（2000万円＋1000万円＋0円）＝0
　(iv) 分配取得額
　　・W→　1500万円×2/3＝1000万円
　　・A→　1500万円×1/3＝500万円
　　・B→　1500万円×0＝0円
　　・以上の合計（1000万円＋500万円＋0円）は残余遺産の1500万円と一致するので，その金額が各相続人の分配取得額となる。
③ 債務分担額の算定
　各相続人の債務負担額は，各人の現実取得利益の割合を求め，それを債務総額に乗じて算定することになる。
　(i) 現実取得利益の割合
　　・W→　1000万円

- ・A→　500万円
- ・B→　0円＋2500万円（Bへの遺贈）＝2500万円
- ・よって，W：A：B＝1000万円：500万円：2500万円＝2：1：5
  (ii) 債務負担額
- ・W→　400万円（ローン）×2/8＝100万円
- ・A→　400万円（ローン）×1/8＝50万円
- ・B→　400万円（ローン）×5/8＝250万円

④ よって，W，A，Bの純相続分額は，次のとおりとなる。
- ・Wの純相続分額→　1000万円－100万円＝900万円
- ・Aの純相続分額→　500万円－50万円＝450万円
- ・Bの純相続分額→　0円－250万円＝－250万円

⑤ 上述④の純相続分額を前提に，遺産分割の方法を考慮する。マンションをローン付きでWの単独所有にするという割付けを選択すると，Wの当面の利益は1100万円（＝マンション1500万円－ローン400万円）となり，Wの純相続分額の900万円に比べると，200万円の超過取得額が生じている。この200万円を代償金として支払えば，Wの超過分は解消される。

⑥ 他方，Aは積極財産から何も取得しないので，Aの純相続分額の450万円が全額不足額となる。

⑦ また，Bの純相続分額は－250万円であるが，これは自己の債務負担額を免れた金額（250万円）であるから，その250万円を代償金として支払えば，Bの超過分は解消される。

⑧ 以上のような遺産分割の方法を選択した場合には，上述⑤～⑦の過不足は，WとBがAに代償金として450万円を支払えば解消されることになる。

⑨ なお，設例において，相続債務（400万円）の分担割合を相続利益説ではなく，実務の一般的な扱いである法定相続分の割合で求めた場合にはどのようになるだろうか。

■債務分担額の算定――法定相続分の割合による
- ・W→　400万円（ローン）×1/2＝200万円
- ・A→　400万円（ローン）×1/2×1/2＝100万円
- ・B→　400万円（ローン）×1/2×1/2＝100万円

■純相続分額

・Wの純相続分額→　1000万円－200万円＝800万円
　　・Aの純相続分額→　 500万円－100万円＝400万円
　　・Bの純相続分額→　 0円－100万円＝－100万円
⑩　ところで，各相続人の個別的遺留分額を調べてみると，次のとおり。
　　・Wの個別的遺留分額→　（4000万円－400万円）×1/4＝900万円
　　・Aの個別的遺留分額→　（4000万円－400万円）×1/8＝450万円
　　・Bの個別的遺留分額→　（4000万円－400万円）×1/8＝450万円
　　この個別的遺留分額と上述⑨の純相続分額を比べてみると，WとAの純相続分額は同人の個別的遺留分額を下回っており，遺留分侵害が生じていることがわかる。その原因は，積極財産と消極財産のそれぞれの分担割合が異なる点にあることは明らかである。
⑪　このような点からも，相続利益説のほうが公平な相続を実現できるのではなかろうか。

【設例６－19】相続債務を含む遺産分割⑷——贈与と寄与分がある場合

> 　被相続人Hが死亡し，相続人は妻Wと子A，Bの3人である。遺産は自宅不動産（相続開始時評価2500万円の土地・建物）と銀行預金（相続開始時評価1500万円）である。被相続人は死亡の半年前にBに1200万円を贈与しており，Aの寄与分が400万円と定められた。遺産の自宅不動産にはその住宅ローン500万円がある。相続人全員は銀行預金と相続債務もあわせて分割対象とすることに同意している。妻Wは相続債務全額を履行負担してでも自宅不動産の単独取得を希望している。債務の分担割合を考慮した相続分算定とそれに基づく分割方法の選択をどのように考えればよいか。

①　相続開始時の遺産総額は4000万円（＝2500万円＋1500万円）であり，Bに対する生前贈与とAについての寄与分があるが，遺贈がない場合の事案である。
②　相続分の算定
　(i)　みなし相続財産
　　　　→　2500万円（自宅不動産）＋1500万円（預金）＋1200万円（Bへの生前贈与）－400万円（Aについての寄与分）＝4800万円
　(ii)　具体的相続分（分配取得額）

- W→　4800万円（みなし相続財産）×1/2＝2400万円
- A→　4800万円（みなし相続財産）×1/2×1/2＋400万円（Aについての寄与分）＝1600万円
- B→　4800万円（みなし相続財産）×1/2×1/2－1200万円（Bへの生前贈与）＝0円
- この合計（2400万円＋1600万円＋0円）は残余遺産の4000万円と一致するので、この金額が各相続人分配取得額となる。

③　債務分担額の算定

　各相続人の債務負担額は、各人の現実取得利益の割合を求め、それを債務総額に乗じて算定することになる。

(i)　現実取得利益の割合
- W→　2400万円
- A→　1600万円
- B→　0円
- よって、W：A：B＝2400万円：1600万円：0円＝3：2：0

(ii)　債務負担額
- W→　500万円（ローン）×3/5＝300万円
- A→　500万円（ローン）×2/5＝200万円
- B→　500万円（ローン）×0＝0万円

④　よって、W、A、Bの純相続分額は、次のとおりとなる。
- Wの純相続分額→　2400万円－300万円＝2100万円
- Aの純相続分額→　1600万円－200万円＝1400万円
- Bの純相続分額→　0円－0円＝0円

⑤　上述④の純相続分額を前提に、遺産分割の方法を考慮する。自宅不動産をローン付きでWの単独所有にするという割付けを選択すると、Wの当面の利益は2000万円（＝自宅不動産2500万円－ローン500万円）となり、Wの純相続分額の2100万円に比べると、100万円の不足額が生じている。

⑥　他方、Aは積極財産から何も取得しないので、Aの純相続分額の1400万円が全額不足額となる。

⑦　また、Bの純相続分額は0円であるが、これは自己の債務負担額を免れた金額が0円であることを表し、自己の取得分に過不足は生じていないことを

⑧　以上のような遺産分割の方法を選択した場合には，上述⑤～⑦の過不足は，取得者が決まっていない残余遺産である預金の1500万円をWに100万円，Aに1400万円をそれぞれ分配すれば解消されることになる。

⑨　ちなみに，銀行預金1500万円は可分債権であるから，相続開始時に分割単独債権としてすでに各相続人に帰属しており，遺産分割の対象にはならないとした場合には，もはや預金での過不足調整はできないから，次のような代償金によって解消することになる。

(ⅰ)　Wは預金から1500万円×1/2＝750万円を取得しているので，上述⑤の100万円の不足額と相殺して，750万円－100万円＝650万円の超過取得額が生じている。

(ⅱ)　Aは預金から1500万円×1/2×1/2＝375万円を取得しているので，上述⑥の1400万円の不足額と相殺して，375万円－1400万円＝1025万円の不足額となる。

(ⅲ)　Bは預金から1500万円×1/2×1/2＝375万円を取得しているので，上述⑦より，その分が全額超過取得額となる。

(ⅳ)　よって，上述(ⅰ)～(ⅲ)の過不足は，WとBがAに代償金として1025万円を支払えば解消されることになる。

■

判例索引

■大審院

大判明38・4・26民録11輯611頁 …………………………………………… 140
大判大15・2・16民集5巻150頁 ……………………………………………… 59
大判昭2・5・30新聞2702号5頁 ……………………………………………… 61
大決昭5・12・4民集9巻1118頁 ……………………………… 62,303,306
大判昭7・5・11民集11巻1062頁 ……………………………………………… 42
大判昭7・10・6民集11巻2023頁 ……………………………………………… 26
大判昭12・1・30民集16巻1頁 ………………………………………………… 31
大判昭12・8・3民集16巻1312頁 …………………………………………… 101

■最高裁判所

最判昭28・4・23判タ30号38頁 ……………………………………………… 14
最判昭29・4・8民集8巻4号819頁・判タ40号20頁 ………… 66,270,297
最判昭29・12・24民集8巻12号2310頁 ……………………………………… 29
最判昭30・5・31民集9巻6号793頁 …………………… 50,51,52,165,279
最判昭30・12・26民集9巻14号2082頁 ……………………………………… 24
最判昭31・5・10民集10巻5号487頁 ………………………………………… 82
最判昭32・11・14民集11巻12号1943頁 ……………………………………… 51
最判昭34・6・19民集13巻6号757頁 …………………………………… 270,307
最判昭37・6・21家月14巻10号100頁 ………………………………………… 31
最判昭37・12・25民集16巻12号2455頁 ……………………………………… 55
最判昭38・2・22判時334号37頁 ……………………………………………… 83
最判昭39・1・24判時365号26頁 ……………………………………………… 54
最判昭39・3・6民集18巻3号437頁 ………………………………………… 135
最判昭39・10・13民集18巻8号1578頁 ………………………………………… 55
最判昭40・2・2民集19巻1号1頁 ……………………………… 32,64,130,211
最〔大〕決昭41・3・2民集20巻3号360頁 …………………………………… 66
最判昭41・5・19民集20巻5号947頁 …………………………………………… 86
最判昭41・11・25民集20巻9号1921頁 ………………………………………… 51
最判昭42・2・21民集21巻1号155頁 …………………………………………… 55
最判昭42・4・27民集21巻3号741頁 ………………………………………… 31,32
最〔大〕判昭42・5・24民集21巻5号1043頁 ………………………………… 49
最〔大〕判昭42・11・1民集21巻9号2249頁 ………………………………… 61
最判昭45・1・22民集24巻1号1頁 …………………………………………… 56
最判昭46・1・26民集25巻1号90頁 ………………………………………… 277
最判昭47・5・25民集26巻4号805頁 ………………………………………… 221
最判昭48・6・29民集27巻6号737頁 ………………………………………… 64

最判昭49・9・20民集28巻6号1202頁……………………………………………29
最判昭50・11・7民集29巻10号1525頁………………………………………165
最判昭51・3・18民集30巻2号111頁…………………………………72,194,223
最判昭51・7・1家月29巻2号91頁……………………………………………28
最判昭51・8・30民集30巻7号768頁…………………………………………139
最判昭52・9・19判時868号29頁………………………………………………271
最判昭53・6・16判時897号62頁………………………………………………56
最判昭53・7・13判時908号41頁……………………………………………165,166
最判昭54・2・22判タ395号56頁………………………………………………271
最判昭55・11・27民集34巻6号815頁……………………………………64,216
最判昭58・10・14判時1124号186頁…………………………………………215
最判昭59・4・24判時1120号38頁……………………………………………84
最判昭59・4・27民集38巻6号698頁…………………………………………29
最判昭61・3・13民集40巻2号389頁…………………………………………66
最判昭61・3・20民集40巻2号450頁…………………………………………33
最判昭62・3・3家月32巻10号61頁……………………………………………64
最判昭63・6・21家月41巻9号101頁…………………………………………154
最判平元・3・28民集43巻3号167頁…………………………………………66
最判平2・10・18民集44巻7号1021頁…………………………………………54
最判平3・4・19民集45巻4号477頁……………………132,133,135,217,218,292
最判平4・4・10家月44巻8号16頁……………………………………………53,54
最判平5・7・19家月46巻5号23頁……………………………………………122,130
最判平5・9・7民集47巻7号4740頁…………………………………………64
最判平6・1・25民集48巻1号41頁……………………………………………68
最判平6・7・18民集48巻5号1233頁…………………………………………64
最判平7・1・24判時1523号81頁………………………………………………134
最判平7・3・7民集49巻3号893頁……………………………………………182
最〔大〕決平7・7・5民集49巻7号1789頁…………………………………98
最判平8・12・17民集50巻10号2778頁………………………………………87
最判平9・3・25民集51巻3号1609頁…………………………………………56
最判平9・9・12民集51巻8号3887頁…………………………………………129
最判平10・2・26民集52巻1号255頁…………………………………………87
最判平10・2・26民集52巻1号274頁…………………………………139,142,143
最判平10・3・24判時1641号80頁……………………………………………87
最判平11・6・11民集53巻5号898頁…………………………………………29
最判平11・6・24民集53巻5号918頁…………………………………………139
最判平12・2・24民集54巻2号523頁…………………………………………182
最決平12・9・7家月54巻6号66頁……………………………………………282
最判平13・7・10民集55巻5号955頁…………………………………………163
最判平14・6・10判時1791号59頁……………………………………………135

最判平15・7・11民集57巻7号787頁 ………………………………………… 82
最判平16・4・20家月56巻10号48頁 …………………………………………… 57
最判平16・7・6民集58巻5号1319頁 …………………………………………… 27
最判平16・10・26判時1881号64頁 ……………………………………………… 58
最判平16・10・29民集58巻7号1979頁 ……………………………………… 213
最判平17・7・11判時1911号97頁 ……………………………………………… 58
最判平17・9・8民集59巻7号1931頁 ……………………………………… 272,273
最決平17・10・11民集59巻8号2243頁・家月58巻3号76頁 ……… 62,182,234,235,274
最決平19・12・11判時1993号9頁 ……………………………………………… 299
最判平21・1・22家月61巻5号41頁 …………………………………………… 299
最判平21・3・24民集63巻3号427頁 …………………………… 122,270,298,309,311
最判平22・4・20判時2078号22頁 ……………………………………………… 83
最判平23・2・22民集65巻2号699頁 ………………………………………… 127,134
最決平24・1・26家月64巻7号100頁・裁時1548号1頁・判タ1369号124頁
　　　　　………………………………………………………… 122,141,142,148,202,203
最〔大〕決平25・9・4民集67巻6号1320頁 …………………………………… 98

■高等裁判所
大阪高決昭31・10・9家月8巻10号43頁 ……………………………………… 304
東京高決昭33・6・24家月11巻3号130頁 ……………………………………… 40
東京高判昭34・10・27判時210号22頁 ………………………………………… 130
札幌高決昭39・11・21家月17巻2号38頁 ……………………………………… 70
福岡高決昭45・7・31判タ260号339頁 ………………………………………… 200
名古屋高決昭47・6・29家月25巻5号37頁 …………………………………… 70
東京高決昭51・4・16判タ347号207頁 ………………………………………… 201
東京高決昭53・4・7家月31巻8号58頁 ……………………………………… 282
東京高決昭57・3・16家月35巻7号55頁 ……………………………………… 240
東京高決昭63・1・14家月40巻5号42頁 ……………………………………… 274
東京高決昭63・5・11判タ681号187頁・時の判例V186頁 ………………… 274
東京高決平元・12・28家月42巻8号45頁 ………………………………… 243,244
東京高判平3・7・30家月43巻10号29頁 ……………………………………… 264
東京高決平3・12・24判タ794号215頁 …………………………………… 248,263
広島高決平6・3・8家月47巻2号151頁 ……………………………………… 250
東京高判平7・12・21判タ922号271頁 ………………………………………… 298
福岡高決平8・8・20判タ939号226頁 ………………………………………… 270
東京高決平8・8・26家月49巻4号52頁 …………………………………… 201,241
高松高決平8・10・4家月49巻8号53頁 ……………………………………… 250
東京高判平8・11・7判時1637号31頁 ………………………………………… 306
大阪高判平11・6・8判時1704号80頁 ………………………………………… 202
東京高判平12・3・8高民集53巻1号93頁 …………………………………… 220

福岡高那覇支判平13・4・26判時1764号76頁……………………………… 292,293
東京高決平14・2・15家月54巻8号36頁 ………………………………………… 297
大阪高決平14・6・5家月54巻11号71頁 ………………………………………… 289
大阪高決平15・3・11家月55巻8号66頁 ………………………………………… 231
大阪高決平15・5・22判夕1150号109頁 ………………………………………… 251
東京高判平16・4・21家月7巻4号67頁 ………………………………………… 285
東京高決平17・10・27家月58巻5号94頁 ………………………………………… 214
名古屋高決平18・3・27家月58巻10号66頁 …………………………………… 214
大阪高判平18・8・29判時1963号77頁 ………………………………………… 135

■地方裁判所
横浜地判昭49・10・23判時789号69頁 ………………………………………… 282
東京地判昭61・5・27判時1206号56頁 …………………………………………… 60
東京地判平6・11・10金法1439号99頁 ………………………………………… 291
東京地判平9・10・20判夕999号283頁 ………………………………………… 298
東京地判平13・6・28判夕1086号279頁 ………………………………………… 291
東京地判平14・2・22家月55巻7号80頁 ………………………………………… 126

■家庭裁判所
東京家審昭44・2・24家月21巻8号107頁 …………………………………… 8,270
東京家審昭49・3・25家月27巻2号72頁 ………………………………………… 201
神戸家尼崎支審昭50・5・30家月28巻5号38頁 ……………………………… 297
東京家審昭55・2・12家月32巻5号46頁 …………………………………… 272,274
山形家審昭56・3・30家月34巻5号70頁 ………………………………………… 252
浦和家飯能支審昭62・12・4家月40巻6号60頁 ……………………………… 245
名古屋家審平2・7・20家月43巻1号136頁 …………………………………… 297
高松家丸亀支審平3・11・19家月44巻8号40頁 …………………………… 193,249
福岡家久留米支審平4・9・28家月45巻12号74頁 …………………………… 249
盛岡家一関支審平4・10・6家月46巻1号123頁 ……………………………… 249
神戸家豊岡支審平4・12・28家月46巻7号57頁 ……………………………… 250
山口家萩支審平6・3・28家月47巻4号50頁 …………………………………… 250
横浜家審平6・7・27家月47巻8号72頁 …………………………………… 243,249
大阪家審平6・11・2家月48巻5号75頁 …………………………………… 242,252
東京家審平12・3・8家月52巻8号35頁 ………………………………………… 250
大阪家堺支審平18・3・22家月58巻10号84頁 ………………………………… 214
大阪家審平19・2・26家月59巻8号47頁 ………………………………………… 250
広島家呉支審平22・10・5家月63巻5号62頁 …………………………………… 27

事項索引

あ 行

遺　産
　――から生じた果実 ………… 272
　――の代償財産 ……………… 271
遺産確認の訴え ………………… 65
遺産管理者による管理 ………… 87
遺産共有
　――となる不可分物 ………… 50
　――と物権法上の共有の異同 …… 270
遺産評価
　――の意義 …………………… 69
　――の時点 …………………… 70
　――の対象 …………………… 74
　――の方法 …………………… 73
遺産分割
　――の効力 …………………… 275
　――の対象 …………………… 269
　――の手続 …………………… 277
　――を前提とした遺産分割方法の指定
　　　………………………………… 131
　――を前提としない遺産分割方法の指定
　　　………………………………… 131
遺産分割方法の指定
　――との異同 ………………… 130
　――の類型 …………………… 291
遺産分割方法の選択 …………… 278
一部の相続人への相続分の指定 …… 112
遺留分
　――の意義 …………………… 136
　――の価額の算定方法 ……… 137
　――の放棄 …………………… 140
　――の割合 …………………… 137
遺留分減殺
　――により修正された指定相続分
　　　………………………………… 136
　――の当事者が複数の場合における相続分の修正 …………… 147
遺留分減殺請求権 ……………… 138
遺留分権利者の範囲 …………… 137
遺留分率 ………………………… 137

か 行

過大な相続分指定
　――と過大な特定遺贈 ……… 143
　――に対する遺留分減殺による相続分の修正 ………………… 140
株　式 …………………………… 77
株分け説 ………………………… 114
換価分割 ………………………… 288
管理行為 ………………………… 85
狭義の再転相続による相続分の変動
　　………………………………… 153
兄弟姉妹だけが共同相続人である場合
　　………………………………… 176
共同所有の類型 ………………… 50
共同相続人による管理 ………… 78
共有物 …………………………… 53
共有分割 ………………………… 289
寄与行為の態様と寄与分額の算定 …… 248

324　事項索引

寄与分 …………………………… 238
　――と遺贈，遺留分との関係 …… 261
　――と相続の登記 ……………… 264
　――と特別受益がある場合の適用問題
　　………………………………… 252
　――とみなし相続財産 ………… 240
　――の決定 ……………………… 245
　――の受給資格者 ……………… 242
　――の要件 ……………………… 240
金銭債権 …………………………… 57
　――がある場合の遺産分割 … 297, 303
金銭債務
　――の対外的な分担割合 ……… 306
　――の内部的（対内的）な分担割合
　　………………………………… 307
　――の別建て計算 ……………… 304
具体的事例の処理 ……………… 292
具体的相続分 …………………… 181
　――の算定 ……………………… 184
　――の算定プロセス …………… 183
血族相続人 ………………………… 36
現物分割 ………………………… 279
広義の再転相続による相続分の変動
　…………………………………… 156
高齢者についての職権消除 ……… 14
固定資産税路線価 ………………… 75
ゴルフ会員権 ……………………… 56

さ　行

財産分与債権 ……………………… 61
祭祀財産 …………………………… 65
再転相続 ………………………… 153
　――により承継した財産 ……… 62

　――の場合 ……………………… 229
再転相続人 ………………………… 42
死因贈与 ………………………… 220
事実上の相続放棄 ……………… 167
　――と相続税 …………………… 167
失踪宣告による擬制死亡 ………… 15
指定相続分 ……………………… 108
　――と相続債務の分担 ………… 122
　――と登記 ……………………… 122
死亡退職金・遺族給付金 …… 64, 215
社員権 ……………………………… 55
熟慮期間起算点としての相続開始 … 20
熟慮期間中の相続財産の管理 …… 79
昭和22年改正前の遺産相続人の定めと昭
　和55年改正前の法定相続分の定め
　…………………………………… 157
所有権以外の支配権 ……………… 54
推定相続人 ………………………… 24
制限物権 …………………………… 54
生前贈与 ………………………… 190
　――の持戻しの計算例 ………… 197
　――の類型 ……………………… 190
生命保険金 …………………… 64, 211
全血兄弟・半血兄弟と嫡出子・婚外子の
　使い分け ……………………… 103
相　続
　――の対象となる不可分物の範囲 … 51
　――の単純承認 ………………… 30
　――の放棄 ……………………… 28
相続開始
　――の原因 ……………………… 13
　――の時期 ……………………… 17
　――の場所 ……………………… 20

相続開始時の遺産の広狭2義············*89*
相続権の本質 ·····················*95*
相続財産
　——と遺産 ··················· *7*
　——の管理 ··················*78*
相続させる遺言 ················ *217*
　——がある場合の計算例······· *217*
　——との異同 ················ *132*
相続資格の取得 ··················*23*
相続承認後の相続財産の管理········*79*
相続税路線価 ····················*75*
相続人
　——に配偶者が含まれている場合
　　 ························ *114*
　——の失格 ···················*26*
　——の種類と順位 ···············*35*
　——の1人が相続放棄をした場合にお
　　ける包括受遺者への影響········ *128*
　——の1人に対する他の共同相続人か
　　らの明渡請求 ··············*85*
　——への相続分指定と第三者への包括
　　遺贈との異同 ················ *126*
相続人資格の重複 ···············*43*
相続分
　——の指定の効果 ············· *121*
　——の指定の態様 ············· *110*
　——の指定の内容 ············· *110*
　——の指定の方法 ············· *110*
　——の修正要素 ··············· *181*
　——の譲渡 ·················· *160*
　——の変動 ·················· *152*
　——の放棄 ·················· *168*
相続利益説 ···················· *309*

損害賠償債権 ·····················*59*

た 行

胎児の出生擬制 ····················*25*
代襲相続人 ······················*37*
　——の法定相続分 ············· *105*
代襲相続の場合 ················· *229*
対象者の範囲 ·················· *124*
代償分割 ······················ *281*
地価公示価格 ·····················*75*
嫡出でない子の法定相続分の定めに対す
る最高裁の判断 ···················*98*
賃借権 ·························*54*
同時死亡者間における相互不開始 ······*18*
同時存在の原則 ····················*25*
特定遺贈 ················· *123, 207*
　——がある場合の計算例··········· *208*
　——と相続させる遺言の共通点と相違
　　点 ······················ *133*
特別受益
　——とみなし相続財産 ··········· *188*
　——の評価の時期 ············· *222*
　——の持戻し免除との関係······· *122*
特別受益者 ···················· *229*
特別受益証明書（相続分なきことの証明
書）による放棄 ················ *171*

は 行

配偶者
　——と子が共同相続人となる場合
　　 ························ *173*
　——の法定相続分の引上げ··········*98*
配偶相続人 ······················*35*

被指定者の相続放棄 ……………… *120*
被相続人の死亡によって生ずる権利で被
　相続人に属さないもの ……………*64*
平等説 ……………………………… *114*
不完全指定による修正と遺留分減殺によ
　る修正がある二重修正の場合 …… *145*
不完全な相続分の指定 ……………… *111*
普通養子と特別養子 …………………*99*
分割すべき遺産の範囲 ………………*69*
分割単独債権 …………………………*57*
分配取得率（具体的相続分率）による修
　正 …………………………………… *185*
変更・処分の行為 ……………………*87*
変動事由の複合 ……………………… *172*
包括遺贈 ……………………………… *123*
　──と指定相続分の関係………… *123*
　──との異同 …………………… *123*
包括受遺者が被相続人よりも先に死亡し
　た場合の遺贈の効力 ……………… *126*
放棄された相続分の帰属 ………… *170*
法定相続分 ……………………………*95*
保存行為 ………………………………*80*
　──ではないため不実登記の全部抹消
　　ができない場合 …………………*83*
　──として不実登記の全部抹消ができ
　　る場合 ……………………………*81*
本位相続 ……………………… *38, 42*
本位相続人の法定相続分 ……………*97*
本来的相続分 …………………………*95*
　──と具体的相続分との関係 …… *182*

ま　行

みなし相続財産

　──の基礎となる相続開始時の遺産
　　…………………………………… *183*
　──の設定 ……………………… *183*
持分権
　──の譲渡との異同 …………… *164*
　──の放棄と相続分の放棄との異同
　　…………………………………… *169*
持戻し免除の意思表示 …………… *200*
持ち戻す贈与の評価 ……………… *193*

や　行

有体物の所有権 ………………………*52*
預金債権
　──がある場合の遺産分割……… *299*
　──の金融機関における扱い …… *298*

あ と が き

　梶村先生から本書の企画をいただいたのは平成17年の春である。青林書院の会議室において『家事審判・調停書式体系』〔初版〕の打ち合わせをしている席上であった。調停委員として遺産分割事件を扱うことが多いが，相続分算定の方法がよく呑み込めず苦労しているというお話を差し上げると，「では，相続分算定の方法を詳しく解説した本を出してみましょう。貴島さんが手始めにその草稿を作成してみてください」と先生は仰られ，それから丸10年が経過したのである。

　相続分算定の具体的計算例をできるだけたくさん示し，その計算によって得られた相続分に基づいてどのように遺産分割をするかを詳しく解説することで企画はまとまったが，遺産分割や相続分算定に関する膨大な裁判例・審判例や文献を点検しながらの草稿作成は予想以上に困難を窮めた。結局，最初の5年は資料収集とその分析研究に費やされ，残りの5年で一応の形にまとめた。もちろんその間，梶村先生と幾度となく意見交換を行い，全体の構成から細部の表現に至るまで徹底的に内容の統一を図ってきた。作業の長期化によって新たな重要判例や法律改正等に遭遇したが，すべて取り込むことができたのは不幸中の幸いである。このようにして今ようやく本書が完成する運びとなり，心より安堵している。

　私は31年間勤務した裁判所を平成13年に退職した。その後の12年間（平成14～26年）は，横浜家庭裁判所で家事調停委員を務めた。通算すると43年もの間，裁判の補助事務に関わってきたことになるが，その間，金銭などの数字を扱う事務に携わる機会が多かったように思う。事件係や競売係の受付担当書記官として訴額や手数料の計算，主任書記官として配置部内の統計数値に関わる計算，庶務課長として所属調停委員の勤怠給与に関する計算などを行い，最後に，家事調停委員として遺産分割の分配取得額の計算に従事してきた。横浜家庭裁判所では，調停委員としての業務のほかに，家事手続案内の相談員や参与員として意見書の提出，不在者（相続）財産管理人の業務なども担当し，家事事件全般に関連するさまざまな経験を積むことができた。

これらの経験が些かでも本書に活かされていることを切に望むものである。

梶村先生が東京地方裁判所民事第6部の部総括判事でいらっしゃったときに，私は主任書記官として，公私ともにいろいろとご指導をいただいた。その恩師である梶村先生との共著として本書を上梓することができるのはこの上ない誇りであり，これもひとえに青林書院編集部の宮根茂樹氏のおかげと感謝する。

草稿の作成に当たっては，潮見佳男先生著『相続法』をはじめ，数多くの御本を参考にさせていただいた。また，調停委員の頃には，裁判官，裁判所書記官の方から数々のご教示をいただいた。ここに改めてご報告するとともに感謝を申し上げたい。

最後になったが，私の大学進学への学資一切を面倒いただき，私の父親代わりでもある大恩ある慶運寺の笹本心華上人に本書を届けられることが何よりも大きな喜びである。

2015年5月

貴島　慶四郎

■著 者

梶村　太市（かじむら　たいち）
　　　常葉大学法学部教授・弁護士

貴島　慶四郎（きじま　けいしろう）
　　　元横浜家庭裁判所家事調停委員

遺産分割のための相続分算定方法

2015年5月25日　初版第1刷印刷
2015年6月6日　初版第1刷発行

　　　　　　　　　著　者　梶　村　太　市
　　　　　　　　　　　　　貴　島　慶四郎
　　　　　　　　　発行者　逸　見　慎　一

発行所　東京都文京区　株式　青林書院
　　　　本郷6丁目4-7　会社

振替口座　00110-9-16920／電話03（3815）5897〜8／郵便番号113-0033
ホームページ☞http://www.seirin.co.jp

印刷／中央精版印刷　落丁・乱丁本はお取り替え致します。
©2015 梶村＝貴島
Printed in Japan

ISBN978-4-417-01655-7

JCOPY 〈（社）出版者著作権管理機構　委託出版物〉
本書の無断複写は著作権法上での例外を除き禁じられています。複写される場合は，そのつど事前に，（社）出版者著作権管理機構（電話03-3513-6969，FAX03-3513-6979，e-mail: info@jcopy.or.jp）の許諾を得てください。